GEBETE
FÜR ALLE TAGE

GEBETE
FÜR ALLE TAGE

Herausgegeben von Wolf Brixner
und Olga Hellmich-Brixner

Bechtermünz Verlag

Genehmigte Lizenzausgabe
für Weltbild Verlag GmbH, Augsburg 2000

Umschlaggestaltung: ARTelier für Grafik & Werbung, München
Umschlagmotiv: CREATIV COLLECTION
Gesamtherstellung: Clausen & Bosse, Leck
Printed in Germany
ISBN 3-8289-4831-6

Inhalt

I. Einführung in den Aufbau und Gebrauch dieses Buches

An Gebetsbüchern herrscht kein Mangel. Wer sich die Mühe macht, das Angebot des Buchhandels zu sichten, wird überrascht sein über die Vielzahl von Textsammlungen, die sich als „Anleitung zum Beten" verstehen und zum überwiegenden Teil bestimmte Zielgruppen ansprechen, auf deren spezielle Situation Auswahl und Form der Texte bezogen ist.

Dabei ist auffällig, daß zwei Gruppen besonders häufig berücksichtigt werden: Kinder und alte Menschen. Für die Jahre zwischen Anfang und Ende eines Menschenlebens fällt das Angebot an Texten schmal, für die Gruppe der Jugendlichen und Heranwachsenden sogar dürftig aus, wenn man kritische Maßstäbe an die sprachliche Ausformung anlegt.

In vielen Lebenssituationen, die jeden betreffen können – sei es Krankheit oder Enttäuschung, ein festliches Ereignis in der Familie oder berufliche Veränderung, Freude über eine Freundschaft oder Ratlosigkeit in einem Konflikt – ist der Betende auf allgemein gehaltene Gebete oder auf seine eigene Formulierfähigkeit angewiesen, sofern er es nicht vorzieht zu schweigen. Nicht nur im Kontakt mit vertrauten Mitmenschen, auch im „Reden des Herzens mit Gott" führt sprachliche Armut zum Verstummen.

Dabei haben die meisten Menschen einmal Beten „gelernt"! Eltern, Lehrer, Geistliche vermittelten Texte, die sich häufig tief einprägten, die auch nach Jahren noch aufgesagt werden können, die jedoch bei vielen funktionslos im Gedächtnisspeicher ruhen, bis sie zuweilen durch schicksalhafte Ereignisse aktuelle Bedeutung erlangen. „Not lehrt beten!" meint hierzu der Volksmund. Wäre es nicht richtiger, dafür Sorge zu tragen, daß es keiner Zwangssituationen bedarf, um mit Gott „ins Gespräch zu kommen"?

„Beten zu lernen tut not!" – in der Umkehr der gängigen Redewendung liegt der Ansatzpunkt dieses Buches.

Die vorliegende Sammlung versucht, dem Leser zunächst seinen eigenen Standpunkt zur Praxis des Betens bewußt zu machen und ihn zum Nachdenken über seine persönlichen Schwierigkeiten und Erwartungen zu veranlassen („Wie sollen wir beten?").

Eine Übersicht über die klassischen „Gebete der Christenheit" schließt sich an. Sie will über die Grenzen der Konfessionen hinweg deutlich machen, daß in diesen Gebeten ein gemeinsames christliches Erbe vorliegt, das wir kennen und zu dem wir uns bekennen sollten.

Den größten Teil des Buches nimmt die Zusammenstellung der Texte ein, die als „Persönliche Gebete" auf besondere Lebensumstände des einzelnen bezogen sind.

Thematisch geordnet, findet der Leser 20 Gebetsanlässe, die einen gezielten Zugriff in bestimmten Situationen ermöglichen.

Innerhalb jedes dieser Themenkreise wird der Leser drei Gruppen von Gebeten unterscheiden können. Zwar wurde auf eine graphisch erkennbare Trennung verzichtet, um keine Brüche zwischen den einzelnen Gruppen zu schaffen, doch wird an der sprachlichen Gestaltung der Texte rasch deutlich, daß jeder Themenkreis von der Gruppe der Kindergebete eröffnet wird. Damit wird bewußt Abstand genommen von einer Theorie „kindlicher" Gebetsanlässe, die in manchen Gebetbüchern zu einer Reduzierung kindlicher Anliegen auf Aufstehen, Essen, Schlafengehen führt.

Es gibt unserer Auffassung nach keinen Themenbereich, der nicht zum Gegenstand kindlichen Betens werden könnte, ob es nun innerhalb der Thematik „Arbeit und Beruf", der „Gebete im Angesicht des Todes" oder der „Verantwortung für die Welt" sei, um nur einige zu nennen.

Eine zweite Gruppe von Gebeten wendet sich an Jugendliche und Heranwachsende, die sich von den Texten der Kindergebete häufig distanzieren, sich andererseits aber auch in Gebetstexten Erwachsener nicht wiederfinden. Wie schon angedeutet, zählt die Gruppe dieser Gebete zu der am stärksten vernachlässigten in der vorliegenden Literatur. Häufig scheint angenommen zu werden, Lässigkeit äußerer Erscheinungs- und Verhaltensformen erfordere entsprechende Gebetsformulierungen, was letztlich darauf hinausläuft, Jugend-

liche auf einen Zustand festzuschreiben, der ihnen selbst durchaus nicht immer als befriedigend erscheint.

Die dritte Gruppe von Gebetstexten ist in sich vielschichtig. Gemeinsames Merkmal ist zunächst, daß es sich um Texte handelt, die von Erwachsenen formuliert wurden.

Soweit als möglich, wurde darauf geachtet, neben Texten, die von Laien gebetet werden, auch Texte, die von Theologen und von Dichtern verfaßt wurden, aufzunehmen. Die sprachliche Vielfalt dieser Gruppe soll die Breite der Möglichkeiten veranschaulichen, ein Anliegen vor Gott in Worte zu fassen.

Am Ende der meisten Themenkreise findet der Leser Gebete von Christen anderer Völker und Nationen – ein Hinweis darauf, daß Beten nicht nur unter persönlichem Aspekt, sondern auch unter dem Anspruch der Verantwortung für die Welt gesehen werden muß.

Diese Untergliederung jedes Themenkreises läßt dem Leser die Freiheit, an beliebiger Stelle mit Lesen und Meditieren zu beginnen. Für viele Erwachsene wird dennoch in der Gruppe der Kindergebete der „Schlüssel" zur erneuten Gebetspraxis liegen. Das Anknüpfen an vergangene Gebetserfahrungen kann ein starkes Motiv sein, sich auf neue Formen des Betens einzulassen.

Kinder und Jugendliche werden von der Kürze der „Lesewege" profitieren. Sie finden sich am Eingang des jeweiligen Themenkreises, werden aber die unsichtbaren Grenzen zu den Nachbargruppen bald überschreiten und so zwanglos mit anderen Möglichkeiten des Betens bekannt – vielleicht ein Weg, den Bruch der Gebetspraxis zwischen Kindheit und Alter zu vermeiden.

Beten ist zum einen ein persönlicher Akt, individuelle Hinwendung zu Gott. Es ist aber sowohl von der christlichen Tradition wie auch von der Genese des persönlichen Betens her ein Vorgang, der Öffentlichkeit und Kommunikation beinhaltet, sei es innerhalb der Familie oder in Veranstaltungen der Gemeinde.

Die Praxis des gemeinsamen und des öffentlichen Betens ist in unserer Zeit in den Hintergrund getreten. Um hier zu Initiativen zu ermutigen, bietet der 5. Teil dieses Buches („Miteinander beten!") eine Reihe von Anregungen, wie innerhalb der Familie und innerhalb des Gottesdienstes Formen des Betens Eingang finden können, die zum einen eine Verlagerung der Verantwortung für das

Gebet auf alle Beteiligten, zum andern die Aufnahme neuer Texte zum Ziele haben.

Auf zwei weitere Kapitel dieses Buches sei nur kurz hingewiesen. Ihre Intention ist von der Themenstellung her klar: In einer Sammlung der „Gebete großer Persönlichkeiten“ findet der Leser eine Reihe von Gebeten, die dokumentieren, daß Beten in entscheidenden Situationen „Lebenshilfe“ war und auch heute noch sein kann. Daß diese Sammlung kaum in die Neuzeit hereinreicht, hängt in erster Linie damit zusammen, daß es offensichtlich dem Glaubensverständnis früherer Jahrhunderte eher entsprach, öffentlich zu beten und dadurch eine Lebenshaltung zu dokumentieren.

„Gebete verschiedener Völker und Nationen“, eine Zusammenstellung nichtchristlicher Gebete aus den verschiedenen Regionen der Erde sollen im letzten Teil des Buches zeigen, daß die Suche nach Gott ein allgemein-menschliches Bedürfnis ist, dem Christen ihre Achtung nicht versagen können, – ein Gebot, das in vergangenen Zeiten oft nicht verstanden wurde.

Von dem Philosophen G.W. Leibniz stammt die Forderung, daß kein Buch erscheinen dürfe, „in dem der Verfasser nicht anzugeben vermöchte, was er Neues, bisher Unbekanntes und der Allgemeinheit Nützliches durch sein Werk zutage gefördert habe“.

Aussagen, die diesen Forderungen gerecht würden, verbieten sich für eine Textsammlung, das von dem ewigen Anliegen der Menschen handelt, dem Gespräch mit Gott. Gelingt es jedoch dem Leser, Erfahrungen zu machen, die für ihn neu und für die Allgemeinheit nützlich sind, so ist das Anliegen dieses Buches erfüllt.

II. Wie sollen wir beten?

Beten war zu keiner Zeit eine selbstverständliche, unproblematische Angelegenheit.

Die Forderung der Jünger an Jesus: „Herr, lehre uns beten!“ zeigt, daß von den Anfängen christlichen Glaubens an Fragen nach der Rechtfertigung eines Gebetsanlasses, nach der sprachlichen Form, nach der Person des Anzuredenden, ja selbst nach Umfang, Zeitpunkt, Ort und anderen äußeren Bedingungen des Gebets bestanden.

Ein Teil dieser Fragen ist zeitbedingt. Der Leser wird daher in der folgenden Sammlung von Texten, in denen über Möglichkeiten und Schwierigkeiten, zu beten berichtet wird, teilweise auf Probleme stoßen, die nicht die seinen sind.

Ein großer Teil der nachfolgenden Überlegungen ist jedoch, trotz zeitlichen Abstandes, geeignet, dem Leser dazu zu verhelfen, eigene Probleme – mit anderen Worten zum Ausdruck gebracht – zu entdecken und über Antworten nachzudenken, die andere vor ihm gefunden haben.

Nach Sören Kierkegaard heißt beten nicht „sich selbst reden hören, sondern verstummen, solange verstummen und warten, bis der Betende Gott hört“.

Stille, um in sich hineinhören zu können, ist auch Voraussetzung der eigenen Standortbestimmung, zu der das Nachdenken über die folgenden Texte anregen will.

Unsere Welt –
eine Welt voller Technik und Maschinen,
voll von Verkehr und Häuser und Fabriken,
und mittendrin leben Menschen, lebe ich.

Unsere Zeit –
eine Zeit voller Tempo und Anspannung,
voller Hektik und Anforderung und Streß,
und mittendrin leben Menschen, lebe ich.

Beten in unserer Welt, in unserer Zeit –
geht das eigentlich?
Ist das nicht allein etwas für kleine Kinder
und für alte Leute?
Aber – Beten für mich?

Und was kann ich denn beten?
Das sind doch sowieso immer dieselben Gebete –
wem nützt das eigentlich?

Da brauche ich viel mehr einen,
mit dem ich mal vernünftig reden kann,
der mich endlich einmal richtig versteht,
der zu mit hält, gleich, was los ist,
vor dem ich mich nicht zu verstellen brauche,
bei dem ich mich mal richtig ausmotzen kann,
bei dem ich meine Sorgen loswerden kann,
bei dem ich auch mal einfach still sitzen kann,
auf den ich mich wirklich verlassen kann,
mit dem ich überlegen kann,
wie es weitergeht mit mir und der Welt,
so einen brauche ich.

ICH bin ein schlechter Beter, Herr. Ich teile meine Zeit nicht richtig ein, und darum finde ich keine Ruhe. Ich vergesse das Beten oft ganz, weil die Dinge des Tages sich in den Vordergrund drängen. Abends bin ich zu müde, und meine Gedanken irren ab. Auch weiß ich nicht, meine Worte richtig zu setzen.

Du aber hast uns deinen Heiligen Geist verheißen, der uns beruft, sammelt, erleuchtet, heiligt und im rechten Glauben erhalten will. So bitte ich dich: Sende deinen Geist, daß er mich zum Beten mahne. Verhilf mir zur inneren Sammlung und lenke meine Gedanken, daß ich bete, wie es dir wohlgefällt. Durch die Kraft deines Heiligen Geistes mache mich treuer in der Fürbitte und im Danken. Gib mir Gewißheit, daß du hörst, wenn ich dich anrufe. Du bist ja der Lebendige und mein Herr.

JESUS CRISTUS, einst sind deine Jünger zu dir gekommen und haben verlangt: „Herr, lehre uns beten." So sprechen denn auch wir: „Herr, lehre uns beten." Lehre mich einsehen, daß ohne Gebet mein Inneres verkümmert und mein Leben Halt und Kraft verliert. Nimm das Gerede von Erlebnis und Bedürfnis weg, hinter welchem sich Trägheit und Auflehnung verbirgt. Gib mir Ernst und festen Entschluß, und hilf mir, durch Überwindung zu lernen, was zum Heil nottut. Führe mich aber auch in deine heilige Gegenwart. Lehre mich zu dir sprechen im Ernst der Wahrheit und in der Innigkeit der Liebe. Bei dir steht es, mir die innere Fülle des Gebetes zu gewähren, und ich bitte dich, gib sie mir zur rechten Zeit. Zuerst aber ist das Gebet Gehorsam und Dienst: erleuchte mich, daß ich den Dienst in Treue tue.

HEUTE war ich in der Kirche,
ganz alleine.
Ich habe nur still da gesessen
und nachgedacht.
Eine Kerze brannte
und kein Laut war zu hören.
Irgendwie war es ganz anders als sonst.
Gebetet habe ich nicht
– oder doch?

BETEN ist manchmal wirklich schwer.
Da weiß ich gar nicht, was ich sagen soll.
Die alten Kindergebete kann ich nicht mehr beten.
Aber muß man eigentlich so viel sagen,
so viele Wort machen.
Ist es nicht wichtiger,
füreinander da zu sein
und so mit Gott zu leben?
Ist das nicht auch ein Gebet?

GOTT, ich möchte beten können,
immer wieder mit dir sprechen,
immer wieder deine Antwort in mir spüren.
Man sagt mir, du bist ein Gott mitten unter uns
Menschen,
uns nahe und doch ganz anders.
So halte mich und zeige mir einen Weg zu dir.

LIEBER Vater im Himmel, du siehst, daß ich heute zu elend bin, um zu beten. Ich kann allein nicht mehr von der Stelle, und mein Glaube ist müde und matt. Lieber Vater, nimm du mich in den Arm wie ein Kind, das Liebe braucht. Dann will ich die Augen schließen und an nichts denken, als daß ich bei dir bin. Du wirst nicht schwach, auch wenn ich gar nichts kann. Du bleibst derselbe reiche Gott, auch wenn ich ganz elend bin. Auf dich will ich sehen, nicht auf meine Zweifel und Sorgen und Nöte. Du bist der Vater, siehe du zu, wie du mich trägst und hältst und segnest.

VON meinen Gebeten will ich zu dir reden, Herr. Und wenn es mir sonst scheinen will, daß du wenig achtest auf das, was meine Gebete dir sagen wollen, dann horch doch dieses eine Mal auf meine Worte. Ach, Herr Gott, ich wundere mich nicht, daß meine Gebete noch so weit von dir zu Boden fallen. Ich höre ja selber oft nicht auf das, was ich bete. Mein Beten ist mir so oft eigentlich nur eine „Aufgabe", ein „Pensum", das ich erledige, danach ich froh bin, wenn ich es hinter mir habe. Und darum bin ich beim Beten bei meiner „Aufgabe", statt betend bei dir zu sein.

Ja, so ist mein Beten. Ich gestehe es ein. Aber, mein Gott, es will mir fast nicht gelingen, mein Beten, das keines ist, zu bereuen. Wie soll der Mensch mit dir reden können? Du bist so fern und unfaßbar. Wenn ich bete, dann ist es mir, als fielen alle meine Worte in eine dunkle Tiefe, aus der kein Echo zurückkommt, das melden würde, daß meine Gebete den Grund deines Herzens gefunden haben. Herr, ein Leben lang beten, reden, ohne eine Antwort zu hören, ist das nicht zu viel für mich? Verstehst du, daß ich dir immer wieder davonlaufe und mit Menschen und Dingen rede und handle, die mir Antwort geben? Oder soll ich die Rührung, die mir beim Beten kommt, oder den Einfall, den ich bei der Betrachtung habe, als dein Wort und deine Erleuchtung ausgeben? O Gott, die Frommen sind da so schnell bei der Hand. Aber mir fällt es gar schwer, das zu glauben. Ich finde immer wieder mich selbst in all diesen Erlebnissen und nur das leere Echo meiner eigenen Rufe. Aber dein Wort, dich selber will ich. Ich selber und meine Einfälle sind mir höchstens für andere nützlich, selbst wenn diese Einfälle sich auf dich beziehen und die Leute sie am Ende noch für tief halten. Mir graut vor meiner „Tiefe", die nur die Flachheit eines Menschen ist, und eines ganz gewöhnlichen noch dazu. Und eine „Innerlichkeit", in der man nur sich selbst findet, macht das Herz noch leerer als alle Zerstreutheit und Verlorenheit in das Getriebe der Welt. Mich selber kann ich nur ertragen, wenn ich mich vergessen kann, indem ich von mir weg betend auf dich hin lebe. Aber wie soll ich dies können, wenn du dich mir nicht zeigst, wenn du so fern bleibst? Warum schweigst du also? Warum legst du mir auf, zu dir zu sprechen, wenn du nicht zuzuhören scheinst? Wenn du schweigst, ist das denn kein Zeichen, daß du mir nicht zuhörst?

HERR Jesus, der du die Jünger beten lehrtest:
Hilf mir auch, wenn ich vor dir knie und bete.
Ich weiß nicht, wie und was ich reden soll;
nur eines weiß ich: Mich verlangt zu beten.
Leg mir die rechten Worte selber in den Mund
und fülle mein Gemüt mit göttlichen Gedanken.
Verleihe meinem Herzen Frieden, Herr.
Laß mich erkennen, daß ich unvollkommen bin,
und sei mir nahe.
Zu meinen Lippen neige her dein Ohr,
denn meine Worte sind nur schwach.
Ich wage nicht, ins Antlitz dir zu sehen.
Lehre mich beten, Herr! Lehr du mich beten!

Es gibt heute viele Menschen, die meinen, keine Zeit zum Beten zu haben oder nicht beten zu können. Andere wollen nur beten, wenn sie das Bedürfnis danach verspüren.

Mancher würde gerne beten, findet sich aber nicht in den herkömmlichen Formen des Betens zurecht. Hält er sich daran, muß er vielfach feststellen, daß er in dieser Gebetssprache sein Leben nicht mehr unterbringt. Setzt er sich hin und will still sein, dann bricht in diese Stille alles ein, was ihn bewegt, was er arbeitet, woran er leidet. Oft findet er auch nicht die Ruhe, täglich zu beten.

Die Frage ist, ob Beten immer heißen muß: sich an Formeln halten, ein bestimmtes Pensum erledigen. In der Bibel gehört das Beten ganz selbstverständlich zum Leben, so selbstverständlich, daß es ursprünglich kein eigenes Wort dafür gegeben hat. Beten ist ein Rufen, Jubeln, Klagen, Bitten, Flehen, je nach der Situation des Menschen.

Vielleicht sind manche Menschen dieser biblischen Art des Betens sehr nahe, ohne es zu wissen. Wenn sie in eine mißliche Lage kommen, fangen sie an, sich gegen Gott aufzulehnen; wenn sie eine Zeitung lesen, fragen sie, wie Gott all das Leidvolle und Böse zulassen kann; und wenn sie glücklich sind, dann läuft ihnen das Herz über.

Wir Beter des Neuen Bundes dürfen als Kinder Gottes und als Brüder Christi zum Vater kommen, wie sir sind – in unserer inneren Hetze, in unserm Unvermögen, uns zu sammeln und die rechten Worte zu finden, mit unseren Schwierigkeiten und mit unserer Schuld. Aber nicht nur dieses Vertrauen kann unser Gebet tragen. Wenn wir beten, betet Christus im Heiligen Geist mit uns. Der Getaufte betet, wie wir es so oft sagen, „durch Christus, unsern Herrn“.

Der volle Grund zum Beten ist für uns immer Gott selbst und sein Heilshandeln. Gott ist so, daß er verehrt werden muß; wir sind so, daß wir Gott verehren, anbeten müssen.

Wem das Beten dennoch schwer wird, der sollte erst einmal versuchen, ohne Worte vor Gott zu verweilen. Er sollte lernen, ihm willig und vertrauend sein Inneres zu öffnen. Persönlich beten heißt ja, sein Leben zur Sprache bringen vor

Gott: Ich weiß, daß ich mein Leben ausbreiten kann vor Gott – er stellt mich nicht bloß. Ich weiß, daß ich zu ihm sprechen kann, wie mir gerade ums Herz ist er versteht mich. Ich weiß, daß ich mich vor ihm nicht verstellen kann – er kennt mich. Ich weiß, daß ich zu ihm kommen kann, wann ich will – er ist mir immer nahe. Ich weiß, daß er mich zum Beten anregt und mein Gebet mit seiner Kraft trägt.

Gott braucht mein Gebet nicht, aber mein Leben braucht das Gebet. Gott weiß, was ich nötig habe. Im Gebet versuche ich, Gottes Willen zu erfahren und mein Leben daraufhin zu ändern. Wichtig ist nur, daß ich zu ihm gehe und daß ich glaube, in ihm zur Ruhe zu kommen und geheilt zu werden. Wenn ich das tue, erfahre ich immer wieder eine Korrektur in meinem Leben, finde wieder die Richtung und darf Hoffnung haben, daß mein Leben seinen Sinn und sein Ziel nicht verfehlt.

Mein Leben braucht das Gebet, das bedeutet auch, daß ich es nicht darauf ankommen lassen darf, wann mir nach Beten zumute ist. Es ist gut für uns, regelmäßig zu beten; und es kann eine große Hilfe sein, wenn wir für unser Gebet Formeln zur Verfügung haben; auch die Wiederholung gleicher Texte im Gebet des einzelnen und im Gottesdienst hat ihren besonderen Sinn. All dies ist auch Brauch der Kirche.

Der Christ hat nicht nur den Auftrag, für sich selbst zu beten; betend wird er zur Stimme der Kirche in der ganzen Welt. Es ist gut, wenn wir uns im großen Chor der Beter wissen. Gebet hat nicht die Absicht, die Welt aktiv zu verändern. Aber seine verwandelnde Kraft verändert den Menschen. Und solche Menschen werden bereit sein, die Welt nach dem Auftrag des Evangeliums zu verändern, bis sie in Gott vollendet wird.

HILF du mir beten, Herr.
Ich weiß nicht, wie ich beten soll.
Nur eines weiß ich: Ich möchte beten.
Gib mir die richtigen Worte – aber schneide mir
den Fluchtweg ab in ein „reiches Innenleben".
Laß mich an dem Leid der Menschen nicht vorbeibeten.
Wandle meine Worte in Taten.

WENN ich fühle, daß ich durch fremde Geschäfte oder Gedanken bin unlustig zu beten geworden, hebe ich an, das Vaterunser, die Zehn Gebote, den Glauben, danach ich Zeit habe, etliche Sprüche Christi, Pauli oder Psalmen mündlich bei mir zu sprechen.

Wenn ich Zeit und Raum habe, so mache ich aus jedem Gebet ein vierfach gedrehtes Kränzlein und nehme es zum ersten als eine Lehre und denke, was unser Herrgott darin so ernstlich fordert. Zum andern mache ich eine Danksagung daraus, zum dritten eine Beichte, zum vierten ein Gebet.

ICH glaube, Herr, hilf meinem Unglauben. Ich habe von Jugend an viele Gebete auswendig gelernt, habe aber noch nicht gelernt, wie ich dich in Wahrheit kennen und nennen soll. Herr, lehre mich durch deinen Geist, damit ich in die wahre Gemeinschaft mit dem Vater und mit dem Sohne komme und aus dieser Gemeinschaft zeugen und reden kann.

HERR, der du unser Vater bist, lehre uns beten!
Du willst deine Kinder bei dir haben
und ihnen in Liebe zugehören;
darum wollen wir uns nicht scheuen,
dir unser Herz auszuschütten.
Du hast uns Jesus Christus zu unserem Bruder gemacht;
darum können wir dir auch das anvertrauen,
was wir vor anderen verbergen.

Lieber Herr, halte uns in steter Verbindung mit dir,
daß wir nie aufhören, mit dir zu reden
und auf deine Antworten zu warten.
Bewahre uns, daß unser Beten nicht entarte
zum gedankenlosen Hersagen von Formeln.
Lehre uns auch, zuzuhören und vor dir stille zu sein
und so einig mit dir zu werden,
daß es nicht immer der Worte zwischen uns bedarf.
Vor allem aber bitten wir dich,
höre nie auf, mit uns zu sprechen.
Wie sollten wir leben, wenn du schweigst?

Laß uns in der Fürbitte alle Menschen
mit deinen Augen ansehen,
sie mit deiner Liebe lieben,
sie mit deiner Geduld tragen,
sie mit deinem Trost aufrichten,
sie durch deine Kraft stärken.
Lehre uns deinen Willen erkennen und tun.

Lieber Herr, lehre uns recht beten.

LIEBER Gott, heute fällt mir das Beten schwer. Ich weiß nicht, was ich dir sagen soll. Mir fällt einfach nichts ein. Ich bin darum jetzt nur ganz still und denke an dich. Du weißt ja, was ich möchte und was mir fehlt. Du kennst das, was mich bedrückt. Du siehst ja in mein Herz. Ich brauche dir nichts zu sagen. Ich habe dich lieb, guter Gott.

III. Gebete der Christenheit

Nahezu 2000 Jahre christlichen Glaubens haben eine Vielzahl von Gebeten hervorgebracht, die über ihre persönliche Bedeutung für den einzelnen hinaus für kirchliche Gemeinschaften insgesamt richtungweisend wurden.

Viele dieser Gebete überschreiten die Grenzen der Konfessionen und sind Allgemeingut der Christenheit geworden,

Die folgende Sammlung will einen Überblick über diese Gebete geben und ihre verbindende Kraft deutlich machen.

Für die meisten Leser bieten diese Texte eine Begegnung mit vertrauten Gebeten, die für manchen trotz ihres überindividuellen Charakters persönliche Bedeutung gewonnen haben, sei es, daß sie mit besonderen Situationen oder Lebensphasen verbunden sind, sei es, daß sie von der sprachlichen Formulierung her die eigene Gebetshaltung nachhaltig geprägt haben.

Wo der Leser auf ihm fremde Gebete stößt oder wo er eine einseitige konfessionelle Beziehung zu entdecken glaubt, sei der Versuch empfohlen, gerade diese Texte auf sich wirken zu lassen und sie meditierend zu sprechen. Vielleicht wird er die Erfahrung machen, daß auch in Gebeten anderer Bekenntnisrichtungen das Gemeinsame christlichen Gedankengutes stärker ist als Voreingenommenheit dies oft erkennen läßt.

„Gedenke, o Herr, deiner Kirche:
erlöse sie von allem Übel
und vollende sie in deiner Liebe.
Sammle sie aus allen vier Winden
und führe sie, geheiligt, zu deinem Reiche,
das du für sie bereitet hast.“

Gebet zum Kreuzzeichen

IM Namen des Vaters und des Sohnes
und des Heiligen Geistes. Amen.

Kleiner Lobpreis des dreieinigen Gottes

EHRE sei dem Vater und dem Sohn
und dem Heiligen Geist,
wie im Anfang,
so auch jetzt und alle Zeit
und in Ewigkeit.
Amen.

Das Gebet des Herrn

VATER unser im Himmel,
Geheiligt werde dein Name.
Dein Reich komme.
Dein Wille geschehe,
wie im Himmel so auf Erden.
Unser tägliches Brot gib uns heute.
Und vergib uns unsere Schuld,
wie auch wir vergeben unsern Schuldigern.
Und führe uns nicht in Versuchung,
sondern erlöse uns von dem Bösen.

Denn dein ist das Reich und die Kraft
und die Herrlichkeit in Ewigkeit.
Amen.

Das Apostolische Glaubensbekenntnis

Ich glaube an Gott,
den Vater, den Allmächtigen,
den Schöpfer des Himmels und der Erde,
und an Jesus Christus,
seinen eingeborenen Sohn, unseren Herrn,
empfangen durch den Heiligen Geist,
geboren von der Jungfrau Maria,
gelitten unter Pontius Pilatus,
gekreuzigt, gestorben und begraben,
hinabgestiegen in das Reich des Todes,
am dritten Tage auferstanden von den Toten,
aufgefahren in den Himmel;
er sitzt zur Rechten Gottes, des allmächtigen
Vaters;
von dort wird er kommen,
zu richten die Lebenden und die Toten.

Ich glaube an den Heiligen Geist,
die heilige katholische Kirche,
Gemeinschaft der Heiligen,
Vergebung der Sünden,
Auferstehung der Toten
und das ewige Leben.
Amen.

Das Credo

Wir glauben an den einen Gott,
den Vater, den Allmächtigen,
der alles geschaffen hat, Himmel und Erde,
die sichtbare und die unsichtbare Welt.
Und an den einen Herrn Jesus Christus,
Gottes eingeborenen Sohn,
aus dem Vater geboren vor aller Zeit:
Gott von Gott, Licht vom Licht,
wahrer Gott vom wahren Gott,
gezeugt, nicht geschaffen,
eines Wesens mit dem Vater;
durch ihn ist alles geschaffen.
Für uns Menschen und zu unserem Heil
ist er vom Himmel gekommen,
hat Fleisch angenommen
durch den Heiligen Geist
von der Jungfrau Maria
und ist Mensch geworden.
Er wurde für uns gekreuzigt
unter Pontius Pilatus,
hat gelitten und ist begraben worden,
ist am dritten Tage auferstanden nach der Schrift
und aufgefahren in den Himmel.
Er sitzt zur Rechten des Vaters
und wird wiederkommen in Herrlichkeit,
zu richten die Lebenden und die Toten;
seiner Herrschaft wird kein Ende sein.
Wir glauben an den Heiligen Geist,
der Herr ist und lebendig macht,
der aus dem Vater und dem Sohn hervorgeht,
der mit dem Vater und dem Sohn
angebetet und verherrlicht wird,
der gesprochen hat durch die Propheten,
und die eine, heilige, katholische
und apostolische Kirche.

Wir bekennen die eine Taufe
zur Vergebung der Sünden.
Wir erwarten die Auferstehung der Toten
und das Leben der kommenden Welt. Amen.

Glaubensbekenntnis der Massai

WIR glauben an den großen Gott,
der aus Liebe diese wundervolle Welt erschaffen hat
und all das Gute in ihr.
Er erschuf den Menschen und wollte,
daß der Mensch glücklich sei in dieser Welt.
Gott liebt die Welt und jede Nation und
jeden Stamm auf Erden.
Wir haben diesen Gott dunkel gekannt,
jetzt erkennen wir ihn im Licht.
Gott versprach im Buch seines Wortes, in der
Heiligen Schrift,
daß er die Welt und alle Nationen und Stämme
hell machen werde.

Wir glauben, daß Gott sein Versprechen eingelöst hat,
indem er seinen Sohn sandte, Jesus Christus;
einen Menschen von Fleisch, dem Stamm nach ein Jude;
arm geboren in einem kleinen Dorf.
Er verließ seine Heimat und war immer auf Wanderschaft,
tat Gutes, heilte in der Kraft Gottes die Menschen
und sprach über Gott und die Menschen;
er zeigte auf, daß Glaube Liebe ist.

Seine Leute verstießen ihn, sie folterten ihn
und nagelten ihn mit Händen und Füßen an ein Kreuz.
Er starb. Er wurde begraben.
Aber am dritten Tage stand er auf aus dem Grab.
Er stieg zum Himmel auf. Er ist der Herr!

Wir glauben, daß durch ihn all unsere Schuld
vergeben ist.
Alle, die an ihn glauben, müssen ihre Sünden bereuen,
müssen getauft sein im Heiligen Geist,
müssen die Liebe leben und das Brot miteinander teilen,
müssen die Gute Nachricht anderen künden,
bis Jesus wiederkommt.
Wir warten auf ihn! Er ist am Leben! Er lebt!
Das glauben wir!
Amen.

Ave Maria

GEGRÜSSET seist du, Maria,
voll der Gnade,
der Herr ist mit dir.

Du bist gebenedeit unter den Frauen,
und gebenedeit ist die Frucht deines Leibes,
Jesus.

Heilige Maria,
Mutter Gottes,
bitte für uns Sünder
jetzt und in der Stunde unseres Todes.
Amen.

Das Gloria in Excelsis Deo

EHRE sei Gott in der Höhe
und Friede auf Erden
den Menschen seiner Gnade.

Wir loben dich,
wir preisen dich,
wir beten dich an,
wir rühmen dich und danken dir,
denn groß ist deine Herrlichkeit:
Herr und Gott, König des Himmels,
Gott und Vater, Herrscher über das All,
Herr, eingeborener Sohn, Jesus Christus.

Herr und Gott, Lamm Gottes, Sohn des Vaters,
du nimmst hinweg die Sünde der Welt:
erbarme dich unser;
du nimmst hinweg die Sünde der Welt:
nimm an unser Gebet;
du sitzest zur Rechten des Vaters:
erbarme dich unser.

Denn du allein bist der Heilige,
du allein der Herr,
du allein der Höchste:
Jesus Christus,
mit dem Heiligen Geist,
zur Ehre Gottes des Vaters.
Amen.

Sanctus

HEILIG, heilig, heilig
Gott, Herr aller Mächte und Gewalten.
Erfüllt sind Himmel und Erde
von deiner Herrlichkeit.
Hosanna in der Höhe.
Hochgelobt sei,
der da kommt im Namen des Herrn.
Hosanna in der Höhe.

Gebet zu Christus

SEELE Christi, heilige mich.
Leib Christi, rette mich.
Blut Christi, tränke mich.
Wasser der Seite Christi, wasche mich.
Leiden Christi, stärke mich.
O gütiger Jesus, erhöre mich.
Verbirg in Deine Wunden mich.
Von Dir laß nimmer scheiden mich.
In meiner Todesstunde rufe mich,
mit Deinen Heiligen zu loben Dich,
in Deinem Reiche ewiglich. Amen.

Magnificat: Der Lobgesang Mariens

MEINE Seele preist die Größe des Herrn,
und mein Geist jubelt über Gott, meinen Retter.

Denn auf die Niedrigkeit seiner Magd hat er geschaut.
Siehe, von nun an preisen mich selig alle Geschlechter.

Denn der Mächtige hat Großes an mir getan,
und sein Name ist heilig.

Er erbarmt sich von Geschlecht zu Geschlecht
über alle, die ihn fürchten.

Er vollbringt mit seinem Arm machtvolle Taten:
Er zerstreut, die im Herzen voll Hochmut sind;

Er stürzt die Mächtigen vom Thron
und erhöht die Niedrigen.

Die Hungernden beschenkt er mit seinen Gaben
und läßt die Reichen leer ausgehen.

Er nimmt sich seines Knechtes Israel an
und denkt an sein Erbarmen,

das er unseren Vätern verheißen hat,
Abraham und seinen Nachkommen auf ewig.

(Lukas 1, 46–55)

Agnus Dei

Lamm Gottes,
du nimmst hinweg die Sünde der Welt:
erbarme dich unser.

Lamm Gottes,
du nimmst hinweg die Sünde der Welt:
erbarme dich unser.

Lamm Gottes,
du nimmst hinweg die Sünde der Welt:
gib uns deinen Frieden.

Te Deum

Dich, Gott, loben wir, dich, Herr, preisen wir.
Dir, dem ewigen Vater, huldigt das Erdenrund.
Dir rufen die Engel alle,
dir Himmel und Mächte insgesamt,
die Kerubim dir und die Serafim,
mit niemals endender Stimme zu:
Heilig, heilig, heilig
der Herr, der Gott der Scharen!
Voll sind Himmel und Erde
von deiner hohen Herrlichkeit.

Dich preist der glorreiche Chor der Apostel;
dich der Propheten lobwürdige Zahl;
dich der Märtyrer leuchtendes Heer;
dich preist über das Erdenrund
die heilige Kirche;
dich, den Vater unermeßbarer Majestät;
deinen wahren und einzigen Sohn;
und den Heiligen Fürsprecher Geist.

Du König der Herrlichkeit, Christus.
Du bist des Vaters allewiger Sohn.
Du hast der Jungfrau Schoß nicht verschmäht,
bist Mensch geworden,
den Menschen zu befreien.
Du hast bezwungen des Todes Stachel
und denen, die glauben,
die Reiche der Himmel aufgetan.

Du sitzest zur Rechten Gottes
in deines Vaters Herrlichkeit.
Als Richter, so glauben wir,
kehrst du einst wieder.
Dich bitten wir denn,
komm deinen Dienern zu Hilfe,
die du erlöst mit kostbarem Blut.
In der ewigen Herrlichkeit
zähle uns deinen Heiligen zu.
Rette dein Volk, o Herr, und segne dein Erbe;
und führe sie und erhebe sie bis in Ewigkeit.
An jedem Tag benedeien wir dich
und loben in Ewigkeit deinen Namen,
ja in der ewigen Ewigkeit.
In Gnaden wollest du, Herr,
an diesem Tag uns ohne Schuld bewahren.

Erbarme dich unser, o Herr, erbarme dich unser.
Laß über uns dein Erbarmen geschehn,
wie wir gehofft auf dich.
Auf dich, o Herr,
habe ich meine Hoffnung gesetzt.
In Ewigkeit werde ich nicht zuschanden.

EIN' feste Burg ist unser Gott, / Ein' gute Wehr und Waffen. / Er hilft uns frei aus aller Not, / Die uns jetzt hat betroffen. / Der alte böse Feind, / Mit Ernst er's jetzt meint. / Groß' Macht und viel List / Sein' grausam Rüstung ist. / Auf Erd ist nicht seins Gleichen. /

Mit unsrer Macht ist Nichts getan, / Wir sind gar bald verloren. / Es streit't für uns der rechte Mann, / Den Gott hat selbst erkoren. / Fragst du, wer der ist? / Er heißt Jesus Christ, / Der Herre Zebaoth, / Und ist kein andrer Gott; / Das Feld muß er behalten. /

Und wenn die Welt voll Teufel wär', / Und wollt uns gar verschlingen, / So fürchten wir uns nicht so sehr, / Es soll uns doch gelingen. / Der Fürst dieser Welt, / Wie sau'r er sich stellt, / Tut er's uns doch nicht, / Das macht, er ist gericht: / Ein Wörtlein kann ihn fällen. /

Das Wort sie sollen lassen stahn, / Und kein Dank dazu haben. / Er ist bei uns wohl auf dem Plan / Mit seinem Geist und Gaben. / Nehmen sie den Leib, / Gut, Ehr, Kind und Weib; / Laß fahren dahin, / Sie habens kein Gewinn; / Das Reich muß uns doch bleiben.

(Martin Luther, 1483–1546)

O Haupt voll Blut und Wunden, / voll Schmerz und voller Hohn! / O Haupt, zu Spott gebunden / mit einer Dornenkron! / O Haupt, sonst schön gezieret / mit höchster Ehr und Zier, / jetzt aber hoch schimpfieret: / Gegrüßet seist du mir!

Du edles Angesichte, / dafür sonst schrickt und scheut / das große Weltgewichte, / wie bist du so bespeit! / Wie bist du so erbleichet! / Wer hat dein Augenlicht, / dem sonst kein Licht nicht gleichet, / so schändlich zugericht?

Die Farbe deiner Wangen, / der roten Lippen Pracht / ist hin und ganz vergangen: / Des blassen Todes Macht / hat alles hingenommen, / hat alles hingerafft, / und daher bist du kommen / von deines Leibes Kraft.

Nun, was Du, Herr, erduldet, / ist alles meine Last, / ich hab es selbst verschuldet, / was Du getragen hast. / Schau her, hie steh ich Armer, / der Zorn verdienet hat; / gib mir, o mein Erbarmer, / den Anblick Deiner Gnad!

Erkenne mich, mein Hüter! / Mein Hirte, nimm mich an! / Von Dir, Quell aller Güter, / ist mir viel Guts getan; / Dein Mund hat mich gelabet / mit Milch und süßer Kost, / Dein Geist hat mich begabet / mit mancher Himmelslust.

Ich will hie bei Dir stehen, / verachte mich doch nicht; / von Dir will ich nicht gehen, / wann Dir Dein Herze bricht; / wann Dein Herz wird erblassen / im letzten Todesstoß, / alsdann will ich Dich fassen / in meinem Arm und Schoß.

Es dient zu meiner Freuden / und kömmt mir herzlich wohl, / wann ich in Deinem Leiden, / mein Heil, mich finden soll. / Ach, möcht ich, o mein Leben, / an Deinem Kreuze hier / mein Leben von mir geben, / wie wohl geschähe mir!

Ich danke Dir von Herzen, / o Jesu, liebster Freund, / für Deines Todes Schmerzen, / da Du's so gut gemeint! / Ach gib, daß ich mich halte / zu Dir und Deiner Treu, / und wann ich nun erkalte, / in Dir mein Ende sei.

Wann ich einmal soll scheiden, / so scheide nicht von mir; / wann ich den Tod soll leiden, / so tritt Du dann herfür. / Wann mir am allerbängsten / wird um das Herze sein, / so reiß mich aus den Ängsten / kraft Deiner Angst und Pein!

Erscheine mir zum Schilde, / zum Trost in meinem Tod, / und laß mich sehn Dein Bilde / in Deiner Kreuzesnot. / Da will ich nach Dir blicken, / da will ich glaubensvoll / Dich fest an mein Herz drücken: / Wer so stirbt, der stirbt wohl.

(Paul Gerhardt, 1607–1676)

IV. Persönliche Gebete

Diese Sammlung enthält Gebetstexte zu 20 Themenkreisen:

Innerhalb jedes Themenkreises sind zunächst Gebete von Kindern aufgeführt. Ihnen folgen Gebete in der Sprache Jugendlicher und Heranwachsender.

Den Abschluß bilden jeweils Gebete Erwachsener, wobei sowohl Gebete, die von Laien formuliert wurden, als auch Texte von Theologen, Dichtern und Christen anderer Völker aufgenommen wurden. Die einzelnen Textgruppen gehen direkt ineinander über. Ihre graphisch nicht dargestellten Grenzlinien werden dem Leser durch die veränderte Sprechweise deutlich und ermöglichen so eine individuelle Auswahl der dem jeweiligen Leser zusagenden Gebete.

Anbetung und Lob Gottes

Wenn die Sonn' ist aufgegangen
und der Tag hat angefangen,
will ich Gott im Himmel droben
fröhlich und von Herzen loben:
Mit dem lieben Sonnenschein,
mit den Tieren groß und klein
und mit allen schönen Dingen
will ich dir mein Loblied singen.

ERDE, Himmel, Land und Meer,
was ich seh', wo kommt es her?
Alles das hat Gott gemacht.
Ihm sei Lob und Dank gebracht.

KEIN Tierlein ist auf Erden
Dir, lieber Gott, zu klein.
Du ließt sie alle werden,
und alle sind sie Dein.
Zu Dir, zu Dir
ruft Mensch und Tier.
Der Vogel Dir singt,
das Fischlein Dir springt,
die Biene Dir summt,
der Käfer Dir brummt,
auch pfeift Dir das Mäuslein klein.
Herr Gott, Du sollst gelobet sein!

O HERR, mein Gott, wie bist du groß,
du Schöpfer aller Welt!
Des Lichtes Glanz ist dein Gewand,
des Himmels Blau dein Zelt.
Du hast die Erde fest gebaut,
der Berge Höhn bestimmt,
des Wassers Lauf hast du gelenkt,
daß seinen Weg es nimmt.
Du lässest in der Wälder Grün
die Quellen sprudelnd blinken,
des Bächleins Wellen läßt du ziehn,
daraus die Tiere trinken.
Wie groß sind deine Werke, Herr,
dein Wort rief sie ins Sein!
Der hohe Berg, das weite Meer, die ganze Welt ist dein.

ALLES meinem Gott zu Ehren
in der Arbeit, in der Ruh!
Gottes Lob und Ehr zu mehren,
ich verlang und alles tu.
Meinem Gott nur will ich geben
Leib und Seel, mein ganzes Leben.
Gib, o Jesu, Gnad dazu;
gib, o Jesu, Gnad dazu!

DU hast kein Fahrrad. Du brauchst kein Flugzeug.
Du fährst nicht mit der Eisenbahn. Du hast kein Auto.
Und doch bist du überall.
Im Bergwerk, wo man Kohle gräbt.
In der Luft, wo der Düsenjäger brummt.
Auf dem Feld, wo das Korn wächst.
Im Zimmer, wo ich schlafe.
Im Hof, wo wir Ball spielen. In der Schule und in der Kirche,
wo wir dir Lieder singen, überall bist du.

Ich will dir lobsingen, Herr,
im Schatten der steilen Bananenstaude.
Ich will dir lobsingen im Schatten der Dome.
Über die Kreuze will ich dich preisen,
Herr großer Gott.

Mit den tam-tams in der Steppe.
Swingend in den Ampeln der Großstädte.
Im Citylicht auf den Boulevards,
in den Espressos und in den Straßenbahnen,
morgens und abends:
mit der Trompete in der Hand –
mit dem Zeichenstift –
in den Theatern, im Kino, im Konzert.
Deinen Namen will ich rufen, Herr,
in den Jazzkellern,
bei den Bohémiens und den Namenlosen,
bei den Tramps,
in den Spielhallen und auf den Friedhöfen,
im Sturm will ich ihn rufen,
im Schatten und in der Sonne,
auf den Höhen und im Tal:
du großer Gott meines Lebens –
du Gott der Trompeten,
der Citylichter und der Boulevards –
du Gott der Espressos –
du Gott der Straßenbahnen –
du Gott der Bohémiens und der Tramps –
du wohnst in den tam-tams über der Steppe.
In den Ampeln der Städte wohnst du,
bei den Namenlosen.

Ich will dir lobsingen
im Schatten der steilen Bananenstaude.
Ich will dir lobsingen im Schatten der Dome.
Über die Kreuze will ich dich preisen,
Herr großer Gott.

DANKET dem Herrn,
denn er ist gut.
Ewig währet sein Erbarmen,
alles ruht in seinen Armen.

Seine Macht ist grenzenlos,
seine Lieb unendlich groß.
Lobt den Herrn, dankt dem Herrn!
Lobet den Herrn, denn er ist gut.

HERR, mache, daß ich mich dir zuwende, auch wenn ich dich noch nicht sehen kann.
Herr, du bis meine Kraft, auch wenn ich dich nicht fassen kann.
Herr, du bist mein Heil, auch wenn ich nicht glauben kann.
Herr, du bist meine Vergebung, auch wenn ich nicht mehr bereuen kann.
Herr, du bist die Liebe, auch wenn ich nicht lieben kann. Lob sei dir!

EHRE sei Gott
in der Höhe
und Friede auf Erden
den Menschen seiner Gnade.
Wir loben dich,
wir preisen dich,
wir beten dich an,
wir rühmen dich und danken dir,
denn groß ist deine Herrlichkeit.

ICH will Gott loben,
solange ich lebe.
Er hat den Himmel,
die Erde und das Meer gemacht.
Er achtet auf die Menschen,
die in Not sind,
und er behütet,
die auf ihn vertrauen.

O HERR, wie wunderbar hast du alles geschaffen,
was wir im Wald und auf den Wiesen,
in den Bergen und an der See vor uns sehen!
Wie groß bist du, der Schöpfer des Alls, selbst
im kleinsten Tautropfen.
Wie herrlich bist du im Glanz der Gletscherwelt,
in der Glut eines Sonnenuntergangs!
Unser Auge kann sich nicht satt sehen am Spiel der Wolken
und an der Blütenpracht ringsum.
Wir beten dich an und danken dir, daß du uns hier schon
so viel Freude erleben läßt in deiner Schöpfung.

GOTT, unerschöpflich ist deine Weisheit,
unergründlich ist dein Urteil,
unerforschlich sind deine Wege.
Kein Mensch kann dich begreifen.
Von dir nimmt alles seinen Ausgang,
durch dich hat alles sein Leben, in dir hat alles sein Ziel.
Dich will ich loben und preisen jetzt und in Ewigkeit.

ICH höre das Singen der Vögel rings um mich her.
Ich spüre, wie es sie belebt, wenn sie
Die Strahlen der Sonne empfangen.

Wie könnten sie still bleiben,
Da die neu gefundene Freude sie erfüllt?
Wie könnten sie ihre Freude
Für sich behalten, statt sie auszuteilen?
Könnte je das Überströmen der Freude
Eingedämmt werden durch Schweigen?

Herr, laß mich ein Vogel sein
Im weiten Raum des Lebens!
Laß mich Laut geben,
Wenn andere von dir schweigen.
Laß mich dein Lob singen
Mit jedem Atem meines Lebens.

LOBET Gott, Himmel und Erde!
Lobet Gott, Sonne und Mond
und alles, was er gemacht hat!
Lobet Gott, Feuer und Wasser,
Schnee und Nebel und stürmischer Wind!
Lobet Gott, Berge und Täler,
Tiere und Fische in Land und See!
Lobet Gott, ihr Menschen alle,
Väter und Mütter, Jungen und Mädchen!
Alle Menschen, lobet Gott,
denn groß ist er und gut!

Klatscht in die Hände.
Lobt Gott mit Liedern und Rhythmen,
denn er ist der Herr über unsere Welt.
Singt unserem Gott, ja singt!
Singt unserem Herrn, ja singt!

Er gibt uns die Freude, das Lachen, das Glück.
Ja, laßt uns erkennen, wie sehr er uns liebt.
Ich sehe, ich höre, ich fühle die Welt.
Ich sehe den Himmel, die Wolken, die Bäume.

Ich sehe den Käfer im Grase,
den Vogel da oben im Baume.
Ich sehe die Häuser, die Straßen, die Autos.
Ich sehe die Menschen: die Eltern, die Freunde
und alle die Vielen.

Ich höre den Sturm und das Rauschen des Meeres.
Ich höre das Tschilpen der Spatzen.
Ich höre Musik: Gitarren und Flöten und Lieder.
Ich höre, was Menschen mir sagen,
ich höre es und bin darum froh.

Ich fühle die wärmende Sonne am Mittag.
Ich fühle die frische Kühle am Abend.
Ich fühle das federnde Moos unter den Füßen.
Ich fühle die Hand eines Menschen und weiß:
Ich bin nicht allein.

Du gibst uns die Freude, das Lachen, das Glück,
ja, laß uns erkennen, wie sehr du uns liebst.
Klatscht in die Hände.
Lobt Gott mit Liedern und Rhythmen,
denn er ist der Herr über unsere Welt.

Singt unserem Gott, ja singt!
Singt unserem Herrn, ja singt!

LOBET den Herrn, alle Völker,
preist ihn, alle Nationen!
Denn mächtig waltet über uns seine Huld,
die Treue des Herrn währt in Ewigkeit.
Halleluja.

ICH will dich preisen
Tag für Tag.
Ich will mich freuen über alles,
was du für mich getan hast.

ICH will dich, Gott vor allen Kindern preisen
und deinen Namen
groß an den Himmel schreiben.
Ich will von deiner Güte erzählen
und von deiner Macht über die ganze Erde.
Du rettest die Menschen, die du liebst
und hilfst denen, die du
in dein Herz geschlossen hast.
Du willst den Frieden unter uns
und nicht den Streit.
Du willst die Liebe und nicht den Haß.
Mit Gott werden wir große Dinge tun.
Wir werden deinen Namen preisen
und groß an den Himmel schreiben.

GROSS ist unser Herr und groß seine Macht und seiner Weisheit kein Ende! Lobet ihn, Sonne, Mond und Planeten, in welcher Sprache immer euer Loblied dem Schöpfer erklingen mag. Lobet ihn, ihr himmlischen Harmonien, und auch ihr, die Zeugen und Bestätiger seiner enthüllten Wahrheiten! Und du, meine Seele, singe die Ehre des Herrn dein Leben lang! Von ihm und durch ihn und zu ihm sind alle Dinge, die sichtbaren und unsichtbaren. Ihm allein sei Ehre und Ruhm von Ewigkeit zu Ewigkeit! Amen.

ALLMÄCHTIGER Gott, himmlischer Vater, der du nicht geschaffen, nicht geboren, sondern von Anfang und von Ewigkeit her bist!

Ich bete dich an, ich ehre, lobe und preise dich und sage dir Dank von Grund meines Herzens für alle deine Wohltaten, besonders dafür, daß du Himmel und Erde, Sonne und Mond und alle Kreaturen durch deine Allmacht geschaffen hast, durch deine Weisheit regierst und durch dein göttliches Wort erhältst.

Die Sonne, wenn sie aufgeht, verkündigt den Tag. Sie ist ein Wunderwerk des Herrn. Es muß ein großer Herr sein, der sie gemacht hat und sie so schnell laufen heißt.

Die hellen Sterne zieren den Himmel. Durch Gottes Wort halten sie ihre Ordnung und wachen sich nicht müde.

Ich danke dir, Gott, daß du die Erde samt allen Kreaturen durch deine Güte und Barmherzigkeit dem menschlichen Geschlecht zu Dienst geschaffen und ausgeteilt hast.

Besonders lobe ich dich, meinen Schöpfer und Herrn, dafür, daß du auch mich zu einem vernünftigen Menschen nach deinem Bild geschaffen, mir Leib und Seele und alle Glieder, Vernunft und alle Sinne gegeben hast und bewahrst. Groß ist deine Güte an mir, der du mich nicht blind, taub, stumm, lahm oder gebrechlich hast lassen geboren werden.

Solange ein lebendiger Odem in mir ist, will ich nicht vergessen, was du mir Gutes getan hast.

JA, Herr, es ist gut,
dich immerfort zu preisen
und dir mit Freudenworten
Dank zu sagen.

Über die ganze Erde hin geht dein Wort,
um alle Menschen zu finden.
Es rührt sie an in ihrem tiefsten Innern:
Gepriesen seist du, Herr!

Über die ganze Erde hin begleitet dein Wort
den Menschen, und dieses Wort
ist nicht wie aus Büchern,
sondern das Leben Gottes selbst:
Jesus Christus, der uns täglich
brüderlich verbunden ist:
Gepriesen seist du, Herr!

Über die ganze Erde hin wirkt dein Wort eine Geschichte,
die Geschichte des Menschen,
der Jesus Christus begegnet,
ihn als den Herrn und Retter anerkennt
und durch ihn deinen Namen lernt:
Gepriesen seist du, Herr!

Gepriesen seist du,
Herr Gott, unser Vater.
Immerfort kommst du, die Menschen aufzurütteln
und ihnen deinen eingeborenen Sohn zu schenken.
Er will durch seine Jünger und seine Heiligen
einen Feuerbrand entzünden
über die ganze Erde hin.
Mit ihnen rufen wir dir zu und singen:
Heilig! Heilig! Heilig!

LOBT Gott
Himmel und Erde,
lobt ihn
alles Leben der ganzen Welt.
Lobt Gott
Sonne und Mond,
lobt ihn
ihr Sterne und Planeten.

Lobt Gott
Wasser und Erde,
lobt ihn
ihr Elemente des Alls.
Lobt Gott
Sturm und Regen,
lobt ihn
Blitz, Hagel und Schnee.

Lobt Gott
Berge und Hügel,
lobt ihn
ihr Bäume und Blumen.
Lobt Gott
Fische und Vögel,
lobt ihn
ihr wilden Tiere und alles Vieh.

Lobt Gott
Männer und Frauen,
lobt ihn
ihr Alten und Jungen.
Ja lobt Gott, unseren Herrn,
denn wunderbar hat er alles gemacht.
Lobt ihn in allen Völkern,
sein Glanz strahlt über Erde und Himmel.

DU bist heilig, Herr, unser Gott. Du bist der alleinige Gott,
der Eine, der Wundertaten vollbringt.
Du bist der Starke, du bist der Große, du bist der Höchste,
du bist allmächtig, du bist heilig,
der Vater und König des Himmels und der Erde.
Du bist der Dreifaltige und der Eine, Gott der Herr.
Du bist der Gute, das höchste Gut,
der lebendige und wahre Gott.
Du bist die Güte, die Liebe, du bist die Weisheit,
du bist die Demut, du bist die Geduld.
Du bist die Geborgenheit, die Ruhe,
die Fröhlichkeit und die Freude.
Du bist die Gerechtigkeit und das Maß.
Du bist aller Reichtum.
Du bist die Milde, du bist unsere Zuflucht und Stärke,
du unser Glaube, unsere Hoffnung und unsere Liebe,
unsere große Glückseligkeit.
Du bist die unendliche Güte, großer und wunderbarer Herr,
Gott, allmächtig, liebreich, erbarmend und heilbringend.

O GOTT, ich bete dich an:
du Weisheit, die mich erdacht, du Wille, der mich gewollt,
du Macht, die mich geschaffen, du Gnade, die mich erhoben,
du Stimme, die mich ruft, du Wort, das zu mir spricht,
du Güte, die mich beschenkt, du Vorsehung, die mich leitet,
du Barmherzigkeit, die mir vergibt, du Liebe, die mich umfängt,
du Geist, der mich belebt, du Ruhe, die mich erfüllt,
du Heiligkeit, die mich wandelt,
daß ich nimmer ruhe, bis ich dich schaue:
O Gott, ich bete dich an.

LOBE den Herren,
den mächtigen König der Ehren!
Lob ihn, o Seele, vereint mit den himmlischen Chören!
Kommet zuhauf,
Psalter und Harfe, wacht auf,
lasset den Lobgesang hören!

Lobe den Herren,
der alles so herrlich regieret,
der Dich auf Adlers Fittichen sicher geführet,
der Dich erhält,
wie es Dir immer gefällt!
Hast Du nicht dieses verspüret?

Lobe den Herren,
der künstlich und fein Dich bereitet.
der Dir Gesundheit verliehen, Dich freundlich geleitet!
In wieviel Not
hat nicht der gnädige Gott
über Dir Flügel gebreitet!

Lobe den Herren
und seinen hochheiligen Namen!
Lob ihn mit allen, die von ihm den Odem bekamen!
Er ist Dein Licht,
Seele, vergiß es ja nicht!
Lob ihn in Ewigkeit! Amen.

LOBET den Herrn des Kosmos,
das Weltall ist sein Heiligtum
mit seinem Radius von hunderttausend Millionen
Lichtjahren!

Lobt ihn, den Herrn der Sterne
und der interstellaren Räume,
Lobt ihn den Herrn der Milchstraßen
und der Räume zwischen den Milchstraßen,
Lobt ihn den Herrn der Atome
und der Vakuen zwischen den Atomen!

Lobt ihn mit Geigen, mit Flöten
und Saxophon,
Lobt ihn mit Klarinetten und Englisch Horn,
mit Waldhörnern und Posaunen,
mit Flügelhörnern und Trompeten,
Lobt ihn mit Bratschen und Violoncelli,
mit Klavieren und Pianolen!

Lobt ihn mit Blues und Jazz
und Sinfonieorchestern,
mit den Spirituals der Neger
und der Fünften von Beethoven,
mit Gitarren und Xylophonen,
Lobt ihn mit Plattenspielern und Tonbändern!

Alles was atmet
lobe den Herrn,
jede lebendige Zelle!
Halleluja!

Jubelt alle Wörter
freut euch und singt
jubelt mit Saitenspiel
singt und spielt
auf der Harfe
jubelt mit Hörnern
und Posaunen
preiset unsern Gott
ihr tauben
abgegriffenen
irgendwo aufgelesenen
Wörter
schon daß ihr jubelt
es brause dazu das Meer
es erdröhne dazu die Erde
mit allem was lebt
es klatsche Beifall
das Wasser in den Flußläufen
kein Gebirge hält sie mehr auf
du bist angekommen

AUF Erden gehest du
und bist der Erde Geist;
die Erd erkennt dich nicht,
die dich mit Blüten preist.

Auf Sonnen stehest du
und bist der Sonne Geist;
die Sonn erkennt dich nicht,
die dich mit Strahlen preist.

Im Winde wehest du
und bist der Lüfte Geist;
die Luft erkennt dich nicht,
die dich mit Atmen preist.

Auf Wassern gehest du
und bist des Wassers Geist;
das Wasser kennt dich nicht,
das dich mit Rauschen preist.

Im Herzen stehest du
und bist der Liebe Geist;
und dich erkennt das Herz,
das dich mit Liebe preist.

HERR, unser Gott, du Allmächtiger,
wir preisen Dich!
Du Schöpfer der Welt, Ursprung des Lebens!

Wir preisen Dich, unser Vater,
Vater unserer Ahnen.
Wir haben uns versammelt, um Dich zu loben.
Deine Kinder stehen vor Dir.

Wir danken Dir, wir preisen Dich,
wir freuen uns in Dir.
Denn Du bis unser Leben;
Du beschützt und führst einen jeden von uns.
Du gibst das Leben und läßt uns wachsen
in der Welt.
Deine Macht tut sich kund im Himmel und
auf der Erde.
Sonne, Mond und Sterne verkünden
Deine Ehre.
Dieses gute Land, in dem wir leben,
ist Werk Deiner Hände;
ebenso wie Früchte, die uns sättigen.

Wir loben und preisen Dich
für das größte Werk,
das Du auf Erden getan hast:

Du hast Deinen einzigen und geliebten Sohn
gesandt.
Er ist die Erfüllung dessen, was Du den Menschen
versprochen hast;
er zeigt uns Deine liebende Güte.
Er ließ uns erkennen, daß Du Gott bist.
Er zeigt uns, wie wir Dich sehen können,
wie wir Dich hören können;
daß wir in Dir Leben haben können.

WIR preisen dich,
Gott unser Vater,
für den wilden Reichtum deiner Schöpfung,
für die Einzigartigkeit jeder Person,
für die Schöpferkraft,
die unsere Kulturen erhält und erneuert,
für deine Treue zu deinem Volk.

Wir preisen dich,
Jesus unser Herr,
daß du dich ständig in unsere Angelegenheiten einmischst,
daß du dich mit den Armen identifizierst,
daß du dich für alle Menschen am Kreuz geopfert hast,
daß du allen Völkern den wahren Menschen offenbart hast.

Wir preisen dich,
Gott, Heiliger Geist,
daß du Leben einhauchst,
daß du uns beharrlich zu Christus hinziehst,
daß du Unruhe unter die Menschen bringst,
daß du die Erfüllung der Geschichte geduldig verbreitest.

Wir preisen dich,
gesegnete Dreifaltigkeit,
daß du uns nicht nach unseren Sünden vergiltst,
daß du nicht aufhörst, zur Buße zu rufen,
daß das Leben auf der Erde nicht aufhört.
Amen.

LOBT Gott, Milchstraßen, Sterne und Monde,
lobt Gott, Jupiter und Mars.

Lobt Gott, Mondfahrzeuge und Raketen,
Telstar, Sputnik und Apollokapseln!

Lobt Gott, ihr Menschen alle,
macht euch die Erde untertan!

Lobt Gott, Atomforscher und Ärzte,
lobt ihn, Facharbeiter und Ingenieure,
lobt Gott, ihr Schüler und Lehrer.

Lobt ihn mit Schlagzeug und Gitarren,
mit Fernsehen, Schallplatten und Radio!

Alle Menschen sollen Gott loben,
denn er ist groß und gut.

Gebete für den Tageslauf

Der Tag fängt an.
Ich möchte ihn nutzen
und tun, was du willst.

Ich möchte zu meinen Eltern
freundlich sein.

Ich möchte mich mit meinen Geschwistern
und Spielkameraden vertragen.

Ich möchte, daß alle Menschen
gern zusammen leben.

Hilf mir, lieber Gott,
gut zu sein.

ICH bin aufgewacht
und denke an den neuen Tag.
Lieber Gott,
laß ihn schön werden!
Ich bin gern auf der Welt.

DU lieber Gott, in dunkler Nacht
hat mich dein Engel treu bewacht,
drum dank ich dir mit Herz und Mund,
mein Gott, in dieser Morgenstund.

Lieber Gott, mit frohen Sinnen
wollen wir den Tag beginnen.

Hilf uns, daß wir deinen Willen
auch an diesem Tag erfüllen.

Wenn wir über Straßen gehen,
laß uns alle Autos sehen.

Du alleine kannst uns schützen.
Zeig uns, wie wir andern nützen.

Und wir wollen auch beim Essen
nicht die Hungernden vergessen.

Gib, daß auf der ganzen Erde
endlich einmal Friede werde.

Gott, ich danke dir von Herzen,
daß du mich in dieser Nacht
vor Gefahr, Angst, Not und Schmerzen
hast behütet und bewacht,
daß des bösen Feindes List
mein nicht mächtig worden ist.

In Gottes Namen steh ich auf.
Herr Jesu, leite meinen Lauf,
begleite mich mit deinem Segen,
behüte mich auf allen Wegen.

O GOTT, du hast in dieser Nacht
so väterlich für mich gewacht.
Ich lob und preise dich dafür
und dank für alles Gute dir.

Bewahre mich auch diesen Tag,
damit ich dir gefallen mag.
Und was ich denke, rede, tu,
das segne, bester Vater, du.

GUTER Gott,
die Nacht ist vorbei,
ich habe gut geschlafen.
Schenke mir heute:
viel Freude und gute Kameraden,
viel Spaß und Frieden mit allen,
guten Hunger und ein tolles Erlebnis.
Amen.

JETZT ist die lange Nacht vorbei,
die Sonne leuchtet hell und neu.
Ich will dem Herrn
von Herzen gern
mein Tagewerk nun schenken.
Er mög' es gnädig lenken.

WIE fröhlich bin ich aufgewacht,
wie hab ich geschlafen so sanft die Nacht!
Hab Dank im Himmel, du Vater mein,
daß du hast wollen bei mir sein!
Behüte mich auch diesen Tag,
daß mir kein Leid geschehen mag!

Das kleine Vöglein steigt empor,
Hoch in die Luft hinein,
Und singt so hell sein Morgenlied.
Wie fröhlich darf es sein!
Grüß mir den lieben guten Gott,
Du Vöglein zart und klein,
Und sag ihm, daß ich heute möcht
Sein frommes Kindlein sein!

Lieber Gott,
hilf Du mir heut,
ich will tun,
was Dich erfreut.
Du hat mich lieb,
ich liebe Dich,
so soll es bleiben
ewiglich.

Wo ich stehe, wo ich gehe,
bist du, lieber Gott, bei mir.
Wenn ich dich auch niemals sehe,
weiß ich sicher, du bist hier.

Draussen ist es schon hell.
Ich bin gar nicht mehr müde.
Ich habe keine Angst gehabt.
Lieber Gott,
da bin ich wieder!
Mutter freut sich,
ich springe zu ihr.
Ich danke Dir,
daß ich wieder spielen darf.
Guten Morgen, lieber Gott!

Herr, ich bin erwacht.
Du warst bei mir,
als ich lag und schlief.
Und deine Hand
war über mir.
Das Licht deines Tags
ist nun angebrochen.
Herr, du bist noch bei mir.

Herr, ich habe gut geschlafen und fange wieder
einen neuen Tag an.
Ich lebe, ich bin jung und gesund.
Ich kann atmen, mich bewegen, sehen, hören und fühlen,
arbeiten, denken und lieben.

Herr, daß ich heute achtsam bin im Verkehr
auf den Straßen,
daß ich heute hilfsbereit bin, wo immer ich dazu
Gelegenheit habe,
daß ich den Anruf der Not anderer heute nicht
überhöre,
daß ich nicht neidisch und mißgünstig bin auf
die Leistungen und Vorzüge anderer,
daß ich den Mut habe, wegen Ungerechtigkeiten,
die mir oder anderen widerfahren, zu protestieren
und soweit wie möglich dagegen einzuschreiten,
daß ich aufmerksam bin für das, was heute um
mich herum und in der Welt geschieht:
dazu gib mir die Kraft.

O GOTT, Du hast in dieser Nacht so väterlich
für mich gewacht;
ich lob' und preise Dich dafür und dank' für alles Gute Dir.
Bewahre mich auch diesen Tag vor Sünde, Tod
und jeder Plag';
und was ich denke, red' und tu', das segne,
liebster Vater, Du!
Beschütze auch, ich bitte Dich, o heil'ger Engel Gottes
mich!
Maria, bitt an Gottes Thron für mich bei Jesus,
deinem Sohn, der hochgelobt sei allezeit von nun an bis
in Ewigkeit!

GOTT des Himmels und der Erden,
Vater, Sohn und Heilger Geist,
der es Tag und Nacht läßt werden,
Sonn und Mond uns scheinen heißt,
dessen starke Hand die Welt
und was drinnen ist, erhält.

Gott, ich danke dir von Herzen,
daß du mich in dieser Nacht
vor Gefahr, Angst, Not und Schmerzen
hast behütet und bewacht,
daß des bösen Feindes List
mein nicht mächtig worden ist.

Führe mich, o Herr, und leite
meinen Gang nach deinem Wort;
sei und bleibe du auch heute
mein Beschützer und mein Hort.
Nirgends, als von dir allein,
kann ich recht bewahret sein.

DER Tag ist aufgegangen,
Herr Gott, dich lob ich allezeit.
Dir sei er angefangen,
zu deinem Dienst bin ich bereit.
Den Tag will ich dir schenken
und alles, was ich tu,
im Reden und im Denken,
im Werk und in der Ruh.

IN GOTTES Namen fang ich an,
was mir zu tun gebühret;
mit Gott wird alles wohlgetan
und glücklich ausgeführet.
Was man in Gottes Namen tut,
ist allenthalben recht und gut
und muß uns auch gedeihen.

HERR, mein Gott! Du hast mir den neuen Tag geschenkt,
und damit ein neues Stück meines Lebens.
Ich danke dir, daß ich leben darf, daß du mich geschaffen,
durch deinen Sohn erlöst und in dein Reich berufen hast.
Ich danke dir, daß du mir alles gibst,
was ich zum Leben brauche und was mir Freude macht.
Ich danke dir, daß du immer an mich denkst
und daß du mich allezeit liebst.
Dir weihe ich diesen Tag, all mein Denken und Tun,
mein Arbeiten und Kämpfen, was mich froh macht
und was mir schwer fällt.
Segne du mich, daß alles, was ich heute tue,
nach deinem Willen und dir zur Ehre sei.

Herr, segne mich!
Dir weih' ich in der Frühe
des Tages Last und Mühe
als Opfer nur für dich:
Herr, segne mich!

Du bist mein Licht!
Ein Funken deiner Helle,
ein Tropfen deiner Quelle
ersehnt mein Angesicht:
Du bist mein Licht!

Dann laß mich ruhn!
Will sich der Tag vollenden
und sollt mein Leben enden –
dir galt mein ganzes Tun:
Dann laß mich ruhn!

Herr, dieser Tag
und was er bringen mag,
sei mir aus deiner Hand gegeben.
Du bist der Weg,
die Wahrheit und das Leben.
Du bist der Weg,
ich will ihn gehn.
Du bist die Wahrheit,
ich will sie sehn.
Du bist das Leben.
Mag mich umwehn:
Leid und Kühle, Glück und Glut:
alles ist gut, so wie es kommt.
Gib, daß es frommt.
In deinem Namen beginn ich.
Amen.

AUS meines Herzens Grunde
sag' ich dir Lob und Dank
in dieser Morgenstunde
und all mein Leben lang.
Dich, Gott, in deinem Thron
will preisen ich und ehren
durch Christus, unsern Herren,
dein' eingebornen Sohn.

GOTT, Vater im Himmel, ein neuer Tag hat angefangen;
du schenkst ihn mir.
Ich freue mich und danke dir, daß ich ihn leben darf.
Vor allem aber danke ich dir, daß du überall
und immer bei mir bist und mich allezeit liebst;
das macht mich froh.
Zeige mir heute, was recht und was unrecht ist!
Hilf mir, gut zu sein!

DER TAG ist aufgegangen;
Herr Gott, dich lob ich allezeit,
dir sei er angefangen,
zu deinem Dienst bin ich bereit.
Den Tag will ich dir schenken
und alles, was ich tu,
im Reden und im Denken,
im Werk und in der Ruh.

Herr, unser Gott,
Du gabst uns Ruhe in dieser Nacht.
Du gibst uns des neuen Tages Licht.
Wir danken dir und beten dich an.
Erwecke unser Herz, daß wir dir dienen
und wach bleiben für dein Gebot.

O Mein Gott, was für eine Nacht!
Ich wollte wieder einmal richtig schlafen.
Schlafen, ohne zu hören. Schlafen und dabei vergessen.
Einfach selbstvergessen schlafen.
O mein Gott, die Stimmen von gestern,
sie haben mich nicht in Ruhe gelassen.
Die ganze Nacht lang nicht.

Warst du es?
Hast du mir keine Ruhe gegeben?
Wolltest du mir etwas sagen mit dieser schlechten Nacht?
Oder haben mich die andern heute nacht nicht
in Ruhe gelassen,
die mich gestern genervt haben?
Oder konnte ich von mir selbst nicht loskommen?
Ich weiß es nicht.
Vielleicht gibt mir der Tag heute Antwort.

O mein Gott, ich fühle mich zerschlagen,
noch bevor ich aufstehe.
Gib mir heute besonders viel Kraft,
daß ich freundlich denen begegnen kann,
die sich auf diesen Tag freuen.
Kraft, damit mir der Tag besser gelingt
als diese Nacht.
Und damit die Beziehungen gelingen,
in die du mich heute schicken wirst. Amen.

DIE STERNE verblassen, und die Nacht vergeht. Nicht verblaßt das Licht deiner Liebe, nicht vergeht die Macht deiner Gegenwart. In der Tagesfrühe komme ich, Herr, zu dir und bitte dich. Nicht um vieles möchte ich bitten, aber um eines: Schenke mir, daß ich vertrauen kann.

Ich bitte dich: Gib mir so viel Selbstvertrauen, wie mir not ist für diesen einen Tag. Hilf mir glauben, du habest mich so ausgestattet, daß ich micht nicht verlieren muß in den Wolken des Übermuts, daß ich nicht verkümmere im Kleinmut, nicht versinke in den Schluchten der Schwermut.

Ich bitte dich: Laß mich denen vertrauen, die mit mir auf dem Weg sind, daß wir recht miteinander sprechen und recht schweigen können. Gib, daß wir uns in den Aufgaben unseres Tages helfen; laß uns erkennen, daß wir in deinem Dienste stehen, wo immer wir stehen.

Laß mich auch denen mein Vertrauen schenken, die mir fremd sind. Gib, daß ich mich nicht verirre in dem argen Gestrüpp des Mißtrauens.

Über alles aber bitte ich dich: Gib mir das Vertrauen darein, daß alle meine Wege wohlbedacht sind bei dir; daß du es gut machst mit meinem Anfangen und Beschließen, meinem Gewinnen und Verlieren, meinen Erhöhungen und Erniedrigungen; daß es mir gewiß bleibt in meinem Leben und meinem Sterben: Alle meine Quellen sind in dir. Amen.

LIEBER GOTT, wieder ist es Tag geworden. Ich habe gut und ohne Sorge geschlafen. Dir, meinem guten Vater, verspreche ich heute morgen, daß ich zu allen Menschen gut sein will. Du wirst mir bestimmt dabei helfen. Hilf mir, daß ich nicht streite! Hilf mir, daß ich nicht unfreundlich und rücksichtslos gegen andere bin! Hilf mir, daß ich nicht zornig werde! Hilf mir, daß ich nicht lüge! Hilf mir, daß ich nicht neidisch bin! Guter Gott, du willst, daß ich anderen Menschen Freude mache. Du machst auch mir viel Freude. Segne, führe und beschütze mich!

Gott, ich danke dir,
daß du mir diesen Tag schenkst.
Ich danke dir für den Atem,
das Licht und die Wärme,
für die Kraft, aufzustehen
und die Arbeit anzupacken.
Ich danke dir für die Sonne,
für die Vögel vor meinem Fenster,
für die lachenden Kinder,
für alles Lebendige, das mich umgibt
und an dem du mich teilnehmen läßt.

Ich danke dir für die Menschen,
die zu mir gehören,
für meine Familie und alle, die mir gut sind.

Bleibe mir noch an diesem Tag.
Schenk mir die Kraft,
allen, die mir heute begegnen,
gut zu sein, wie du gut bist.

In dieser Morgenstunde
bitte ich um einen neuen Anfang.
Laß mich die Minuten und Stunden,
die du mir schenkst,
nicht verschwenden.
Ich möchte offen sein
gegenüber jeder Erfahrung,
in allem, was ich sage,
bei den Aufgaben, die der Tag mir stellt.
Laß mich in den Augenblicken der Entspannung
die Freude darüber finden, daß ich lebe.
Herr des Morgens, hilf mir.

HERR, ich stehe vor dir. Du hast mich geschaffen; schaffe mich neu. Rufe meine Kräfte zu deinem Dienst. Was ich heute tue, laß gut werden. Gib, daß dieser Tag dir wohlgefalle, auf daß du heute abend sprechen kannst wie am Abend deiner Schöpfung: Er ist gut!

BEIM aufgehenden Morgenlicht preisen wir dich, o Herr; denn du bist der Erlöser der ganzen Schöpfung. Schenk uns in deiner Barmherzigkeit einen Tag, erfüllt mit deinem Frieden. Vergib uns unsre Schuld.

Laß unsre Hoffnung nicht scheitern. Verbirg dich nicht vor uns. In deiner sorgenden Liebe trägst du uns; laß nicht ab von uns. Du allein kennst unsre Schwäche. O Gott, verlaß uns nicht.

DAS WALTE Gott Vater, Sohn und heiliger Geist.
Amen.

Ich danke dir, mein himmlischer Vater,
durch Jesus Christus, deinen lieben Sohn,
daß du mich diese Nacht vor allem Schaden und
Gefahr behütet hast,
und bitte dich,
du wollest mich diesen Tag auch behüten vor
Sünden und allem Übel,
daß dir all mein Tun und Leben gefalle.
Denn ich befehle mich,
meinen Leib und Seele und alles in deine Hände.
Dein heiliger Engel sei mit mir,
daß der böse Feind keine Macht an mir finde.

HERR, ALLMÄCHTIGER GOTT,
am Beginn dieses neuen Tages bitten wir dich:
schütze uns heute durch deine Kraft.
Bewahre uns vor Verwirrung und Sünde.
Laß uns denken, reden und tun,
was recht ist vor dir.
Durch Christus, unseren Herrn. Amen.

ICH preise dich, Herr,
für diesen neuen Tag der Verheißungen
und Möglichkeiten.
Laß dies nicht nur mit meinen Lippen geschehen,
sondern mit meinem vollen Einsatz für dich.

Lehre mich, diesen Tag mit anderen zu teilen
in dem wahren Geist des Lebens,
der Offenheit und der Gnade.
Behüte mich in jeder Stunde
vor raschen und widersinnigen Antworten
der Unduldsamkeit.
Nimm mir, o Herr, die Lust,
meine Enttäuschungen und meinen Zorn
an denen auszulassen, die ich so gern
zu Sündenböcken stemple.

Mache mein Herz weit, Herr,
erfülle mich mit der einzigartigen Kraft,
die Menschen durch ihre Anziehung verbindet
und nicht durch Zwang –
durch die Kraft deiner Liebe.

Herr Jesus Christus,
ein neuer Tag ist angebrochen.
Ich komme zu dir mit meinem Gebet.
Laß deine Gegenwart mir Herz und Sinn erfüllen
in dieser Morgenfrühe.
Ich danke dir, Herr, für die Bewahrung in der Nacht,
für die Geborgenheit, die du mir schenktest,
als Furcht im Finstern mich ergriff.

Herr, wie werde ich den Tag vor dir bestehen?
Aufgaben und Pflichten warten auf mich,
und viele Menschen, zu Hause, am Arbeitsplatz
oder dort, wo ich es nicht vermute,
erwarten von mir Bereitschaft zu ganzem Einsatz.

Herr Jesus Christus,
laß mich diesen Tag aus deinen Händen nehmen.
Ich bitte für jede Stunde um deinen Segen.
Wenn meine Gedanken bei der Arbeit sind,
dann laß mich auf deine Stimme hören
und durch sie geleitet werden
zu deinem Ziel.

Morgenglanz der Ewigkeit,
Licht vom unerschöpften Lichte,
Schick uns diese Morgenzeit
Deine Strahlen zu Gesichte
Und vertreib durch deine Macht
Unsre Nacht.
Deiner Güte Morgentau
Fall auf unser matt Gewissen;
Laß die dürre Lebensau
Lauter süßen Trost genießen
Und erquick uns, deine Schar,
Immerdar.
Leucht uns selbst in jener Welt,
Du verklärte Gnadensonne;
Führ uns durch das Tränenfeld
In das Land der süßen Wonne,
Da die Lust, die uns erhöht,
Nie vergeht.

Mit Segen laß mich heut erstehn,
Herr Gott, in deinem Schutze gehn
und reiten, wohinaus mein Weg sich kehre;
Herr Christ, an mir gib an den Tag,
was deiner Güte Kraft vermag,
und steh mir bei zu deiner Mutter Ehre.
Wie ihr der Engel half, der gute,
und dir, der in der Krippe ruhte,
jung als Mensch, als Gott so alt,
demütig vor dem Esel und dem Rinde;
und doch mit himmlisch treuem Sorgen
hielt dich Gabriel geborgen
vor Gefahren mannigfalt:
So schütz auch mich,
daß man nicht falsch mich finde,
noch gegen deine Liebe kalt.

HERR, dieser Tag
und was er bringen mag,
sei mir von deiner Hand gegeben.
Du bist der Weg, die Wahrheit und das Leben.
Du bist der Weg – ich will ihn gehn.
Du bist die Wahrheit – ich will sie sehn.
Du bist das Leben – mag mich umwehn
Leid und Kühle, Glück und Glut.
Alles ist gut
wie es kommt.
Gib, daß es mir frommt!
In deinem Namen
beginn ich. Amen.

AUS meines Herzens Grunde sag ich dir Lob und Dank
in dieser Morgenstunde und all mein Leben lang.
Den Tag will ich dir schenken und alles, was ich tu,
im Reden und im Denken, im Werk und in der Ruh.

GELOBT sei deine Treue,
die alle Morgen neue:
Lob sei den starken Händen,
die alles Herzleid wenden.

Laß ferner dich erbitten,
o Vater, und bleib mitten
in unserem Kreuz und Leiden
ein Brunnen unserer Freuden.

Sprich deinen milden Segen
zu allen unseren Wegen,
laß Großen und auch Kleinen
die Gnadensonne scheinen.

WIE das Morgenrot ist mein Gott
zu jeder Zeit.
Wie das Morgenrot, das den Menschen
die Zärtlichkeit des Vaters kündet,
so ist mein Gott.
Der Gott des Morgens und des Abends,
der Gott des Jahres und der Jahrhunderte.
Gott ist das Morgenrot
des Lebens.

ALLE Morgen der Welt
hüpfen aus deiner Hand.
Alle Abende der Welt
bergen sich in deiner Hand.
Oft bist du der einzige, der sagt:
„Es ist alles gut."

Lehre uns, ganz einfach
Guten Tag und Guten Abend
zu beten,
so voll der Freude,
daß darin schon das Licht
des ewigen Lebens schimmert.

ALL MORGEN ist ganz frisch und neu
des Herren Gnad und große Treu;
sie hat kein End den langen Tag,
drauf jeder sich verlassen mag.

Treib aus, o Licht, all Finsternis,
behüt uns, Herr, vor Ärgernis,
vor Blindheit und vor aller Schand
und biet uns Tag und Nacht dein Hand.

LOBET den Herren
alle, die ihn ehren!
Laßt uns mit Freuden seinem Namen singen
und Preis und Dank zu seinem Altar bringen!
Lobet den Herren!

Der unser Leben,
das er uns gegeben,
in dieser Nacht so väterlich bedecket
und aus dem Schlaf uns fröhlich auferwecket.
Lobet den Herren!

O treuer Hüter,
Brunnen aller Güter,
ach laß doch ferner über unser Leben
bei Tag und Nacht Dein Gnad und Güte schweben!
Lobet den Herren!

Gib, daß wir heute,
Herr, durch Dein Geleite
auf unsern Wegen ungehindert gehen
und überall in Deiner Gnade stehen!
Lobet den Herren!

VATER im Himmel,
Lob und Dank sei dir für die Ruhe der Nacht;
Lob und Dank sei dir für den neuen Tag;
Lob und Dank sei dir für alle deine Liebe und Güte
und Treue in meinem Leben.
Du hast mir viel Gutes erwiesen; laß mich auch das
Schwere aus deiner Hand annehmen.
Du wirst mir aber nicht mehr auferlegen, als ich
tragen kann.
Du läßt deinen Kindern alle Dinge zum Besten dienen.

Wir Sind durch dich, o Gott, gehalten
in dieser Nacht.
Wir erheben uns wieder, lebendig,
durch deine Gnade.

Laß uns dich preisen, o Gott.
Du weckst uns auf.
Von deiner Gnade laß uns gehalten sein
an diesem unserem Tag.

Er ist uns gegeben worden durch deine Gnade –
dieser unser Tag.
Laß uns eintreten mit dir, o Gott,
in diesen unseren Tag.

Wie du uns die ganze Nacht bewahrtest
und uns des Tages Licht erreichen ließest,
bewahre uns, o Herr,
in Heil und Frieden,
ohne Sünde und Versuchung,
du Barmherziger,
Gott unser Herr.
Wir erhöhen und preisen dich.
Alle Scharen des Himmels preisen dich,
die Engel loben dich,
und alle Geschöpfe beten zu dir.
Wir erhöhen dich,
wir heiligen dich,
unser Vater, unser Herr,
unser Gott, unser Schöpfer.

ACH, MEIN herzliebes Jesulein,
Mach' Dir ein rein sanft Bettelein,
Zu ruh'n in meines Herzens Schrein,
Daß ich nimmer vergesse Dein.

HEILIGER Schutzengel mein,
laß mich dir empfohlen sein;
in allen Nöten steh mir bei
und halte mich von Sünden frei.
Bei Tag und Nacht, ich bitte dich,
Beschütze und bewahre mich.

ICH bin klein,
mein Herz sei rein,
kann niemand hinein,
als mein liebes Jesulein.

ACH, HERR, komm,
mach mich fromm,
daß ich zu dir
in den Himmel komm'.

O GOTT, wie groß, wie gut bist du,
wie schön ist deine Welt!
Gib, daß ich dir zulieb auch tu,
was, Vater, dir gefällt!

LIEBER Vater im Himmel mein,
laß mich dir befohlen sein.
Auch diesen Tag, ich bitte dich,
beschütze und bewahre mich.

HERR, befiehl deinen Engeln über mir,
daß sie mich behüten
auf allen meinen Wegen.

MEIN GOTT, ich bitte dich,
bewahre meine Schritte,
daß ich nicht falle.

LIEBER GOTT, vielen Dank für den schönen Tag heute!
Beschütze meinen Vater und meine Mutter,
meine Großeltern, meine Geschwister
und beschütze auch mich!
Hab uns alle lieb und gib uns deinen Segen!
Und bitte, beschütze auch alle Kinder auf der Welt!
Mach sie satt und gesund!
Laß kein Kind Angst haben oder traurig sein!
Laß alle bei dir geborgen sein!

O GOTT, mit deiner starken Macht,
sei du mein Helfer Tag und Nacht.

WIR bitten deine Güte,
wollst uns hinfort behüten,
uns Große mit den Kleinen,
du kannst's nicht böse meinen.

DU VATER in dem Himmel, sprich
dein Wort des Segens über mich,
auf daß ich froh den neuen Tag
beginnen, froher enden mag.

LIEBER VATER, du bist gut,
nimm mich heut' in deine Hut.

WENN ich spiele,
wenn ich springe,
wenn ich froh
ein Liedchen singe,
schau, o Jesus,
Du mir zu,
hilf, daß ich
nichts Böses tu.

GELOBET seist du, Gott der Macht,
gelobt sei deine Treue,
daß ich nach einer sanften Nacht,
mich dieses Tags erfreue!
Laß deinen Segen auf mir ruhn,
mich deine Wege wallen,
und lehre du mich selber tun,
nach deinem Wohlgefallen.

HERR, wir beten zu dir für unsere Eltern,
für unsere Brüder und Schwestern,
für alle, die uns lieben,
für alle, die uns nicht lieben,
für unsere Lehrer und Pfarrer,
für die Kranken,
für die Alten,
für die Kinder, die kein Zuhause haben,
für alle Kinder in der Welt.

GOTT, heute morgen komme ich voll Vertrauen zu dir.
Du hast mir Mut gemacht, dich anzusprechen
und dir zu sagen:
Wie gut, daß du für uns da bist,
wie gut, daß du uns beschützt.
Ich danke dir dafür
und gehe voll Vertrauen in den neuen Tag.
Hilf mir, daß ich heute für dich lebe
und für die Menschen, denen ich begegne.

Der neue Tag bricht an.
Die Nacht ist nun vergangen.
Herr, alles, was ich kann,
will ich mit dir anfangen.
Den Menschen helfen allezeit,
den Frieden lieben,
nicht den Streit.
Auf allen guten Wegen,
Herr, hilf mit deinem Segen.

Gott – mitten unter uns,
alle Tage unseres Lebens,
geheimnisvoll bei uns,
unser Freund.
Halte uns,
begleite uns
in unserem Leben.
Zeige uns deine Nähe
heute
und alle Tage unseres Lebens.

Herr Jesus,
ich habe dir gestern abend versprochen,
nicht mehr zu trotzen oder zu streiten.
Ein solches Versprechen drückt mich nicht,
solange ich schlafe.
Aber um deinetwillen will ich versuchen,
es am Tag zu halten.

All, was mein Tun und Anfang ist,
gescheh' im Namen Jesu Christ;
der segne mich, so früh und spat,
bis all mein Tun ein Ende hat.

Wir danken dir, Herr Jesus Christ,
daß du uns Freund und Bruder bist,
und Gottes Weisung uns gegeben.
Schenk uns auch heute deine Kraft,
die Gutes in uns wirkt und schafft,
daß wir nach deinem Willen leben.

Die lange Nacht ist nun vorbei,
die Sonne strahlt und leuchtet neu.
Von Herzen gern
will ich dem Herrn
den neuen Tag nun schenken.
Er mög' mich segnen und lenken.

Herr Jesus Christus!
Ich danke dir für diesen Tag, den du mir schenkst,
und bitte dich: Stehe mir heute bei.
Erquicke mein Herz
und gib mir Mut, auch Schwierigkeiten zu bestehen.
Gib, daß ich den Nächsten, der mir begegnet, nicht übersehe
und laß mich froh werden in deinem Dienst.

IN GOTTES Namen fang ich an,
was mir zu tun gebühret;
mit Gott wird alles wohlgetan
und glücklich ausgeführet.
Was man in Gottes Namen tut,
ist allenthalben recht und gut
und muß uns auch gedeihen.

HERR, wir wollen diesen Tag
ganz in deine Hände legen.
Was er uns auch bringen mag,
alles wandelst du in Segen.
Laß in allem, was wir tun,
unsre Augen auf dir ruhn.

HERR, was ich habe,
ist deine Gabe.
Mein Leib und Leben
hast du gegeben,
wirst heut und morgen
mich wohl versorgen,
nimmst mich am Ende
in deine Hände.

LEITE, Herr, an diesem Morgen
meinen Weg nach deinem Sinn,
daß ich mit dir geh' und wandre
und am Abend bei dir bin.
Führe mich auf rechter Straße,
wo ich Jesus gehen seh',
daß ich nicht die Spur verlasse,
stets in deiner Gnade steh'.

HERR, ich brauche dich jeden Tag.
Gib mir die Klarheit des Gewissens,
die dich fühlen und begreifen kann.
Meine Ohren sind taub, ich kann deine Stimme
nicht vernehmen.
Meine Augen sind trüb, ich kann deine Zeichen
nicht sehen.
Du allein kannst mein Ohr schärfen und meinen Blick
klären, mein Herz reinigen und erneuern.
Lehre mich zu deinen Füßen sitzen
und auf dein Wort hören. Amen.

ATME in mir, du Heiliger Geist,
daß ich Heiliges denke.
Treibe mich, du Heiliger Geist,
daß ich Heiliges tue.
Locke mich, du Heiliger Geist,
daß ich Heiliges liebe.
Stärke mich, du Heiliger Geist,
daß ich Heiliges hüte.
Hüte mich, du Heiliger Geist,
daß ich das Heilige nimmer verliere.

WIR bitten dich, Herr, für alle,
die in Not und Gefahr sind.
Nimm dich an der Seefahrenden und Reisenden,
der Heimatlosen und Gefangenen.
Nimm dich an der Betrübten und Verlassenen,
der Witwen und Waisen,
der Kranken und Sterbenden.
Errette sie, Herr, aus aller Angst,
aus Unfreiheit und Gewalt,
aus Trübsal, Gefahr und Not.
Herr, erbarme dich.

HERR, du wollst unser Geleitsmann sein
und mit uns gehen aus und ein
uns führen alle Steig und Steg,
wehren dem Unfall auf dem Weg.
Kyrieleis.

SEGNE und behüte uns durch deine Güte,
Herr, erheb dein Angesicht über uns und gib uns Licht.

HERR, jeden Tag spüre ich deine Liebe.
Du sorgst für mich, du läßt mich nicht allein.
Laß mich heute deine Liebe weiterschenken
an alle Menschen, denen ich begegne.
Mach mich zu einem Quell der Freude für Trauernde,
zu einer Brücke des Friedens für Streitende,
zu einem Licht der Hoffnung für Mutlose.
Herr, mach mich zu einem Werkzeug deiner Liebe.

DENK du in mir, o Jesus,
dann denk ich recht und klar.
Sprich du aus mir, o Jesus,
dann sprech ich gut und wahr.
Wirk du in mir, o Jesus,
gerecht ist dann mein Tun,
gesegnet meine Arbeit,
gesegnet auch mein Ruh'n.
Erfüll mein ganzes Wesen,
durchdringe du mein Sein,
daß man aus mir kann lesen
die große Liebe dein.

Herr, ich werfe meine Freude wie Vögel an den Himmel.
Die Nacht ist verflattert, und ich freue mich am Licht.
So ein Tag, Herr, so ein Tag!

Deine Sonne hat den Tau weggebrannt
vom Gras und von unseren Herzen.
Was da aus uns kommt, was da ums uns ist
an diesem Morgen, das ist Dank.

Herr, ich bin fröhlich heute am Morgen.
Die Vögel und Engel singen, und ich jubiliere auch.
Das All und unsere Herzen sind offen für deine Gnade.
Ich fühle meinen Körper und danke.
Die Sonne brennt meine Haut, ich danke.
Das Meer rollt gegen den Strand, ich danke.
Die Gischt klatscht gegen unser Haus, ich danke.

Herr, ich freue mich an der Schöpfung,
und daß du dahinter bist und daneben
und davor und darüber und in uns.

Ich freue mich, Herr,
ich freue mich und freue mich.
Die Psalmen singen von deiner Liebe,
die Propheten verkündigen sie.
Und wir erfahren sie:
Weihnachten, Ostern, Pfingsten und Himmelfahrt,
ist jeder Tag in deiner Gnade.

Herr, ich werfe meine Freude wie Vögel an den Himmel.
Ein neuer Tag, der glitzert und knistert,
knallt und jubiliert von deiner Liebe.
Jeden Tag machst du. Halleluja, Herr!

Der Tisch ist gedeckt.
Wir sitzen zusammen
und wollen essen.

Alles, was wir haben,
ist ein Geschenk von dir.
Auch diese Mahlzeit.

Du bist unser Gastgeber.
Wir sind deine Gäste.
Herr, wir danken dir.

Wir bitten nicht nur um die Gaben,
um Essen und Trinken und Geld.
Wir möchten dich selber haben.
Du sättigst den Hunger der Welt.

Wir haben genug zu essen.
Wir werden täglich satt.
Hilf, daß wir den nicht vergessen,
der nichts zu essen hat.

O Gott, von dem wir alles haben,
wir preisen dich für deine Gaben.
Du speisest uns, weil du uns liebst.
O segne auch, was du uns gibst!

O Gott, dir sei für Speis' und Trank,
für alles Gute Lob und Dank.
Und allen, die uns Gutes geben,
schenk deine Gnad' und ew'ges Leben!

Lieber Gott,
immer wieder schenkst du uns leckere Sachen
zum Essen und Trinken.
Damit zeigst du uns, daß du uns gern hast.
Laß uns deine Liebe auch an andere Menschen
weiterschenken, die nicht so viel haben wie wir.

Lieber Gott,
das Essen ist bereitet und steht auf dem Tisch.
Viele Menschen haben dafür gesorgt,
daß wir jetzt satt werden.
Darüber freuen wir uns
und sind dankbar.
Gott, hilf, daß wir immer unser
tägliches Brot haben.

Guter Gott,
wir haben genug zu essen.
Aber überall auf der Welt gibt es Menschen,
die Hunger haben.
Laß uns nicht vergessen zu teilen.
Schenke uns ein offenes Herz für andere.

VATER, segne diese Speise,
uns zur Kraft und dir zum Preise!

WIR danken dir, o treuer Gott,
daß du uns gibst das täglich Brot.
Laß uns in dem, was du uns gibst,
erkennen, Herr, daß du uns liebst.

ES GIBT Menschen, die haben Speise
und können nicht essen,
andere haben nichts, was sie essen könnten;
wir haben Speise, wir können essen – und dem Herrn
dafür danken.

KOMM, Herr Jesus, sei unser Gast
und segne, was du uns bescheret hast!

LOB, Preis und Dank
sei Dir, o Gott,
für Speis und Trank
und täglich Brot.

JESUS CHRIST, kehr bei uns ein,
wollst in unserer Mitte sein.
Segne du, o lieber Gast,
was du uns bescheret hast.
Mach uns deinen Tisch bereit,
hier in dieser Erdenzeit;
führ uns auch im Himmelssaal
all zu deinem Hochzeitsmahl.

ALLER Augen warten auf dich, o Herr;
du gibst uns Speise zur rechten Zeit.
Du öffnest deine milde Hand
und erfüllst alles, was lebt, mit Segen.

DU GIBST uns Speis' und Trank
und alles, was wir haben.
Nimm, Vater, unsern Dank
und segne diese Gaben.

SCHENK uns zu den guten Gaben,
die wir jetzt empfangen haben,
auch ein Herz, von Sorgen frei,
das vertraut auf deine Treu.

VON deiner Gnade leben wir,
und was wir haben, kommt von dir;
drum sagen wir dir Dank und Preis,
tritt segnend ein in unsern Kreis.

VIELE Hände bewegen sich,
bis für uns das Essen auf den Tisch kommt –
Herr, hab Dank,
daß du Menschen durch die Arbeit anderer Menschen
satt werden läßt!

HERR, uns hast du jeden Tag satt gemacht. –
Mach uns erfinderisch, denen zu helfen,
die täglich hungrig vom Tisch aufstehen müssen.

HERR,
laß mein Gebet
für die Hungernden
kein Alibi werden
für meinen satten Magen
und meine Untätigkeit.

WIR DANKEN dir, Herr, daß wir
diese Tischgemeinschaft haben und ein Zuhause.
Schenke uns dadurch die Kraft, andere gastfreundlich
aufzunehmen. Denn viele Menschen brauchen uns.

HERR, wir danken für das Essen
und für diese kleine Pause.
Vater kann mittags nicht bei uns sein.
Wir denken an ihn und bitten für ihn,
daß auch er eine Pause hat, Ruhe vom Lärm
und ein gutes Mittagessen.

HERR, segne uns und diese Gaben,
die wir von deiner Güte nun empfangen,
durch Christus, unsern Herrn!
Amen.

ALLE GUTEN Gaben,
alles, was wir haben,
kommt, o Gott, von dir.
Wir danken dir dafür.

DIR sei, o Gott, für Speis und Trank,
für alles Gute Lob und Dank.
Du gabst, du wirst auch künftig geben.
Dich preise unser ganzes Leben!

WIR wollen danken für unser Brot.
Wir wollen helfen in aller Not.
Wir wollen schaffen, die Kraft gibst du.
Wir wollen lieben, Herr, hilf dazu!

WIR danken dir, Herr Jesus Christ,
daß du unser Gast gewesen bist.
Bist du bei uns, ist keine Not,
du bist das wahre Himmelsbrot.

GOTT, du hast uns satt und fröhlich gemacht.
Wir danken dir, daß wir eine Familie sind.
Hilf uns, daß wir nicht vergessen,
mit denen zu teilen, die nicht so viel haben wie wir.

BEVOR wir essen, Herr,
denken wir an die,
die Hunger haben und nicht satt werden.

Hunger nach Essen und Trinken,
Hunger nach Gerechtigkeit,
Hunger nach Liebe,
Hunger nach Hoffnung.

Stille du ihren Hunger,
wie du heute mittag
unseren Hunger stillst.

Laß uns dabei mithelfen
und zeige uns,
was wir tun können.

WIR brauchen Nahrung,
um zu leben.
Wir brauchen dein Wort,
um richtig zu leben.

Wir danken dir,
daß du uns beides gibst,
Tag für Tag.

DIE Augen aller warten auf dich, Herr,
und du gibst ihnen Speise zur rechten Zeit.
Du tust auf deine milde Hand und erfüllst alles, was
da lebt, mit deinem Segen.
So segne, Herr, uns und diese deine Gaben,
die wir nun von deiner Güte empfangen wollen,
durch Christus, unsern Herrn.

HERR Jesus Christus,
du hast die Menschen gern eingeladen
und dich mit ihnen zusammengesetzt.
Komm jetzt auch zu uns
und sei bei unserer Mahlzeit
der Gastgeber.
Gib, daß unser Platz an deinem Tisch
nie leer bleibt.

SEGNE, Herr, uns und dieses Mahl, das wir
aus den Gaben deiner Schöpfung bereitet haben,
auf daß uns Lebensfreude und Kraft daraus erwachse.
Segne unsere Tischgemeinschaft,
damit aller Unfriede fern bleibe von denen,
die in Liebe zusammen wohnen.

HERR GOTT, Vater im Himmelreich,
wir, deine Kinder allzugleich,
bitten dich jetzt aus Herzensgrund:
Speise uns alle zu dieser Stund.

Tu auf deine reiche, milde Hand;
behüt uns auch vor Sünd und Schand
verleih uns Fried und Einigkeit,
bewahre uns vor teurer Zeit.

Laß uns hier leben seliglich,
dein Reich besitzen ewiglich.
Das sei heut und zu aller Frist
Amen im Namen Jesu Christ.

GOTT VATER,
schau, wir haben uns versammelt, und wir freuen uns.
Du liebst unsere Freude und unsere Feste.
Früher nahm Jesus am Hochzeitsfest in Kana teil
und freute sich mit allen.
Wir wissen jetzt:
Wenn wir an unsere Brüder denken
und uns mit ihnen freuen,
werden wir glücklich sein.

Jesus nahm einige Brote und Fische.
Er verteilte sie,
und viele tausend Menschen wurden satt.
Jetzt wissen wir:
Wenn wir unser Essen mit anderen teilen,
wird unser Leib sich freuen,
und wir werden eines Herzens sein.

Jesus ging in das Haus des Zachäus zum Essen.
Jetzt wissen wir:
Wenn wir zusammensitzen
und mit anderen essen,
werden wir Freunde sein.

Gott Vater, das Essen ist fertig.
Der Geruch ist wunderbar,
und das Wasser läuft uns im Munde zusammen.
Segne unser Essen.
Mache unseren Leib gut und unsere Freude groß.
Du bist der Vater von allem; wir danken dir sehr.

Der Tag ist zu Ende.
Ich liege im Bett
und bin müde.
Danke,
daß ich ein Bett habe
und ein gemütliches Zuhause.
Bitte,
tröste alle,
die jetzt einsam oder traurig sind.
Gib uns
eine gute Nacht.

Schon glänzt der goldne Abendstern
Ihr Lieben alle, nah und fern,
schlaft ein in Gottes Frieden.
Die Blume macht die Äuglein zu,
der kleine Vogel geht zur Ruh,
bald schlummern alle Müden.
Du aber schläfst und schlummerst nicht,
du treuer Gott im Sternenlicht,
dir will ich mich vertrauen.
O hab auf mich, dein Kindlein, acht,
laß mich, nach einer guten Nacht
die Sonne fröhlich schauen.

Gott, du kennst mich.
Du hast mich lieb. Ich bin dein Kind.
Gut, daß du da bist.
Du machst, daß ich ruhig schlafe.

Wenn ich heute einem wehgetan habe,
vergib mir.
Es tut mir leid.
Wenn ich frech gewesen bin,
vergib mir.
Es kam so aus mir heraus.
Wenn ich sonst etwas verkehrt gemacht habe,
vergib mir.
Ich will es morgen besser machen.

Du machst,
daß es Tag und Nacht wird.
Gott, du bist mächtig.
Du machst,
daß ich ruhig schlafe.
Gott, du bist mein Freund.

Was schön war heute,
es kam von dir.
Was unrecht war,
vergib es mir!

Laß mich bei dir
geborgen sein.
In deinem Namen
schlafe ich ein.

Breit aus die Flügel beide,
O Jesu, meine Freude,
Und nimm dein Küchlein ein!
Will Satan mich verschlingen,
So laß die Englein singen:
„Dies Kind soll unverletzet sein!"

Auch euch, ihr meine Lieben,
Soll heute nicht betrüben
Ein Unfall noch Gefahr!
Gott laß euch ruhig schlafen,
Stell euch die güldnen Waffen
Ums Bett und seiner Engel Schar!

Eh' der Tag zu Ende geht,
bete ich mein Nachtgebet,
danke Gott für jede Gabe,
die ich heut' empfangen habe;
bitte Gott für diese Nacht,
daß er mich im Schlaf bewacht,
daß der Teufel mich nicht schreckt
und kein böser Traum mich weckt.
Kommt der Morgenstern herauf,
steh' ich froh mit Jesus auf.

Lieber Gott,
heute abend sage ich dir meine Bitten:
Schütze meine Eltern und Geschwister
und laß uns immer gut zusammenhalten.
Schütze meine Freunde und Freundinnen
und laß uns immer viel Spaß miteinander haben.
Schütze meine Lehrer und Schulkameraden
und laß uns auch in der Schule eine gute
Gemeinschaft sein.

GUTE Nacht, lieber Gott.
Ein langer Tag ist vorbei,
und ich bin müde.

Heute war vieles schön und hat Spaß gemacht.
Dafür danke, lieber Gott.
Du bist mein Freund und hast mich gern.

Wenn ich heute jemandem weh getan habe,
entschuldige bitt.
Hilf mir, daß ich es morgen besser mache.
Du bist mein Freund und hast mich gern.

Gib mir eine gute Nacht.
Beschütze auch meine Eltern und Freunde.
Und hilf allen Menschen, die in Not sind.
Du bist unser Freund und hast uns gern.

LIEBER GOTT,
mir ist es heute gut gegangen.
Ich habe genug zu essen gehabt,
habe gespielt und Spaß gehabt.
Meine Eltern haben für mich gesorgt.
Ich bitte dich auch für die Menschen,
die Hunger haben.
Ich bitte dich auch für die Menschen,
die traurig sind und weinen.
Ich bitte dich auch für die Kinder,
die keine Eltern mehr haben.
Guter Gott, hilf allen Menschen
durch Christus, unseren Herrn.

WIR gehen schlafen, Gott,
denn es wird Abend.
Wir hören auf zu spielen
und zu reden und
warten auf den hellen Tag.
Behüte uns in dieser Nacht,
großer Gott, der du unser Vater bist.
Und behüte
alle Menschen,
jetzt und in Ewigkeit.

NUN bring du unser Herz zur Ruh
und schließ uns bald die Augen zu.
Mit deiner Güte decke uns,
zur rechten Zeit erwecke uns.
Dann sei dir unser Dank gebracht
für dein Geschenk, die gute Nacht.

ACH lieber Herre Jesus Christ,
weil du ein Kind gewesen bist,
so gib auch diesem Kindelein
dein Gnad und auch den Segen dein.
Ach Jesus, Herre mein,
behüt dies Kindelein!

DU bist im Licht.
Du bist im Dunkeln.
Was sollte ich fürchten?

Und wieder geht
ein Tag zu Ende,
ich leg' ihn Dir, Herr,
in die Hände.
Nimm an, was gut war,
froh und recht,
nimm weg, was bös war,
traurig, schlecht.
Ich möcht' in Deinem
Segen ruhn
und morgen wieder Gutes tun.

Danke für diese
Abendstunde,
danke, für den
vergang'nen Tag;
danke, aus meinem
Herzensgrunde
ich Dich preisen mag.

Danke für diese
schönen Stunden,
danke für diesen
ganzen Tag;
danke, daß Du
mich hast gefunden
heut in Freud' und Plag'.

Danke, denn Du
bist meine Stärke,
danke, ich konnte
Gutes tun;
danke, Du gabst mir
Kraft zum Werke,
froh kann ich nun ruhn.

LIEBER GOTT, draußen wird es jetzt Abend, und bald ist es Nacht. Die Laternen auf der Straße brennen schon. Büros, Geschäfte, Fabriken und Schulen sind geschlossen. Ich bin müde und gehe nun schlafen. Angst brauche ich nicht zu haben, denn meine Eltern sind bei mir.

Ich bitte dich, laß uns heute nacht gut schlafen: meine Oma, meinen Opa, meine Eltern, meine Geschwister und mich! Behüte auch die Kinder auf der Welt, die kein eigenes Bett haben! Laß auch sie ruhig schlafen! Du bist unser guter Vater.

HERR, bleibe bei uns;
denn es will Abend werden,
und der Tag hat sich geneigt.

MÜDE bin ich, geh zur Ruh,
schließe meine Augen zu:
Vater laß die Augen dein
über meinem Bette sein!

Hab ich Unrecht heut getan,
sieh es, lieber Gott, nicht an!
Deine Gnad und Jesu Blut
machen allen Schaden gut.

Alle, die mir sind verwandt,
Gott, laß ruhn in deiner Hand;
alle Menschen, groß und klein,
sollen dir empfohlen sein.

Kranken Herzen spende Ruh,
müde Augen schließe zu;
laß den Mond am Himmel stehn
und die stille Welt besehn!

Meine Hände
haben in die Speichen
des großen Wagens gefaßt,
Herr,
laß meine Füße im Schlamm
nicht versinken.

Ein langer Tag, bis zum Abend gefüllt.
So viele Dinge sind geschehen.
Jetzt bin ich richtig müde.
ich kann gar keinen klaren Gedanken mehr fassen.
So will ich dir nur noch danke sagen,
danke für alles heute.
Laß mich jetzt auch gut schlafen.

Vater im Himmel, ich bitte dich für alle Menschen,
die heute nacht nicht schlafen können.
Ich bitte dich für die Kranken, hilf denen, die leiden.
Ich bitte dich für die Kinder, die heute nacht
geboren werden,
und für die Menschen, die heute nacht sterben müssen.
Vergib allen, die Böses getan haben,
und schenk allen Traurigen deinen Frieden.

Morgens Schule, ziemlich langweilig wie immer,
nachmittags Hausaufgaben und Sport,
abends kurz zum Jugendtreff, aber da war auch nichts los.
Herr, von solchen Tagen gibt es viele in meinem Leben.
Hilf, daß ich auch diese Tage annehme,
und zeige mir, wie ich nach deinem Willen leben kann.
Vergib mir, wenn ich mich heute nicht genug angestrengt
habe und schenke mir jetzt eine gute Nacht.

ICH denke an den Mann,
dessen Frau ins Krankenhaus muß.
Jetzt ist er so allein.
Ich denke an das Mädchen,
das die heißersehnte
Arbeitsstelle endlich
bekommen hat.
Jetzt hat sie Angst,
sie kann nicht,
was man von ihr verlangt.
Ich danke an den Mann,
der jeden Morgen zur Arbeit geht,
obwohl er krank ist.
Er fürchtet, er verliert
seine Arbeitsstelle, wenn er nicht geht.
Ich denke an das Mädchen,
das schon lange auf einen Brief
ihres Freundes wartet.
Sie fragt sich:
Ob er eine andere gefunden hat?
Ich denke an das Kind,
das vor jeder Klassenarbeit
brechen muß.
Heute sah es wieder so blaß aus.
Ich denke an den Geschäftsmann,
der still hinter der Theke steht.
Es kommen keine Kunden mehr.
Die Leute kaufen lieber
im Supermarkt.
Ich denke an unseren Nachbarn,
der nicht schlafen kann.
Deshalb geht er morgens früh
schon um 5 Uhr mit seinem Hund
spazieren. Nur deshalb.

Wenn in dieser Nacht
ein Mensch unterwegs ist,
um einem Mitmenschen ein Leid anzutun,
zeige ihm eine Vogelmutter,
die schützend auf ihren Kleinen sitzt.
Zeige ihm einen Stern,
so hell wie der Stern von Bethlehem.
Zeige ihm etwas Schönes.
Zeige ihm das Schönste, was du hast.

Wenn ich heute
jemandem weh getan habe,
sage du ihm, daß es mir leid tut.

Im Dunkeln
will keiner bei den Toten
auf dem Friedhof bleiben.
Schicke du ihnen
mit dem Nachtwind
ein freundliches Wort.

Heute habe ich alles gehabt,
was ich wollte,
und doch bin ich nicht ruhig.
Etwas fehlt noch,
ich weiß nicht, was.
Mama kann es mir nicht geben.
Kein Mensch kann es mir geben.
Ich selbst kann es mir
auch nicht geben.
Gib du es dann!

Die Welt hat sich zur Ruhe gelegt, und ich
bin allein mit dir, der du über allem wachst.

Danken möchte ich dir, daß du mich während des Tages
so treu umsorgt und behütet hast.
Danken möchte ich auch für alles Schöne, das ich
erleben durfte;
für jeden Trost und alle Hilfe;
für jeden guten Menschen, den du mir geschickt.
Denn durch deine Liebe war mir dieser Tag
so reich gesegnet.

Doch wo ich heute hab versagt, da bitt ich um
Verzeihung.
Ergänze du mit deiner Liebe, was meinem
armen Herzen fehlt.
Ich habe sicher oft den guten Willen, doch nicht
die Kraft, im Alltag zu bestehn.
Drum mache mich mit deiner Gnade wieder heil.

Schenke mir eine ruhige Nacht, in der ich mich
erhole und neue Kraft finde für die Aufgaben
des kommenden Tages.
Und schenke auch deinen Segen allen Kranken
und Leidenden.
Sei du uns nahe als Heiland der Welt.
Gib uns Hoffnung und Leben in Fülle und
gute Menschen an unsere Seite,
die uns beistehn und helfen.

Schenke mir ein frohes Erwachen am Morgen,
daß ich mich deiner Gegenwart erfreuen kann.
Gib, daß mich jeder Tag
meiner ewigen Bestimmung näher bringt
und damit dir entgegen, der du mir
alles in allem bist.

Der Tag war sehr laut –
laß mich jetzt still werden, Herr.
Viele Menschen waren um mich –
nimm du mich jetzt auf.
Der Lärm, die Arbeit, das Tempo,
all das hat dich verdrängt;
ich vergaß dich.

Wie gut, Herr, zu wissen,
daß du dennoch dabei warst,
daß du alles gesehen und alles verstanden hast:
das Suchen nach einem guten Weg,
das Seufzen über alle Mühsal,
das Erschrecken über Lieblosigkeit,
Kleinlichkeit und Hochmut.

Herr, was soll ich dir zurückgeben
für den Tag, den du mir gabst?
Ich sehe nichts, das Wert behält vor dir,
und ein kleiner Schritt ist's nur
hin zur Resignation, die du nicht willst.
Herr, laß mich nicht gefangen bleiben
in den engen Grenzen meines Ich.
Befreie mich zu Lob
und Anbetung vor dir!

Herr, ich kann nicht einschlafen.
Ich bin müde, aber ich finde keine Ruhe.
Herr, da ist so viel, das mich gefangenhält.
Da erschrecken mich Gedanken und grausige Phantasien.
Unruhig wälze ich mich hin und her.
Ich wünsche mir nichts sehnlicher als Schlaf.
Herr, hörst du?
Schlaf, tiefer Schlaf,
das wäre wie eine Erlösung für mich.

Mein Herz ist bereit, o Gott, mein Herz ist bereit.

Was mir der Tag gebracht, was er von mir gefordert hat
– ich leg es hin und will Dich preisen.
Vollendet Werk und glückliches Gelingen
– ich leg es hin und will Dich preisen.
Was unerfüllt und was mißraten ist
– ich leg es hin und will Dich preisen.

Mein Herz ist bereit, o Gott, mein Herz ist bereit.

Was meine Augen verwirrt, Bilder des Trugs und der Versuchung
– ich leg es hin und will Dich preisen.
Was meine Ohren verdrießt, Lärm und eitles Geschwätz
– ich leg es hin und will Dich preisen.
Unselige Hast und gereiztes Wesen
– ich leg es hin und will Dich preisen.
Unmut, Bitterkeit und Grimm
– ich leg es hin und will Dich preisen.

Mein Herz ist bereit, o Gott, mein Herz ist bereit.

Was mich bedrückt und ängstet, Kummer und mancherlei Sorge
– ich leg es hin und will Dich preisen.
Was dunkel ist und unerforschliches Geheimnis
– ich leg es hin und will Dich preisen.
Was ich vor Deinem Angesicht gesündigt habe
– ich leg es hin und will Dich preisen.

Mein Herz ist bereit, o Gott, mein Herz ist bereit.

Was ich mir kindisch gewünscht, und was Du weise versagt hast
– ich leg es hin und will Dich preisen.

Was Du an Opfer und Verzicht von mir verlangst
– ich leg es hin und will Dich preisen.
Die Wonne der Welt und mein Begehr nach ihr
– ich leg es hin und will Dich preisen.
Was sonst mich hindert, Dir zu nahen in dieser Stunde der Heimkehr
– ich leg es hin und will Dich preisen.

Mein Herz ist bereit, o Gott, mein Herz ist bereit.

Herr, du siehst, daß ich nicht einschlafen kann,
weil meine Sorgen mich erdrücken.
Ich sehe keinen Ausweg.
Hilf mir, alle meine Sorgen nun auf dich zu werfen
und sie nicht wieder auf mich zu laden.
Du sorgst ja für mich und all meine Sorgen.
Ich will dir vertrauen, daß du größer bist als die Berge,
die vor mir stehen.
Mit dir werde ich sie überwinden.
Laß mich auch nach wenigen Stunden des Schlafes
erquickt wieder an meine Arbeit gehen.

Lieber Herr,
nun habe ich mich so lange vergeblich
nach Schlaf gesehnt.
Ich weiß nicht, warum er mir versagt bleibt.
Du weißt, daß ich für den morgigen Arbeitstag viel
Kraft brauche, um alles zu bewältigen.
Nimm jetzt alle quälende Unruhe von mir.
Laß die restlichen Nachtstunden ganz von deinem
Nahesein erfüllt sein und laß mich
Ruhe finden bei dir, der du die Zuflucht
der Mühseligen und Beladenen bist.

Herr, der Tag brachte Arbeit und Aufregung.
Menschen haben mich gefragt und gefordert.
Ich habe kaum Zeit für mich gehabt.
Jetzt, ehe ich einschlafe, bin ich allein.
Ich bedenke, was ich getan und unterlassen habe.
Miß du mit deinem Maß meine Erfolge.
Verwandle mein Versagen in neue Möglichkeiten.
Laß mich einschlafen mit guten Gedanken.

Herr, bleibe bei uns,
denn es will Abend werden, und der Tag hat
sich geneigt.
Bleibe bei uns und bei deiner ganzen Kirche.
Bleibe bei uns am Abend des Tages,
am Abend des Lebens,
am Abend der Welt.
Bleibe bei uns, wenn über uns kommt
die Nacht der Trübsal und der Anfechtung,
die Nacht der Angst und des Zweifels,
die Nacht des bitteren Todes.
Bleibe bei uns und bei allen deinen Gläubigen
in Zeit und Ewigkeit.

Da nun der Tag vergangen ist,
so bitte ich dich, Jesus Christ:
sei, wenn es dunkelt, nun mein Licht,
dann schlafe ich voll Zuversicht.
Was ich verkehrt und falsch getan,
das rechne nicht als Sünde an;
lösch es in deiner Liebe aus!
Herr, segne mich und dieses Haus!

Lass stille werden, allmächtiger Erlöser,
was um mich und in mir laut ist und lärmt.
Laß mich dir danken für alles,
was du mir mit diesem Tag gabst:
eine Frist zur Vorbereitung auf deine große Ewigkeit.
Mache mich willig, von Herzen allen zu vergeben,
die an mir schuldig wurden.
Laß mich den ersten Schritt tun aus Dankbarkeit
für die Liebe, mit der du uns unaufhörlich trägst.
Hilf mir durch deine Gnade zu einem neuen Anfang.

Herr, sammle uns jetzt zum Beten.
Laß unsere Gedanken bei dir weilen.
Laß uns beim Einschlafen an dich denken;
denn du denkst unaufhörlich an uns,
und deine Augen sehen auf uns.
Dank sei dir für dein Wachen.
Dank sei dir für dein Geleit.
Dank sei dir für unser Tätigsein.
Dank sei dir für die Ruhe.
Mache uns offen für unsere Brüder und Schwestern.
Mache uns bereit für dich und dein Reich.

Herr, mein Gott, ich danke dir für den Tag:
für das Leben, das du mir schenkst,
für das Licht und die Wärme,
für den Kaffee am Morgen und das Glas Wein am Abend,
für die Menschen, die mir begegnet sind,
für alle Liebe, die ich erfahren habe,
für die Blumen auf dem Tisch,
für deine ganze bunte Welt,
für alles, was mir neu war,
für alles, was mir Freude brachte.
Herr, mein Gott, ich danke dir für den Tag.

Vater,
ich danke dir für diesen Tag.
Ich danke dir für das tägliche Brot,
für alles, womit du mein Leben erhalten hast,
für deine Sorge um mich.
Ein Tag des Lebens ist wieder vorüber.
Ich weiß nicht, wie du ihn haben wolltest,
sicher aber besser,
als ich ihn gelebt habe.

Ich habe wenig nach deinem Willen gefragt.
Ich bin an Menschen vorübergegangen,
die vielleicht auf mich gewartet haben.
Ich habe zu wenig bedacht, was du heute durch
mich in dieser Welt schaffen wolltest.

Ich bitte dich um Verzeihung
für alles Unrecht,
für alle Nachlässigkeit und alles,
was ich versäumt habe.

Doch für das, was gut war, Herr,
danke ich dir.
Führe du es weiter und vollende es.

Ich bitte dich nun für alle Menschen,
mit denen ich arbeite und lebe,
aber auch für andere,
die meine Fürbitte brauchen.
Laß uns lernen, einander zu dienen und
miteinander auszukommen.

Herr, schenke mir eine ruhige Nacht
und einen guten Schlaf.
Gib mir morgen neue Kraft für alles,
was du mir auftragen wirst.

Herr, ich danke dir für diesen Tag.
Verzeih mir, wenn ich ihn nicht
ganz in deinem Geist gelebt habe.

Ich danke dir, daß ich gesund geblieben bin
und daß mir nichts passiert ist.
Verzeih mir, wenn ich anderen Unrecht
getan habe.

Ich danke dir für die Aufgaben, die dieser Tag von mir
forderte und an denen ich meine Kräfte und
meine Ausdauer erproben konnte.
Verzeih mir, wenn ich nicht
alles so getan habe, wie es hätte sein müssen.

Ich danke dir für meine Mitmenschen
in der Familie,
für ihr Lächeln, ihre freundlichen Worte,
ihr Zuhören und dafür, daß sie mich
ertragen haben.
Hilf ihnen, mir zu verzeihen,
wenn ich rücksichtslos und
lieblos gegen sie war.

Ich danke dir für die Freude an allem Guten,
das mir heute begegnet ist.
Verzeih mir, wenn ich durch mein Verhalten
die Freude anderer verdorben habe.

Ich danke dir für die Hoffnung nach
jeder Niederlage.
Verzeih mir, wenn ich anderen eine
Enttäuschung bereitet habe.

Ich danke dir für den Trost in allem Schönen, an dem
mein Leben trotz aller Mühseligkeiten so reich ist.
Laß auch die anderen diesen Trost finden.

GOTT, unser Vater,
am Ende dieses Tages denken wir
vielleicht, in unserem Herzen habe sich
nichts eigentlich Bedeutendes ereignet.

Bestärke uns, Herr, in der Gewißheit,
daß dein Reich an jedem neuen Tag beginnt
und du uns unmerklich, aber sicher
zu deiner Liebe führst, die wir spüren,
indem wir sagen: „Herr bleibe bei uns
an diesem Tag, der schon zu Ende geht,
in dieser Nacht, die anbricht,
und auch an dem Tag, der danach kommt.
Bleibe bei uns bis in alle Ewigkeit."

WACHE du, lieber Herr,
mit denen, die wachen oder weinen
in dieser Nacht,
und gib deinen Engeln die Obhut
über die, welche schlafen.

Hüte deine Kranken.
Herr Christus,
laß deine Müden ruhen.
Segne deine Sterbenden.
Tröste deine Leidenden.
Erbarme dich deiner Betrübten.
Erlöse deine Gefangenen.
Schirme deine Fröhlichen –
und alles um deiner
Liebe willen.

BLEIBE bei uns, o Gott.
Der Tag ist vergangen.
Wir warten auf Hilfe.
Wir schauen auf dich.

Wir haben noch nicht erreicht
das Land des Glücks,
wo die Engel sind
und die Sonne nicht untergeht.

Uns ist noch immer der Blick verwehrt
in das Land des Glücks,
wo die Sonne dieser Zeit
nicht mehr scheint.

HABEN wir diesen Tag gelebt, Herr,
wie es dir gefällt?
Sind wir geduldig,
schlicht und liebevoll gewesen?
Haben wir jenen genug Zeit gegeben,
die zu uns kamen?
Haben wir ihre Hoffnungen beantwortet,
wenn sie fragten?
Haben wir sie umarmt, wenn sie weinten?
Haben wir sie zärtlich aufgemuntert,
bis ihr Lachen wieder da war?
Haben wir in all ihren Leiden gebetet?
Haben wir Blumen gegeben mit dem Brot?
Haben wir deine Freude zum Blühen gebracht,
Sind wir unseren Brüdern immer Bruder gewesen?
Wenn das alles nicht so war, Herr, verzeihe uns.
Und selbst wenn es so war, es genügt nicht.
Umgib uns jeden Tag mit mehr Liebe,
Herr, bis zum großen Licht deiner Unendlichkeit.

Herr, mein Gott,
an diesem Abend muß ich mich in dir bergen.
Ich weiß mir keinen Ausweg.
Obwohl ich von deiner Allmacht und Gegenwart
nicht viel spüre, fliehe ich zu dir.
Ich nenne jetzt vor dir, Herr, die Menschen
in schwerem Leid und die, die sich
in Schuld verstrickt haben.

Ich denke an das Wort, daß den Menschen
nicht mehr auferlegt werden soll,
als sie tragen können.
Es gibt aber Unerträgliches.
Ich kann mir nicht anders helfen,
als daß ich das Angesicht deines Sohnes
am Kreuz anschaue.
Da finde ich das Leid wieder,
das ich erlebt habe.
Und ich versuche, daß Angesicht Christi
und das Gesicht der Leidensträger
zusammenzusehen.

Gibst du mir, Herr, nun das helfende Wort,
das sie brauchen?
Aber ich danke dir auch, lieber Herr.
Du hast mir wieder Menschen gezeigt,
die ihre Zeit und Liebe dafür hergeben,
anderen beizustehen.
Ich merke, daß die Liebe deines
gekreuzigten Sohnes weiterwirkt.
Und jetzt denke ich an dein Wort:
„An jenem Tage werdet ihr mich
nichts mehr fragen."

Ich vertraue darauf, daß der Tag kommt,
an dem alle quälenden Fragen aufhören,
weil wir dich selber sehen sollen.

HERR, mein Gott, ich danke dir,
daß du diesen Tag zu Ende gebracht hast.
Ich danke dir, daß du Leib und Seele
zur Ruhe kommen ließest.
Deine Hand war über mir und hat mich behütet
und bewahrt.
Vergib allen Kleinglauben und alles Unrecht
dieses Tages und hilf,
daß ich allen vergebe, die mir Unrecht
getan haben.
Laß mich in Frieden unter deinem Schutz
schlafen und bewahre mich vor den
Anfechtungen der Finsternis.
Ich befehle dir meinen Leib und meine Seele.
Gott, dein heiliger Name sei gelobt.

ICH danke dir, mein himmlischer Vater,
durch Jesus Christus, deinen lieben Sohn,
daß du mich diesen Tag gnädiglich behütet hast,
und bitte dich,
du wollest mir vergeben alle meine Sünde,
wo ich unrecht getan habe,
und mich diese Nacht gnädiglich behüten.
Denn ich befehle mich,
meinen Leib und Seele und alles
in deine Hände;
dein heiliger Engel sei mit mir,
daß der böse Feind keine Macht an mir finde.
Amen.

NUN schläfet man,
und wer nicht schlafen kann,
der bete mit mir an
den großen Namen,
dem Tag und Nacht
wird von der Himmelswacht
Preis, Lob und Ehr gebracht:
o Jesu, Amen.

Weg, Phantasie!
Mein Gott und Herr ist hie;
du schläfst, mein Wächter, nie;
dir will ich wachen.
Ich liebe dich,
ich geb zum Opfer mich
und lasse ewiglich
dich mit mir machen.

Es leuchte dir
der Himmelslichter Zier;
ich sei dein Sternlein, hier
und dort zu funkeln.
Nun kehr ich ein;
Herr, rede du allein
beim tiefsten Stillesein
zu mir im Dunkeln.

HERR!
Komm
und decke mich zu mit der Nacht.
Breite deine Gnade über uns aus,
wie du es verheißen hast.
Deine Verheißungen sind mehr
als alle Sterne am Himmel,
deine Gnade ist tiefer als die Nacht.

Herr!
Es wird kalt. Die Nacht dieser Erde kommt,
mit einem Hauch vom Tod.
Die Nacht kommt. Das Ende kommt,
aber Jesus, der Christus, kommt auch.
Herr!
Auf den warten wir, durch Tag und Nacht.
Amen.

Nun sich der Tag geendet,
mein Herz sich zu dir wendet
und danket inniglich;
dein holdes Angesichte
zum Segen auf mich richte,
erleuchte und entzünde mich.

Ein Tag, der sagt dem andern,
mein Leben sei ein Wandern
zur großen Ewigkeit.
O Ewigkeit, du schöne,
mein Herz an dich gewöhne,
mein Heim ist nicht in dieser Zeit.

Senke den Frieden der Nacht, Herr, über mein Haus,
laß den Zauber der Sterne meine Träume begleiten
und schütte deinen Trost in mein Haar.
Laß die unendlichen Stimmen der Dunkelheit
von deinem Wort sprechen, daß nicht mehr die Angst
des Tages in mir brennt und lärmt, nur Schlaf
und Genesung meine wunden Glieder kühlen.

BEVOR des Tages Licht vergeht,
o Herr der Welt, hör dies Gebet:
Behüte uns in dieser Nacht,
durch deine große Güt und Macht.

Hüllt Schlaf die müden Glieder ein,
laß uns in dir geborgen sein
und mach am Morgen uns bereit
zum Lobe deiner Herrlichkeit.

Dank dir, o Vater reich an Macht,
der über uns voll Güte wacht
und mit dem Sohn und Heilgen Geist
des Lebens Fülle uns verheißt.

HINUNTER ist der Sonnen Schein,
die finstre Nacht bricht stark herein;
leucht uns, Herr Christ, du wahres Licht,
laß uns im Finstern tappen nicht.

Dir sei Dank, daß du uns den Tag
vor Schaden, G'fahr und mancher Plag
durch deine Engel hast behüt'
aus Gnad und väterlicher Güt'.

Durch dein' Engel die Wach bestell,
Daß uns der böse Feind nicht fäll';
vor Schrecken, Angst und Feuersnot
behüt uns heut, o lieber Gott!

Alles kann die Nacht verschlingen,
und alles deckt der Nebel zu.
Aber in allen Ängsten bist du bei mir.
Du, Gott, hältst meine Hand und
stützest meine Schulter.
Was sind da Nacht und Nebel?
Es gibt sie, aber du bist auch da,
und die Trauer wandelt sich in Freude.
Wenn sich auch die Schultern krümmen
und der kalte Abend kommt:
du bist bei mir, und ich spüre
deine Zärtlichkeit.
Wo aber ist das Leuchten deines Angesichts?
In ihm sähe ich dein Licht.
Ich sähe dich in deiner Freude.
Herr, wo ist das Leuchten deines Angesichts?
Sollte es in denen sichtbar sein,an die ich glaube,
in denen, die Nacht und Nebel kennen,
in denen, deren Leben eine einzige Morgenröte
und ein einziger hoher Mittag ist?
Durch Menschen und durch Nebel
schlägst du, Herr, den Regenbogen.

Der Tag nimmt ab.
Ach schönste Zier,
Herr Jesu Christ,
bleib du bei mir,
es will nun Abend werden.
Laß doch dein Licht
auslöschen nicht
bei uns allhier auf Erden.

Lasst nun die Sorgen schweigen,
gedenket jetzt des Herrn.
Schon reihet sich im Reigen
am Himmel Stern an Stern.

Ihr fröhliches Gefunkel
mahnt uns zur Zuversicht:
Seht, auch im ärgsten Dunkel
glüht noch ein kleines Licht.

Und wenn wir einmal wähnen
uns einsam und bedrängt,
dann sehen wir durch Tränen:
das Licht ist nur verhängt.

Schiebt Gott die Wolken weiter,
dann leuchtet Stern an Stern,
und wir erwidern heiter
den Gnadengruß des Herrn.

Ja, laßt uns aufwärts schauen,
wenn uns die Angst anficht;
und laßt uns fest vertrauen:
Gott löscht nie ganz das Licht.

Dank sei dem Herrn, sein Segen
hat alles wohlgemacht.
Laßt uns zur Ruh nun legen,
Gott schenk uns gute Nacht!

Mein Gott, nun kehr ich heim zu mir,
mein Gott, nun kehr ich heim zu dir.
Des Tages Stunden,
des Tages Wunden,
all meine Weiten
und Armseligkeiten
leg ich in deine Hände hinein:
Herr, wie ich bin, bin ich dein!
Und willst du mich fragen,
was ich ward,
so muß ich klagen:
Mein Herz ist noch hart,
ist noch nicht geschmolzen,
noch nicht geschmiedet,
ist noch nicht gehämmert,
noch nicht genietet
in deinen Schöpfergedanken hinein.
Doch, wie ich bin, bin ich dein!
Herr, hilf mir weiter! Die Zeit verrinnt.
Laß mich werden ein Gnadenkind!
Hilf mir weiter – ein Tag ist vorbei.
Gib, daß ich morgen besser sei!

DER Mond ist aufgegangen,
Die goldnen Sternlein prangen
Am Himmel hell und klar;
Der Wald steht schwarz und schweiget,
Und aus den Wiesen steiget
Der weiße Nebel wunderbar.

Wie ist die Welt so stille
Und in der Dämmrung Hülle
So traulich und so hold!
Als eine stille Kammer,
Wo ihr des Tages Jammer
Verschlafen und vergessen sollt.

Sehr ihr den Mond dort stehen? –
Er ist nur halb zu sehen
Und ist doch rund und schön!
So sind wohl manche Sachen,
Die wir getrost belachen,
Weil unsre Augen sie nicht sehn.

Wir stolze Menschenkinder
Sind eitel arme Sünder
Und wissen gar nicht viel;
Wir spinnen Luftgespinste
Und suchen viele Künste
Und kommen weiter von dem Ziel.

Gott, laß uns dein Heil schauen,
Auf nichts Vergänglichs trauen,
Nicht Eitelkeit uns freun!
Laß uns einfältig werden
Und vor dir hier auf Erden
Wie Kinder fromm und fröhlich sein!

Die Abendglocken läuten
den müden Tag zur Ruh.
Die Blumen auf den Heiden
tun schläferig die Augen zu.

Die Vöglein in den Bäumen,
sie schweigen alle still,
ein jedes heimlich träumen
vom goldnen Morgen will.

Die Schiffe ruhn im Hafen.
Keine Welle regt sich mehr;
so geh auch du nun schlafen
und bange nicht so sehr.

Und laß den Vater sorgen,
der über den Sternen wacht.
Er segnet mit Freuden den Morgen,
er segnet mir Frieden die Nacht.

In dieser Nacht sei du mir Schirm und Wacht;
o Gott, durch deine Macht wollst mich bewahren
vor Sünd und Leid, vor Satans List und Neid.
Hilf mir im letzten Streit, in Todsgefahren.

O Jesu mein, die heilgen Wunden dein
mir sollen Ruhstatt sein für meine Seele.
In dieser Ruh schließ mir die Augen zu;
den Leib und alles Gut ich dir befehle.

O große Frau, Maria, auf mich schau;
mein Herz ich dir vertrau in meinem Schlafen.
Auch schütze mich, Sankt Josef, väterlich.
Schutzengel, streit für mich mit deinen Waffen.

Wollst endlich sonder Grämen
Aus dieser Welt uns nehmen
Durch einen sanften Tod!
Und wenn du uns genommen,
Laß uns in Himmel kommen,
Du unser Herr und unser Gott!

So legt euch denn, ihr Brüder,
In Gottes Namen nieder;
Kalt ist der Abendhauch.
Verschon uns, Gott, mit Strafen
Und laß uns ruhig schlafen,
Und unsern kranken Nachbar auch!

Lernen und Lehren

Lieber Gott,
heute ist mein erster Schultag.

Ich bin gespannt.
Aber ich habe auch etwas Angst.
Ich will gut aufpassen und mitmachen.
Aber werde ich auch alles verstehen?

Welche Lehrer bekomme ich?
Welche Klassenkameraden?
Kann ich meinen Schulweg
bald allein gehen?

Gib mir Lehrer,
die mich verstehen,
bei denen das Lernen Spaß macht.
Schenk allen Kindern einen guten Anfang.

LIEBER GOTT,
eigentlich möchte ich jetzt noch gar nicht aufstehen.
Ich bin noch so müde
und habe gar keine Lust,
aus dem warmen Bett zu steigen.
Und zur Schule möchte ich heute auch nicht gehen.
Lieber Gott, gib mir einen Ruck
und laß mich auch heute anfangen.
Zeige mir, was nötig ist,
und schenke mir auch heute ein wenig Freude.

VATER im Himmel, die Schule beginnt.
Leg deine Hand auf jedes Kind,
daß wir alle mit deinem Segen
gut und gerne lernen mögen.

IN meiner Schule sind viele Kinder.
Alle müssen lernen wie ich.
Manchmal ist es einfach, manchmal ist es schwer.
Unsere Lehrer haben viel Mühe, uns alles gut zu erklären.
Schenke du ihnen Geduld mit uns!
Gib uns Freude am Lernen!
Laß uns Streit schnell vergessen und uns
gegenseitig gern helfen!
Sei bei uns, Herr, auch in der Schule!

GOTT, unser Vater,
du hast, als du uns schufst, einem jeden seine
eigenen Gaben zugeteilt, so daß keiner
dem andern gleich ist.
Gib uns Geduld, daß wir einander ertragen;
Langmut, daß wir aufeinander hören.
Laß deine Liebe in uns leuchten,
damit durch unser gemeinsames Streben ein jeder werde,
wie du ihn willst und seine Gaben zur
Vollendung bringe.

LIEBER GOTT,
wir sind eine Klassengemeinschaft.
Viele Dinge dürfen wir gemeinsam tun.
Wir bitten dich: Gib uns deine Liebe,
daß wir aufeinander Rücksicht nehmen,
daß wir einander helfen und Freude machen,
daß wir uns gemeinsam anstrengen,
daß wir Schwachen und Ungeschickten helfen,
daß wir niemanden im Stich lassen und
daß wir uns gut vertragen!
Wir wollen deine Freunde sein.

WIR SCHÜLER:
manche still, manche vorlaut,
manche faul, manche fleißig,
manche verstehen schnell,
andere müssen sich sehr anstrengen.

In unserer Klasse ist es oft sehr schön.
Manchmal ist es spannend und interessant,
aber manchmal auch langweilig,
so daß wir gar nicht aufpassen.

Gott, segne uns Schüler.
Hilf, daß wir eine gute Klassengemeinschaft werden.
Laß uns nicht gegeneinander arbeiten,
sondern einander helfen, wo wir können.
Gib uns gute und verständige Lehrer.
Und laß uns viel Neues lernen
und alles gut verstehen.

Lieber Gott,
weil du uns liebst, darum leben wir.
Jeden von uns hast du gern, auch mich.
Du hast uns viele Fähigkeiten gegeben.
Der eine kann dies und der andere das.
Der eine rechnet schnell,
der andere zeichnet schön,
ein anderer kann gut schreiben,
der nächste erzählt spannend,
und wieder ein anderer ist ein prima Freund.
Niemand von uns kann alles gleich gut,
auch die großen Leute nicht.
Wir wollen uns deswegen gegenseitig helfen
und unterstützen.
Gib uns Kraft dazu!

Es ist zum Verzweifeln.
Ich komme in der Schule nicht zurecht.
Ich gebe mir zu Hause alle Mühe
und lerne und lerne,
und dann kann ich es plötzlich doch nicht,
wenn ich an die Reihe komme.
Der Lehrer hat mir schon wieder
eine Fünf angeschrieben.
Was soll ich nur machen?
Weißt du einen Weg?

Herr, hilf,
daß ich meine Gedanken und Kräfte sammle
und ruhig werde.
Stärke mich in der Stunde der Prüfung,
daß die Mühe meiner Vorbereitung
nicht vergeblich sei,
und laß mich ein gerechtes Urteil finden.

LIEBER Gott,
wir schreiben heute eine Klassenarbeit.
Du weißt, daß ich zu Hause viel geübt habe;
und trotzdem habe ich Angst.
Du weißt auch, daß ich oft aufgeregt bin und sogar
Magenschmerzen bekomme.
Bitte, hilf mir, daß ich ruhiger werde und
diesmal besonders gut aufpasse!
Sende mir den Heiligen Geist,
daß er meinen Verstand erleuchtet
und die Klassenarbeit gut gelingt!
Danke, lieber Gott!

LIEBER Gott,
heute gibt es Zeugnisse.
Einige Kinder in meiner Klasse freuen sich darauf,
weil sie gute Noten bekommen werden.
Andere haben Angst und sind ganz aufgeregt,
weil ihr Zeugnis dieses Mal wohl
schlecht ausfallen wird.
Zu diesen Kindern gehöre auch ich.
Ich ärgere mich jetzt, daß ich nicht fleißig
genug gewesen bin.
Was werden wohl meine Eltern sagen?
Werden sie mit mir schimpfen?
Bitt, laß Vater und Mutter Verständnis haben
und hilf mir,
daß ich mir im nächsten Jahr
in der Schule mehr Mühe gebe!

Die Schule ist zu Ende,
wir falten unsre Hände
und danken Gott, der mit uns war.
Ihm wollen wir vertrauen,
auf seine Gnade bauen,
er wird uns helfen immerdar.

Gib mir, eh ich geh nach Haus,
lieber Vater, deinen Segen.
Breite deine Hände aus,
führe mich auf deinen Wegen.

Herr, ich danke dir,
daß ich es geschafft habe,
daß der Erfolg dieser Prüfung
mich einen Schritt weiter bringt
zum Ziel:
mehr Freude zu haben,
mehr tun zu können
für die anderen:
für dich.

Herr,
gib mir den Mut zurück,
den ich jetzt mehr brauche
als je zuvor,
damit ich nicht
auf der Strecke bleibe.

LIEBER Gott,
nun beginnen unsere großen Ferien.
Ein paar Wochen brauche ich nicht an die Schule
zu denken,
an die Klassenarbeiten,
an die Noten und an die Hausaufgaben.
Ich freue mich,
daß ich in dieser Zeit mit meinen Eltern
in den Urlaub fahren darf.
Schenke du uns schönes Wetter,
warmen Sonnenschein und besonders
deinen Schutz und Segen!

Lieber Gott, ich will auch dafür sorgen,
daß Mutter und Vater sich erholen können und
an mir Freude haben.
Hilf mir dabei!
Ich danke dir.

LIEBER Gott, die Ferien sind nun vorbei.
Es waren herrliche und wunderschöne Wochen.
Wir hatten viel Zeit füreinander:
meine Eltern für mich und ich für meine Eltern.
Ich konnte vieles tun, was ich schon lange vorhatte.
Heute fängt unsere Schule wieder an.
Laß mich gleich von Anfang an eifrig beginnen!
Hilf mir, daß ich im kommenden Schuljahr
eine Menge lerne und verstehe!
Gib mir vor allem jeden Tag Mut und Kraft
für meine Arbeit!

Vater im Himmel,
ich danke dir, daß du mich verstehst,
auch dann, wenn ich selbst manches nicht mehr verstehe.
Ich muß heute mit dir über unser Kind reden.
Wieder hat es Schwierigkeiten in der Schule gegeben.
Die Leistungen sinken.
Das Betragen läßt zu wünschen übrig.
Das Klassenziel ist gefährdet.
Herr, das alles bedrückt mich!
Ich habe mit den Lehrern gesprochen.
Manche haben Verständnis, andere stellen harte
Forderungen, wieder andere sind nahe daran,
zu resignieren.
Die Klassen sind zu groß, die Kinder zu unruhig,
doch der Lehrplan soll erfüllt werden.
Ich verstehe ja, daß das an die Nerven geht.
Aber mir doch auch!
Herr, laß uns nicht einfach resignieren!
Gib mir den Mut, in Elternversammlungen zu sagen,
was in unserem Schulsystem besser gemacht werden muß.
Laß mich deutlich reden, ohne unnötig zu verletzen!
Vater im Himmel, unser Kind ist doch dein Kind.
Du siehst, wie schwer es zur Zeit ist, mit ihm zu reden;
wie gereizt es ist, wenn ich nur von der Schule anfange;
wie schnell mir der Geduldsfaden reißt und
alles wieder mit einem Krach endet,
trotz meiner guten Vorsätze.
Herr, gib mir den langen Atem der Geduld,
der mir hilft, unser Kind durch diese kritische Zeit
hindurchzulieben!
Laß mich in meiner Liebe nicht eifersüchtig sein,
wenn unser Kind sich löst,
um selbständig zu werden.
Gib du ihm gute Begleiter, damit es nicht
Schaden nimmt an Leib und Seele,
und gehe du selbst mit unserem Kind.
Danke, Herr, daß du mein Kind verstehst. Danke!

Herr, nun geht unser Kind zur Schule.
Noch geht es gern dahin. Wie lange noch?
Laß uns Zeit finden, daß wir unserm Kind helfen,
sich zurechtzufinden;
daß wir in den Elternversammlungen
unsere Meinung sagen und
auch der Lehrerin ihre Aufgabe
erleichtern.

Herr, unser Kind ist fröhlich aus dem Haus gegangen.
Behüte es auf dem verkehrsreichen Schulweg.
Schütze es vor Gefahren an Leib und Seele,
an die wir kaum zu denken wagen.
Du weißt, daß wir unserm Kind helfen möchten,
in der Schule erfolgreich zu sein.
Hilf uns, die Kräfte und Gaben unseres Kindes
richtig zu beurteilen.
Gib uns die Kraft, ihm Sicherheit zu geben,
ihm immer wieder Mut zu machen.
Segne seine Lehrer, Herr,
und schenke ihnen Einsicht, Geduld,
Weisheit, Gerechtigkeit und Güte.
Laß unser Kind gesund und zuversichtlich
nach Hause kommen.
Laß unser Zuhause seine Zuversicht sein.

Lieber Vater im Himmel!
Der neue Tag beginnt.
Gehe du mit uns in diesen Tag.
Begleite uns auf dem Weg zur Schule
und bewahre uns vor Unfall und Gefahr.
Sei mit deines Geistes Zucht und Leitung bei uns,
wenn wir in der Schule lehren und lernen.
Schenke uns Freudigkeit zu unserem Tun,
Geduld, wenn uns das Verstehen schwerfällt
und Liebe zueinander, wie du uns liebhast.
Gehe mit uns durch diesen ganzen Tag
und füge zu unserem Wollen das Vollbringen.

Lieber Vater,
in zwei Stunden stehe ich wieder vor meiner Klasse.
Ich sage „meine" Kinder, aber es sind deine.
Hilf, daß ich ihnen durch Christus den Vater zeige,
daß ich sie näher zu dir bringen kann.
Hilf den Begabten und den Unbegabten,
den Beliebten und den Schwierigen.
Gib mir Geduld und viel Verständnis,
die nötige Strenge und Nachsicht.
Laß mich mit den Kindern richtig fröhlich sein,
Gehorsam üben und eifrig lernen –
und lehre uns, miteinander zu beten.

Herr, unser Gott!
Wir bitten dich für alle Hochschulen und
Universitäten,
für ihre Lehrer und Studierenden:
Laß auf allen Gebieten des Denkens und Forschens
in Redlichkeit nach der Wahrheit gesucht
und nach der Verantwortung für
die Welt gefragt werden.
Gib, daß das Vorrecht des Studiums uns nicht
von der großen Gemeinschaft scheide,
sondern uns zu selbstlosem Dienst
verpflichte.

Stehe den Studierenden bei,
denen die Arbeit zu schwer wird,
die von Angst bedrückt sind,
die Unglück und Einsamkeit ertragen müssen.
Gib uns ein sehendes und helfendes Herz für sie,
und laß uns bei eigenem Erfolg anderen
ein wenig zur Freude und Zuversicht
verhelfen.

Gib uns in persönlichen Konflikten und Problemen,
die Elternhaus und freundschaftliche Bindung
heraufführen können,
Weisheit der Liebe,
Geduld der Hoffnung und
Gehorsam des Glaubens
– durch Jesus Christus,
dem wir vertrauen und folgen
möchten.

Arbeit und Beruf

Die Hand der Krankenschwester
ist deine Hand.
Die Hand des Arztes
ist deine Hand.
Die Hand des Bäckers
ist deine Hand.
Die Hand des Lehrers
ist deine Hand.
Die Hand des Schornsteinfegers
ist deine Hand.
Die Hand des Müllmanns
ist deine Hand.
Die Hand des Piloten
ist deine Hand.
Die Hand der Verkäuferin
ist deine Hand.

Die Hand der Friseuse
ist deine Hand.
Die Hand des Pfarrers
ist deine Hand.
Vaters Hand
ist deine Hand.
Mutters Hand
ist deine Hand.
Meine Hand
ist deine Hand,
o Gott.
Wir wollen unsere Hände
gebrauchen,
damit dein Reich
komme.

Lieber Gott, wir bitten dich
für die Arbeiter in der ganzen Welt:
für die Viehzüchter und die Landwirte,
für die Arbeiter im Bergwerk und in den Fabriken,
für die Händler und die Transporteure,
für die Mütter und die Frauen im Büro,
für die Schwestern und die Ärzte,
für alle, die eine gefährliche Arbeit haben,
für alle, die immer dasselbe tun müssen.

Lieber Gott, wir bitten dich
für die Arbeiter in der ganzen Welt.

Lass alle Männer heute
Arbeit finden,
damit sie nicht herumsitzen
und sich schämen müssen
vor ihrer Frau
und ihren
Kindern.

Herr, es ist nicht einfach,
einem Kollegen oder Lehrling etwas beizubringen.
Bitte, schau mir dabei ein bißchen auf die Finger,
daß ich nicht mit meinen Kenntnissen angebe
und mich als Chef aufspiele.
Ich möchte ihm helfen.
Laß mich den richtigen Ton finden
und ihm kameradschaftlich begegnen.

Herr, wir befehlen dir vor allem die
jungen Kollegen und unsere Lehrlinge.
Sie sind hineingenommen in den Betrieb
und müssen doch erst Fuß fassen
in der Welt der Erwachsenen.
Der Übergang ist kraß für sie, und sie sind gefährdet.
Gib uns die rechte Haltung ihnen gegenüber
und das rechte Wort.
Hilf ihnen, zu unterscheiden zwischen Wesentlichem und
Unwesentlichem, zwischen Wertvollem und Geschwätz.
Laß sie im Umgang mit uns gute Maßstäbe
für ihr Leben finden.
Bestimme den Ton in unseren Gesprächen.
Laß die jungen Menschen in einer
sauberen Atmosphäre reifen.

Herr,
an meinem Arbeitsplatz
habe ich ausländische Kollegen.
Sie haben es nicht leicht
durch ihre Sprachschwierigkeiten
und durch die vielen Vorurteile,
auf die sie bei uns stoßen.
Hilf mir, Herr,
ihnen freundlich
und ohne Vorurteile zu begegnen
und ihnen zu helfen,
sich bei uns wohl zu fühlen.
Hilf mir,
ihnen ein guter Kollege
und Freund zu sein.

Ich kann es nicht aushalten,
lieber Herr.
Ich kann es nicht länger anhören, und
ich bin doch so machtlos gegen die anderen.
Sie reden viel von Liebe – von dem,
was sie Liebe nennen.
Du hörst, was sie sagen.
Wir sind doch Menschen!
Wir sind doch deine Geschöpfe, deine Kinder.
Du verwirfst sie nicht,
auch wenn sie von dir nichts wissen wollen.
Verwirf mich nicht, weil ich schweige.
Ich bin feige.
Aber was soll ich denn tun?
Gib mir Kraft zu widerstehen.
Gib mir den Mut, meine Ansicht zu äußern.
Zeig mir einen Weg, wie ich wenigstens
unsere Jungen und Mädchen heraushalten kann.
Du siehst doch,
wie sie schamlos verdorben werden,
wie schnell sie mitmachen und mitlachen.
Aber ich kann nicht allein Widerstand
leisten.
Laß doch den Meister
auf meiner Seite stehen
oder den Chef.
Herr, laß uns Menschen bleiben im Betrieb
– nicht nur Arbeiter,
sondern Menschen,
in denen deine Liebe wirkt.

Gott,
du hast die Welt erschaffen
und bist alle Tage weiter
in ihr am Werke.
Du läßt mich mitarbeiten
durch alles Kleine und Große,
das ich täglich tun darf.
Berate mich,
stärke mich,
gib mir Ideen und Fantasie,
gib mir Ausdauer und Mut,
damit ich dich,
meinen Schöpfer,
nicht enttäusche.

Herr, gleich beginnt mein Arbeitstag.
Ich bitte dich um Lust zur Arbeit.
Gib mir Geduld mit den Kollegen.
Laß uns gut zusammenarbeiten!

Herr, siehst du nicht, wie ich untergehe in all der Arbeit?
Wie ich versage in meinem Dienst?
Gib mir mitten in der Unruhe um mich her Stille,
auf dich zu hören.
Mach mich gewiß, daß du mir nicht mehr zumutest,
als ich leisten kann.
Hilf mir erkennen, was unnötig ist.
Zeige mir Helfer.
Nimm alle Betriebsamkeit und Nervosität von mir.
Laß mich Zeit finden für die Menschen,
die mir heute begegnen.
Gib mir in aller Unruhe
deinen Frieden.

HERR, mein Beruf gefällt mir nicht.
Ich habe ihn mir nicht ausgesucht.
Nur gelegentlich macht er mir etwas Freude.
Die meiste Zeit jedoch stehe ich
widerwillig am Arbeitsplatz und
sehne den Feierabend herbei.

Ich muß das alles einmal klar vor dir aussprechen;
denn ich werde damit nicht mehr fertig.
Herr, der du die mühselig Dahinlebenden einlädst,
damit sie bei dir Ruhe und Erquickung finden,
hilf mir,
daß ich mit meinem Beruf zufrieden werde.
Ich stehe nun einmal in ihm.
Er verschafft mir Auskommen für meine Familie.
Verhindere, daß die Arbeitsstunden
verlorene Lebenszeit werden.
Hilf mir,
treu zu sein und meine Arbeit so zu tun,
wie es dir gefällt.

Öffne mir die Augen für andere,
die ebenso unausgefüllt wie ich
ihre Arbeitszeit verbringen.
Laß uns miteinander erkennen,
daß nicht die eintönige Pflicht die Hauptsache ist,
sondern das menschliche Zusammenleben und
das Wirken für andere auch im Beruf.
Du hast alles in Händen.
Darum verlassen wir uns auf dein treues Leiten
in jedem Gebiet unseres Lebens.
Hilf uns, dankbar und zufrieden dir zu dienen
an dem Platz, auf den du uns gestellt hast.

HERR, ich frage dich um Rat.
Soll ich rechts oder links gehen? Oder geradeaus?
Die Entscheidung kommt täglich näher.
Aber in mir und um mich sind viele Stimmen,
und ich will doch deine Stimme, Herr, hören.
Ich brauche jetzt deine Weisung.
Du hast deinen Plan, du weißt doch den Weg.
Aber schon kommen die Zweifel:
Wie erfahre ich deinen Willen?
Und wenn ich ihn kenne,
will ich mich wirklich nach ihm richten?

Herr, bitte, sprich mit mir.
Du weißt, wieviel davon abhängt.
Du hast so viele Möglichkeiten.
Hilf mir, auf deine Winke zu achten,
so klein sie sein mögen.
Laß mich auch meinen Verstand gebrauchen,
so wie du ihn mir gabst.

Herr, ich warte.
Ich kann jetzt gelassen
und doch gespannt auf dich achten.
Wie gut habe ich es darin!
Ich habe deine Hand.
Sie genügt völlig.
Ich weiß es wieder sicher:
Geführt von deiner Hand,
kann ich entscheiden.
Dank sei dir!

In wenigen Stunden ist Montag.
Fast im Gleichschritt tritt man die Arbeit an.
Ich werde wieder an meinem Platz stehen.
Ich werde wieder mit Liebe
oder mit Streit beginnen.
Ich möchte mich wieder tarnen,
daß keiner mich kennt.
Ich habe Angst.
Ich habe Angst, daß jemand
meine Liebe einfordert,
meine Geduld und meine Nerven.
Mit dir aber, Gott,
brauche ich keine Tarnung.
Gib mir Mut für diese Woche.
Montag ist Montag.

Herr, unser Gott, wir legen jetzt
die Arbeit aus den Händen;
denn es ist Feierabend geworden und die Nacht kommt.
Wir danken dir, daß du uns Arbeit gibst.
Wir danken dir, daß du uns Gesundheit
und Kraft dazu schenkst.
Wir danken dir auch für alles,
was in unserem Beruf schwer ist.
Du willst uns dadurch aufmerksam machen,
daß wir ohne dich nichts tun können.
Wir möchten alles in deinem Namen tun.
Laß gelingen, was vor dir bestehen kann.

Herr, ich sage es mir selber.
Mein Beruf ist nicht alles, du hast mir eine Familie gegeben.
Ich weiß es noch genau, wie ich dich darum gebeten habe.
Ich will mehr an meine Frau und an meine Kinder denken,
und vor allem will ich mich mehr mit ihnen
und an ihnen freuen.
Beim Ärger des Tages will ich nicht vergessen,
daß ich abends in meine Familie zurückkehren kann.
Wie vergnügt sind wir doch zuweilen.
Allein zu leben, ohne sie, könnte ich nicht ertragen.
Ich bitte dich,
bestärke mich in meiner Absicht,
meiner Frau ein rechter Mann und
meinen Kindern ein rechter Vater zu sein.

Herr und Gott, guter Vater im Himmel.
Du hast mich gerufen, deine große Welt mit allem,
was zu ihr gehört, mitzugestalten durch meine Arbeit.
Ich danke dir für deinen Auftrag,
für die Möglichkeiten und Fähigkeiten,
die du mir gegeben hast.
Hilf mir an jedem Tag, dir in allem zu dienen
durch eine gute Arbeit,
durch meine Hilfsbereitschaft,
durch mein Verstehen,
durch ein gutes Wort.
Durch gute Laune und heiteren Blick,
durch mein Beispiel will ich helfen
Gegensätze auszugleichen,
Mißtrauen abzubauen,
den sozialen Frieden zu wahren.
So darf ich beitragen zum Wohl meines Nächsten
und für eine bessere Welt.
Mein Leben soll dich preisen
und alles in dir seine Vollendung finden.

Gott, du hast uns in deinen Dienst gerufen
und unserer Arbeit Lohn zugesagt.
Deine Güte überwindet unseren Stolz
und unser Versagen.
Wir bitten dich:
Befreie uns von allem, was uns hindert,
deinem Willen nachzukommen.
Bewahre uns vor nutzloser Geschäftigkeit
und hilf uns auf, wenn wir müde sind.
Laß uns das Ziel erreichen,
das deine Gnade uns gesetzt hat.

Herr,
du hast mir die Kollegen zu Nächsten
gesetzt,
mit denen ich viele Stunden des Tages
verbringe.
Hab Dank für alle Gemeinsamkeiten,
die uns verbinden.
Wir hätten uns gegenseitig nicht als Freunde
gesucht.
Aber nun gehören wir zusammen
und nehmen teil am Leben des anderen,
an seinen Freuden und Nöten.
Laß uns die Verantwortung erkennen,
die wir dadurch füreinander haben.
Bewahre uns davor,
den eigenen Vorteil zu suchen.
Hilf durch alle Spannungen hindurch,
die im täglichen Beisammensein
entstehen.

HERR GOTT, lieber Vater!
Zu dir rufe ich in der Not meiner Untätigkeit.
Andere arbeiten, ich stehe abseits.
Ich kann meine Familie nicht erhalten.
Siehst du nicht, wie ich darunter leide?
Wie lange willst du mich denn noch warten lassen?
Du Herrscher im Himmel und auf Erden,
erbarme dich und wende meine Not.
Laß mich doch erkennen,
was du mir durch diese Zeit der Arbeitslosigkeit
sagen willst.
Gib auch mir wieder eine Arbeit nach deinem Willen,
denn du vermagst alles.

GIB allen Arbeit
nicht zu viel, aber ausreichend,
um das tätige Leben sinnvoll zu erfahren.
Daß unser Geist und unsere Hände
uns näher zueinander bringen,
daß wir miteinander eine Welt bauen,
in der das Leben lebbar wird.

HERR,
an meinem Arbeitsplatz sitzt jetzt ein anderer.
Er macht die Arbeit, die früher meine war.
Fast möchte ich ihn beneiden,
denn mir fehlt jetzt eine Aufgabe,
die mehr ist als nur Zeitvertreib.

WENN wir in unserer Arbeit keine Freude finden,
wenn wir unsere Aufgabe widerstrebend erfüllen,
wenn wir müde und ungeduldig sind,
lehr uns dann einsehen:
Nicht an der Arbeit haftet die Sünde,
sondern an uns selbst.
Daß Arbeit oft nicht adelt, sondern knechtet,
mehr Fluch ist als Geschenk,
Ursache der Entfremdung,
ist auch unsere Schuld.
Gib uns die Einsicht und die Kraft,
für ein neues System zu kämpfen,
auch wenn uns dieser Einsatz schwerfällt.

HERR JESUS CHRISTUS,
ich opfere dir meinen Tag,
meine Arbeit, meine Kämpfe,
meine Freuden und Leiden.
Laß mich, wie auch alle meine Arbeiterbrüder
und -schwestern,
denken wie du,
arbeiten mit dir,
leben in dir.
Gib mir die Gnade,
dich mit ganzem Herzen zu lieben
und dir mit allen Kräften zu dienen.
Dein Reich komme in die Fabriken,
die Werkstätten,
die Büros,
die Lager und in unsere Häuser.
Gib, daß die Arbeiter, die heute in Gefahr sind,
in deiner Gnade bleiben.
Laß die verstorbenen Arbeiter,
die wir durch unser Gedenken ehren,
durch deine Barmherzigkeit in Frieden ruhen.

Herr,
was willst du, daß ich tun soll?
Wenn ich dir nur diene,
so soll es mich nicht kümmern,
womit ich dir diene.
Mein Herr, ob ich laufe oder stillstehe,
ich bin ganz dein, und du bist ganz mein;
alles, was ich tue,
geschehe aus Liebe zu dir.

Lieber Vater,
in meinem Berufe ist dein Wort und Befehl.
Darauf gehe ich hin und werfe heute mein Netz aus
und laß dich sorgen, daß es geraten werde.
Ich bitte allein,
gib deinen Segen und das Gedeihen dazu.

Ich male in den Staub des Werktags
ein neues Bild von mir.
Es trägt die Spuren von gestern.
Es trägt auch die Spuren des Frühlings
und die Spuren von besserer Zeit.
Werde ich das Bild behalten?
Werde ich die Spuren des Frühlings fühlen?
Die Spuren von Liebe?
Ich male in den Staub des Werktags
ein neues Bild von mir.
Hauche es an, Gott, damit es lebt!

Herr unser Gott,
du hast uns Menschen große Fähigkeiten anvertraut.
Du gabst uns den Verstand, die Natur zu erforschen und sinnvoll zu gestalten.
Lehre uns,
deine Gaben in der Verantwortung vor dir und zum Wohl der Menschen zu gebrauchen.
Laß uns erkennen,
daß wissenschaftliche Redlichkeit den Glauben an dich nicht ausschließt.
Erwecke uns vielmehr durch solchen Glauben
zu vermehrter Sorgfalt,
zu tieferer Ehrfurcht und zu größerer Bescheidenheit.

Wir bitten dich für alle, die in der Forschung wirken:
Laß sie immer darauf bedacht sein,
mit dem Menschen, der dein Geschöpf ist,
sorgsam umzugehen.
Wehre der Vermessenheit, die Kräfte der Erde,
vor allem ihre nuklearen Energien,
im Dienst der Gewaltanwendung oder gar der Vernichtung des Lebens zu mißbrauchen.
Zeige uns vielmehr, wie wir sie friedlich:
zur Förderung des Lebens,
zur Sättigung der Völker und
zur Bekämpfung der Seuchen, nützen können.

Wir bitten dich für alle, die unterrichten und ausbilden:
Gib ihnen Verständnis und Geduld für ihre Schüler,
Studenten und Praktikanten.
Schenke ihnen Kollegialität im Mitarbeiterkreis,
Weisheit zu rechtem Urteil,
Initiative, wo durchgreifende Hilfe geboten ist,
Freimut zu aller geistigen Auseinandersetzung.
Nimm die Vernunft und alle Kräfte des Verstandes
in Zucht und wirke Einsicht in der Furcht des Herrn,
die aller Weisheit Anfang ist.

Herr Gott, lieber Vater, ich danke dir,
daß du mich so reich gemacht hast:
ich habe Mann und Kinder und kann trotzdem noch
meinen Beruf ausüben.
Ich weiß, viele beneiden mich um diese
doppelte Möglichkeit.
Aber in diesem Reichtum liegen auch Probleme.
Ich muß immer aufpassen, daß ich nicht
über meine Kraft lebe.
Sowie das passiert, leide nicht nur ich,
sondern die Menschen, die mir die Nächsten sind
und auch die, mit denen ich im Beruf zu tun habe.
Immerfort muß ich Entscheidungen treffen:
was ist vordringlich, was nebensächlich,
was muß ich lassen, was kann ich tun?
Manchmal ist es schwer, jeden Tag den Absprung zu finden
aus der Welt der Familie in die Welt des Berufs –
aus der Welt des Berufs in die Welt der Familie.
Oft fürchte ich mich davor,
daß etwas zu kurz kommt: Familie oder Beruf.
Ich bin betrübt,
daß die Menschen mir verkehrte Motive unterschieben:
„Weshalb tut sie das? Es geht ihr doch nur ums Geld."
Du weißt, es geht auch ums Geld.
Ich muß meinem Mann beistehen in der Abzahlung
seiner Ausbildungskosten.
Es geht aber nicht um Geldgier oder Luxus.
Ich danke dir, daß du meiner Mutter die Kraft gibst,
täglich sechs Stunden unsere Kinder zu versorgen.
Ich weiß, wieviel Dank ich ihr schulde –
aber manchmal versteht sie mich nicht
und macht es mir schwer.
Bleibe du in unserer Mitte und gib uns offene Augen
füreinander.
Hilf meinem Mann und mir,
die richtigen Entscheidungen zu treffen,
daß wir an den Kindern nichts versäumen.

Gebete für die freie Zeit

Vor aller Gefahr,
Herr, mich bewahr.
Zu Wasser und zu Land
mich hüte deine Hand,
daß heil und froh ich wiederkehr,
o Herr, ich bitt dich sehr.

VATER, du hast diese Welt gemacht.
Auch den Sonntag, die Ferien, die Freiheit
und die frische Luft.
Sei bei allem, was ich heute tue,
zu Hause, draußen, mit meinen Freunden.
Hilf mir, daß ich mich über alles freue,
das du für mich gemacht hast.

SCHÖN ist deine Welt.
Wir lernen ein neues Stück
von ihr kennen:
die Berge, das Meer, das weite Land.
Gib uns schöne Ferien
mit Freude und Erholung
und ohne Unfall.
Auch wenn es einmal regnet
und wir nicht hinausgehen können,
laß es nicht langweilig werden.
Vater sagt manchmal,
das ganze Leben ist eine Reise.
Fahr du mit uns,
damit wir gut ankommen!

ENDLICH Ferien
Das war auch nötig.
Die Schule ist mir zuletzt auf die Nerven gegangen.
Immer wieder neuen Ärger.
Zuletzt haben wir mit der ganzen Klasse
die Tage gezählt:
noch zehn, noch acht, . . .
Und jetzt ist es soweit.
Sechs Wochen lang Ruhe.

Ferien,
Zeit zum Ausruhen, zum Schlafen,
für Musik und Feier,
für Sport und Ausflüge,
Ferien, Freizeit,
freie Zeit für mich.

Danke für die Ferien.
Ich freue mich so darauf.
Ich bin glücklich.
Es ist schön,
auszuspannen und Ruhe zu haben.
Man müßte eigentlich viel mehr Ferien haben.
Obwohl – nur Ferien,
das wäre auch nicht gut.
Ein Stück Arbeit,
danach wieder auftanken
und neue Kraft bekommen,
so ist es richtig.

Laß die kommenden Ferien schön werden,
voller Erlebnisse und Spaß.
Und bewahre mich vor jedem Unglück.
Schenke auch denen Freude und Erholung,
die nicht wegfahren können,
die arbeiten müssen
oder die krank sind.

FREUDE an der Musik
liegt mir im Blut.
Musik hilft mir,
Freunde zu finden.
Welch eine Lust,
nach Musik zu tanzen,
die Geschmeidigkeit des Körpers
im Rhythmus zu spüren!
Es ist herrlich,
zu musizieren,
zum Beispiel Trompete zu blasen,
oder auch nur zu pfeifen.
Musik ist in der ganzen Schöpfung versteckt:
im Rauschen des Windes,
im Plätschern des Regens,
im Zwitschern der Vögel,
im Brausen der Meeresbrandung,
im Gang der Mädchen auf den Straßen,
im Motorengeräusch meines Wagens
ist Musik,
damit Menschen sie entdecken und sich entspannen.
Dafür preise ich dich, Gott, mit Musik!

HERR, du hast uns zur Freude berufen.
Die Arbeit allein kann uns nicht ausfüllen.
Darum gib du uns Sinn für die Freude,
für Fest und Feier,
für Spiel und Erholung,
für Bildung und Kunst,
für das Zusammensein mit Menschen,
die wir lieben,
die uns erwarten,
die unsre Nähe brauchen.
Herr, du hast uns zur Freude berufen;
vollende unsere Freude in dir.

ICH schaffe es nicht, völlig abzuschalten.
Ich bin so an Lärm und Hast gewöhnt,
daß mich die Stille nervös macht.
Schenke mir den Abstand von meiner Arbeit,
damit ich mich erholen kann.

MEIN GOTT, mir geht es gut!
Ich habe das Notwendige – und ich habe mehr!

Ich kann in meiner freien Zeit die Schönheit
deiner Welt bewundern.
Die Erfolge unseres Fortschrittes genießen.
Ich kann reisen – die Welt erleben.
Ich kann Konzerte besuchen und das Theater,
mich im Kino und beim Fernsehen erholen,
mich durch das Radio berieseln lassen.
Ich kann mich freuen bei Tanz und Geselligkeit.
Ich kann sehr viel erfahren
und die Welt noch besser kennenlernen.
Vieles tu ich zusammen mit jemandem,
den ich gern habe.

Gib, daß ich alles recht einteile,
klar erkenne, sachgerecht werte.
Daß ich nicht müde und träge
die neue Woche beginne.
Ich möchte so gern Zeit haben in der
Freizeit.
Laß mich, Herr,
Zeit zur Muße,
Zeit zur Besinnung finden,
Zeit für mich,
Zeit für meine Mitmenschen,
Zeit für dich,
mein Gott.

HERR,
ich habe einen gesunden Körper
und danke dir dafür.
Ich danke dir auch dafür,
daß ich Sport treiben kann;
denn es macht mir Spaß,
im Wettbewerb herauszufinden,
was ich leisten kann.
Herr, ich bitte dich,
laß mich im Eifer des Trainings und Spiels
nicht die Regeln der Fairneß vergessen.
Aber hilf mir auch,
daß ich über dem Sport
meine Verantwortung
in Familie und Beruf
nicht vernachlässige.
Erhalte mir meine Freude am Sport,
ohne daß diese Freude
eine Last für andere wird.

GOTT, ich danke dir
für die Freude an Sport und Spiel.
Ich danke dir für die Kameradschaft und Freundschaft,
die ich dabei erlebe.
Hilf mir,
auch im Gegner beim Wettkampf den Freund zu sehen.
Laß mich im Sieg nicht überheblich werden
und in der Niederlage nicht verzagen.
Alles, was du geschaffen hast, verherrlicht dich,
auch der Leib des Menschen, den du so wunderbar
aus dem Staub der Erde gemacht hast.
Hilf mir,
dich in allem zu verherrlichen,
und gib mir am Ende den Siegespreis,
den du verheißen hast.

Herr mein Gott
ich freue mich daß es wieder Sonntag geworden ist
daß ich die Arbeit eine Weile beiseitelegen kann
daß ich ein bißchen mehr Zeit habe
für mich
für die andern
für dich.
Ich freue mich
aber ich weiß auch
daß es mir unendlich schwerfällt,
die Gelegenheit wahrzunehmen wirklich
innezuhalten.
Zu dicht steht die Arbeit noch vor mir
auch wenn sie ruht.
Zu nahe bleiben mir die täglichen Sorgen,
bleibt mir meine Unzufriedenheit
bleibt meine Unruhe.
Zu sehr fürchte ich die Stille
weil sie meine innere Leere aufdecken könnte.
Herr ich möchte wirklich Sonntag feiern
ich möchte mich freuen an deiner Güte
ich möchte die Stille erleben in der du mir nahe bist.
Herr komm du
und laß es auch in mir selber Sonntag werden.

Herr, diesmal freue ich mich auf den Urlaub
wie noch nie.
Ich bin abgespannt und gereizt, ja richtig fertig.
Ich danke dir, daß ich jetzt ausspannen kann,
freie Zeit finde für meine Familie und andere Menschen,
die mir begegnen werden.

Herr, ich bitte dich:
bewahre mich vor übertriebenen Erwartungen
und unerfüllbaren Hoffnungen.

Herr,
du Schöpfer und Bewahrer des Lebens!
Jetzt in der Urlaubszeit sind viele Menschen
unterwegs
mit dem Auto,
der Bahn,
dem Schiff und dem Flugzeug.
Du, der Herr über Schienen und Straßen,
über Luft und Meer,
bewahre deine Menschenkinder,
schütze sie vor Unfall und in Lebensgefahr
und laß sie wohlbehalten und gesund
an ihr Ziel gelangen.
Erfülle ihre Sehnsucht und ihre Freude
mit deinem Geist,
damit ihr Urlaub nicht versande
im geistlosen und ermüdenden Vergnügen.
Gib ihnen Ruhe für ihren
erschöpften Leib und ihre angestrengte Seele.
Laß viele den Sinn ihres Lebens entdecken bei dir,
der Quelle aller tiefen Freude
und alles ursprünglichen Lebens.

Herr, ich danke dir
für die Urlaubstage,
für die freie Zeit und die Erlebnisse,
die sie ausgefüllt haben.
Jetzt muß ich in den Alltag an meine Arbeit
zurückkehren.
Gib, daß ich meine Aufgaben
mit Freude und Phantasie anfasse
und ihnen gewachsen bin.
Laß mich meinen Kollegen mit
größerer Geduld
und Hilfsbereitschaft begegnen.

ALLMÄCHTIGER GOTT,
Herr der Zeit,
Schöpfer der Welt!

Wir bitten dich für die vielen,
die unterwegs auf Reisen sind und die Abwechslung suchen,
um die Last des Alltags zu vergessen,
daß sie sich erholen und wieder neue Kräfte sammeln
und sich wieder freuen können, daß sie leben.

Wir bitten dich für die,
die von der Unruhe der Zeit getrieben sind,
um etwas zu erleben,
daß sie etwas finden, was sie glücklich macht.

Wir bitten dich für die,
die sich an der Schönheit der Welt erfreuen wollen,
daß sie das Schöne dankbar erleben.

Wir bitten dich für die Menschen,
denen wir auf Reisen begegnen und die uns begegnen,
daß wir ihnen offen und frei entgegengehen
und sie menschlich behandeln.

Wir bitten dich für die,
die durch Krankheit und Schwäche an ihr
Zuhause gebunden sind,
laß sie in der Eintönigkeit nicht
verbittern.

Herr, du hast uns erschaffen,
wir sind unterwegs zu dir,
führe uns sicher durch Freud und Leid
hin zu dir – in deine Zeit.

Herr, wie schön ist doch unsere Welt,
die aus deiner Hand hervorgegangen ist,
und wieviel Interessantes ist an ihr zu entdecken.
Wieder einmal kann ich ein Stück von ihr
kennenlernen, und dafür danke ich dir.
Ich bitte dich,
gib mir offene Augen für alles,
was mir auf dieser Reise begegnet.
Laß mich über schönen Städten und Landschaften
nicht meine Mitmenschen vergessen.
Hilf mir,
Verständnis für ihre Sitten und Gebräuche zu haben,
und nicht meine eigenen Gewohnheiten zum
alleinigen Maßstab zu machen,
sondern echte Toleranz zu üben.
Hilf mir,
Achtung zu haben vor fremden Formen
des religiösen Lebens.
Laß mich die Bekanntschaft mit fremden Menschen
und Völkern als Bereicherung erfahren, als Zeichen dafür,
daß wir alle Schwestern und Brüder sind
in der einen Welt, die du, Herr,
geschaffen hast.

Womit füllen wir den Sonntag?
Womit unsere freie Zeit?
Mit Abfällen des Werktags?
Mit Musik, Geselligkeit, Spiel?
Mit Frühlingsluft und Familienausflug?

Womit füllen wir das Loch, das man Seele nennt?
Mit Idealen, Wünschen, Träumen?
Mit einer Theorie vom Zufall?
Mit einer Theorie vom Recht des Starken?
Oder: mit dem lebendigen Gott?

HERR, gern würde ich weite Reisen unternehmen.
Ich möchte Menschen kennenlernen und ihre Länder.
Ich möchte wortlos mit der Fülle deiner Schöpfung reden.
Ich möchte dich finden in der
Eigenen Kultur jedes einzelnen Volkes.

Gib mir Augen, die deine Herrlichkeit
In jedem Land entdecken.
Mache mich willig,
Meinen Brüdern zu begegnen und zu erfahren,
Wie sie leben,
Wie sie sprechen,
Wie sie dich preisen –
Und wie du sie erlöst.

HERR,
Information und Unterhaltung
wird mir täglich angeboten:
durch Zeitung, Rundfunk oder Fernsehen.
Vieles erfahre und erlebe ich dadurch,
was ohne das nicht möglich wäre.
Aber das Angebot ist so groß,
daß ich oft in Gefahr bin,
mich wahllos berieseln zu lassen
oder meine Pflicht,
mich zu informieren,
ganz zu vergessen.
Ich bitte dich,
gib mir die Gabe der Unterscheidung,
damit ich erkenne,
was mir hilft
und mein Blickfeld erweitert,
was mich zum eigenen Nachdenken anregt.
Laß mich nicht zum kritiklosen Konsumenten werden.
Herr, bewahre mich vor geistiger Trägheit.

Dankgebete

Vater Gott, ich danke dir,
daß ich dein Kind sein darf,
in deiner Liebe geborgen,
was auch geschehen mag.

HIER bin ich,
Gott, unser Vater.
Ich danke dir,
daß ich leben darf.
Ich danke dir für alle Menschen,
die mich lieben,
und dafür, daß ich
ein Zuhause habe.

ICH habe einen schönen Stein bekommen
aus einem fernen Land.
Er ist durchsichtig blau,
genauso wie der Himmel.
Er ist, als ob darin
etwas gezeichnet wäre.
O Gott,
daß du so etwas Schönes machen kannst!
Wie gern möchte ich selber
so etwas Schönes machen!

Wer hat die Sonne denn gemacht,
den Mond und all die Sterne?
Wer hat den Baum hervorgebracht,
die Blumen nah und ferne?
Wer schuf die Tiere groß und klein?
Wer gab auch mir das Leben?
Das tat der liebe Gott allein,
drum will ich Dank ihm geben.

Grosser Gott,
du hast mir mein Leben geschenkt,
mein Zuhause und noch viele schöne Sachen dazu.

Ich danke dir
und will es nicht vergessen.

Jesus,
du hast mir dein Leben geschenkt.
Du zeigst mir, wie ich glücklich sein kann.

Ich danke dir
und möchte immer zu dir gehören.

Heiliger Geist,
du machst mir Mut,
ein Christ zu sein und die Menschen zu lieben.

Ich danke dir
und bitte dich: Bleib immer bei mir.

Lieber Vater im Himmel,
ich habe Vater und Mutter.
Wir haben eine Wohnung, einen Tisch und ein Bett.
Wir danken dir.
Wir haben gegessen und getrunken.
Wir danken dir.
Wir können laufen und springen.
Wir danken dir.
Wir können sehen und hören.
Wir danken dir.
Wir können spielen und lustig sein.
Wir danken dir.
Wir sind gesund und lebendig.
Wir danken dir. Segne uns.

Gott,
wir danken dir für die Sonne und das Licht,
für die Blumen und die Vögel.
Wir danken dir für die Eltern
und für unsere Freunde,
für alle Menschen, die unsere Brüder sind.
Wir danken dir für deinen Sohn Jesus Christus,
der uns gezeigt hat, wie du bist.
Mit allen, die dich lieben,
singen wir dir unseren Dank.

ICH schreibe gerne eine Zwei
im Diktat.
Ich spiele gern
mit meinen Geschwistern und Freunden.

Ich bin abends gern lange auf
und freue mich,
wenn Besuch kommt, der uns
etwas mitbringt.

Ich habe es gern,
wenn in meinem Zimmer
bunte Bilder
an der Wand hängen.

Ich liege gern
auf dem Fußboden
und höre mir Platten an:
Märchen, Cowboy-Geschichten und Abenteuer.

Im Sommer bin ich am liebsten
in der Badeanstalt.
Ich kann schon gut tauchen
und vom Dreimeter-Turm springen.

Das ist noch längst nicht alles.
Mir würde noch viel mehr einfallen.
Aber du weißt es ja auch so.

Ich wollte dir nur einmal
dafür danken,
daß es so vieles gibt,
was ich gern mag.

Lieber Vater, ich möchte dir danken
für die wunderbaren Dinge, die du uns geschenkt hast:
für die herrliche Sonne,
für den fruchtbaren Regen,
für die Wälder und Felder,
für das Meer und den Himmel,
für die Blumen und die Vögel
und für alle deine Gaben.
Alles um uns herum erfreut uns.
Auch ich möchte Freude bereiten.
Gib mir ein dankbares Herz.

O Gott, der Erde bunte Pracht
hast du aus nichts hervorgebracht,
und weiter wirkst du allerenden
mit deinen und mit unsern Händen.
Wir danken dir, daß du uns liebst
und uns die schöne Erde gibst.

Dank, Herr, für die Freude
an diesem Sonntagmorgen.
Dank für das Glück,
diese geliebten Gesichter eine Weile
vor deinem Angesicht versammelt
zu sehen.
Dank für die Gnade,
in ihnen deine Gegenwart hier
zu erkennen.
Dank dafür, daß du der Auferstandene,
der Lebendige bist.
Und dein Leib –
o Wunder –
das sind wir!

Wir danken dir,
weil du ein Gott der Liebe bist,
weil du auch dort liebst,
wo wir Menschen nicht mehr lieben können,
und uns die Kraft zur Liebe gibst. –
Wir danken dir,
weil du ein Gott der Treue bist,
weil du zu uns stehst,
uns hältst
und uns die Kraft
zur Treue gibst. –
Wir danken dir,
weil du ein Gott der Freude bist,
weil du uns diesen Tag gegeben hast,
an dem wir uns in deiner Freude finden. –
Wir danken dir,
weil du ein Gott der Menschen bist,
weil du der Menschen Wege zusammenführst,
zueinander und zu dir.

Herr, es war ein schöner Tag:
Sonne, Freude, Leuchten.
Ich danke dir.
Ich danke dir mit meinem Herzen,
das glücklich ist.
Glücklich in der Geborgenheit
deiner Güte.
O Herr, wie gnädig bist du,
wie herrlich!
Und ich bin dein Kind, dein frohes Kind.
Ich danke dir, Herr.
Ich danke dir.

Die Hand
die mein Halt ist
das Band
das mich befreit
der Mund
der mir Stimme gibt
das Ohr
das mich horchen läßt
das Zeichen
das mich erst lehrt zu sein
das Haus
das mich leben läßt
gern sage ich Dank.

Dank
für Geist und Hände,
für das Brot, das wir verdienen,
für die Kunst, die wir schaffen,
für unser Wissen und Können,
für die Früchte unserer Zusammenarbeit.
Dank für alles,
was wir für andere leisten
und für die Arbeitsfreude, die wir spüren
trotz Eintönigkeit und schwerer Belastung.
Dank für die Aufgabe,
die uns anvertraut wird.
Dank für die Erde,
unser eigenes Arbeitsfeld.
Dank für die Gemeinschaft,
in der wir zu uns selber kommen.
Dank.

Ich danke dir, daß ich geboren bin,
daß ich Augen bekommen habe,
um die schöne Erde zu sehen,
und Ohren, daß ich den Wind
durch die Bäume rauschen hören kann,
und einen Mund,
um sagen zu können,
was ich denke und fühle.
Ich kann gehen,
und meine Hände
können etwas machen.
Ich darf die Menschen lieben.
Du hast mich erdacht, Gott,
und du weißt, wer ich bin.

Lieber Gott, Jesus, dein Sohn,
ist durch die Städte und Dörfer gezogen
und hat sich um die Leute gekümmert.
Er hat Kranke gesund gemacht,
und Traurige wurden wieder fröhlich.
Aber nur wenige haben ihm dafür gedankt.
Auch mir geht es so.
Immer wieder vergesse ich, dir für alles Schöne und Gute,
das ich empfange, zu danken.
Das soll nun anders werden.
Ich danke dir, daß ich gesund bin.
Ich danke dir, daß ich genug zu essen habe.
Ich danke dir, daß meine Eltern sich um mich sorgen.
Ich danke dir, daß ich Freunde habe.
Ich danke dir, daß ich lernen kann und darf . . .
Lieber Gott,
ich will mich bemühen,
nichts als selbstverständlich anzusehen.
Alles,
ja alles ist Geschenk von dir.

Weil du uns lehrst zu lachen
über die Eitelkeit der Großen,
weil du uns den Humor empfiehlst
gegen das Versauern des Lebens,
weil du uns nachsinnen läßt
über das Komische dieser Zeit, danken wir dir.
Kurzsichtig und engstirnig sind wir und werden oft böse.
Deinen weiten Blick trifft niemals ein Ärgernis.
Wir danken dir für alles,
aber vor allem
für dich.

Herr, ich danke dir,
daß ich lebe.
Auch wenn ich Sorgen habe und täglichen Verdruß
und weiß, daß manches Schwere meiner wartet,
so bin ich doch darüber froh,
daß ich bin und lebe und wirken kann.
Herr, ich danke dir,
daß ich den Reichtum deiner Liebe auch genießen kann,
den du mir geschenkt:
die Schönheit der Natur,
die Freude an den Mitmenschen,
das Glück des eigenen Herzens,
deine Nähe und das Bewußtsein,
daß ich von dir geliebt,
angenommen und reichlich gesegnet bin.

Herr, Vater!
Wir danken dir, daß es dir gefallen hat,
die Erde ins Dasein zu rufen.
Du hast sie mit viel Schönheit ausgestattet.
Du hast uns Augen geschenkt,
all das Schöne zu sehen.
Und ein Herz, das sich daran freuen kann.
Habe insbesondere Dank,
daß Alt und Jung
sich auf den baldigen Frühling freuen darf.
Wir bitten dich aber auch
für die Kranken und Sterbenden,
die Abschied nehmen müssen von dieser Welt.
Zeige ihnen,
daß Christus hingegangen ist,
uns eine gute Stätte zu bereiten.
Unsere Erdenzeit steht in deinen Händen.

Hilf uns Menschen
des technischen Zeitalters erkennen,
daß die Pflanzen, die Tiere und die Menschen
deine Geschöpfe sind.
Wecke neue Verantwortung
dem Geschaffenen gegenüber.
Erhalte uns die Wälder, das Wasser und die Luft.
Deine reichen Gaben lehre uns so gebrauchen,
daß kein Mensch mehr Hunger haben muß.
Wehre allem, was zu einem Atomkrieg treibt.
Gib, daß unser Geschlecht das Denken lerne.
Laß viele einstimmen in das Tischgebet:
„Aller Augen warten auf dich,
und du gibst ihnen ihre Speise
zur rechten Zeit.
Du tust deine Hand auf
und sättigst alles, was lebt,
nach deinem Wohlgefallen."

Du atmest Licht und Feuer
doch nicht als Blitz und flüchtig schnell
vielmehr die ganze lange Zeit
voll vom Geschmack nach Ewigkeit

du grenzenloser tiefer Raum
in deiner Liebe ruhen wir
in bodenloser Bettung ohne Ufer
aus Launen oder wechselnder Gezeit

dein Name lautet Liebe
die warme Kraft all unsern Liebens
und unser armes Geben und Empfangen
ist göttlich als ein Widerschein von dir

wir danken dir für deinen Atem der uns beseelt
für deinen Raum der uns den Ausblick bietet
auf Menschen die wir lieben dürfen
Auge in Auge und Hand in Hand

wir danken dir für deine Liebe
die uns die wilde Freude nicht mißgönnt
zu leben und uns völlig hinzugeben
den Menschen die uns nahe sind

wir danken frei und sind nicht unterwürfig
geschieht es auch sehr oft in Schmerz und Qual
daß unsere Liebe mühsam wächst
und weint auch wenn sie herrlich blüht.

Danken
heißt froh verwundert denken
an den Geber und seine Gaben.
Die große Gabe,
für andere sein zu dürfen,
Gemeinschaft bilden zu können,
verdanken wir dir,
dem Brunnen aller Gaben,
der tiefsten Bindung jeden Miteinanders.
Wir danken dir, weil wir
sprechen und zuhören,
geben und empfangen,
mitleiden und ermutigen,
einander die Lasten tragen,
Antwort geben auf die vielen Fragen,
die Not der Welt zu unserer machen,
füreinander da sind.

Ja, es ist unsere Freude,
dir Dank zu sagen,
Herr und Gott,
Vater aller Güte.

Denn du hast alles hervorgebracht
zur Freude der Menschen.
Du hast das Wasser geschaffen,
damit es die Erde fruchtbar macht
und uns in der Taufe das neue, wahre Leben gibt.
Dein Wille war es,
daß nicht Korn und Traube
der Leib und das Blut
deines Sohnes würden,
sondern Brot und Wein.
So vermählt sich nämlich der Menschen Arbeit
mit dem Wirken und der Zärtlichkeit deiner Liebe.

In Jesus Christus, deinem Sohn,
der wahrer Gott und wahrer Mensch zugleich ist,
hat sich alle Liebe eines rettenden Gottes
mit dem rückhaltlosen Opfer
eines Menschensohns vereinigt,
so neu und unaufhörlich,
daß dieses Rettungswerk
alle Zeiten und Mächte überdauern wird.

Deshalb frohlocken wir mit der ganzen Schöpfung
und ihrem heiteren Blühen,
mit all dem, was wir von dir empfangen,
und mit allem, was wir an irdischen Gütern
und himmlischen Erwartungen
in Händen halten,
und singen den Lobgesang
deiner Herrlichkeit:
Heilig! Heilig! Heilig!

Im Lichte dieses Morgens erinnere ich mich an Güte
und Liebe, die mir erwiesen wurde,
an die Geste der Zuneigung von seiten eines Kindes.
Ich erinnere mich, wie ich einmal gelacht habe,
daß mir die Tränen nur so herunterliefen.
Ich erinnere mich an die Aufregung,
die Rufe, das schwankende Boot,
als wir unseren ersten Fisch an Land zogen.
Ich erinnere mich an Weihnachtsbäume,
an Geburtstagsfeiern,
an sonnige Tage am Strand
und an Regentage, als ich über die Höhen wanderte.
Herr des Morgens, hilf mir,
daß ich mich all dieser Augenblicke dankbar erinnere,
wenn ich jetzt zu den gewöhnlichen Dingen
des Tages übergehe.

NUN danket alle Gott
Mit Herzen, Mund und Händen,
Der große Dinge tut
An uns und allen Enden,
Der uns von Mutterleib
Und Kindesbeinen an
Unzählig viel zu gut
Und noch itzund getan.

Der ewig reiche Gott
Woll uns bei unserm Leben
Ein immer fröhlich Herz
Und edlen Frieden geben
Und uns in seiner Gnad
Erhalten fort und fort,
Und es aus aller Not
Erlösen hier und dort

Lob, Ehr und Preis sei Gott,
Dem Vater und dem Sohne
Und dem, der beiden gleich
Im höchsten Himmelsthrone,
Dem ewig-höchsten Gott,
Als es anfänglich war
Und ist und bleiben wird
Jetzund und immerdar.

Umkehr und Erneuerung

Ich denke nach. Manchmal bin ich nicht gut.
Ich werde traurig,
denn ich habe nicht immer die Wahrheit gesagt,
ich hatte keine Lust zu helfen, ich habe gestritten,
ich habe nicht an die anderen gedacht.
Ich habe manchmal vergessen, daß Gott mich mag.
Jesus sagt: Gott ist mein Vater.
Er mag dich.
Er verzeiht dir.

GOTT, ich danke dir,
daß du mich liebst
und mir die Sünden vergeben hast.
Du hilfst mir, gut zu sein.
Laß mich durch deine Liebe besser werden.
Laß mich gut sein zu den Menschen.
Gib mir die Kraft,
in Gemeinschaft mit dir zu leben,
anderen zu helfen
und ihnen Freude zu machen.
Dazu gib mir deinen Segen.

GOTT, wir Menschen machen immer wieder Fehler
und tun Böses.
Wir bitten dich um Verzeihung.
Wir nehmen uns vor besser zu werden.
Hilf uns dazu durch Christus, unseren Herrn.

GUTER Gott,
obwohl ich immer wieder Böses tue,
läßt du mich nicht im Stich und bist gut zu mir.
Immer wieder verzeihst du mir
und läßt mich neu anfangen.
Dafür danke.
Deinen Sohn Jesus hast du zu uns geschickt.
Durch seinen Tod hat er eine Brücke
zwischen uns Menschen und dir geschlagen.
So ist alles wieder gut.
Dafür danke, guter Gott.

VERGIB uns, Herr, unsere Schuld.
Verzeih,
wenn wir mit den Händen schlagen,
statt zu helfen;
wenn wir mit Worten verletzen,
statt zu trösten;
wenn wir den Verstand anstrengen,
um den anderen zu ärgern,
statt ihm Freude zu machen;
wenn wir den anderen auslachen und
ihn dadurch entmutigen, statt ihm Mut zu machen.
Herr, so werden wir schuldig
vor dir und den anderen.
Vergib uns unsere Schuld.

JESUS,
es ist oft schwer, die anderen zu verstehen,
den anderen zu helfen, die anderen zu lieben.
Manches habe ich falsch gemacht.
Aber ich will immer wieder anfangen,
es gutzumachen.

LIEBER Gott, ich bitte dich, verzeih mir,
daß ich manchmal so schlecht nachgeben kann
und meine Schwester herumkommandiere.
Sieh, ich knie jetzt vor dir und schaue dich an.
Mach mich wieder froh und hilf mir,
zu meiner kleinen Schwester lieb zu sein.

LIEBER Gott!
Vor dir kann ich mich nicht verstecken,
wenn ich bös war.
Du siehst alles und findest mich überall.
Aber wenn ich einsehe,
daß ich nicht recht gehandelt habe,
wirst du mir auch verzeihen.
Denn du bist ein barmherziger Gott,
der es gut mit mir meint.

JESUS, du bist mir immer nah.
Du schaust mich liebend an.
Du weißt, ich war nicht immer gut,
hab manches schlecht getan.
Sieh, ich bereue meine Schuld,

möcht gut sein so wie du.
Ich ruf zu dir: Erbarme dich!
Gib mir die Kraft dazu!

WENN ich böse bin,
weine und schreie ich
und mag nicht hören
und stampfe mit den Füßen . . .
Vater und Mutter schimpfen,
und ich bin zornig und traurig.
Lieber Gott,
ich will ja gar nicht böse sein,
ich möchte nicht,
daß Vater und Mutter
schimpfen müssen.
Lieber Gott, hilf mir!
Ich möchte wieder lieb sein!
Dann sind Vater und Mutter
wieder froh.

VATER im Himmel,
bitte, vergib mir die schlechte Laune
und die bösen Worte, die ich sagte.
Vergib,
daß ich unbescheiden war und das Beste
für mich wollte.
Vergib,
daß ich andere traurig machte.
Vergib mir das alles,
himmlischer Vater.

LIEBER Gott,
nun habe ich doch wieder geraucht!
Und wollte es gar nicht.
Weil ich ja weiß, was auf dem Spiele steht
und daß es mir nur schaden kann.
Zu Hause hatte ich versprochen: keine Zigarette!
Und dir auch, fast wie ein Gelübde.
Ich habe es mir leichter vorgestellt.
Immer habe ich gedacht:
Wenn ich nicht will, dann lasse ich es.
Zuerst ging es ja auch.
Aber vorhin im Aufzug roch es so stark nach Rauchen,
da konnte ich nicht widerstehen.
Jetzt sehe ich erst,
wie jämmerlich schwach ich bin.
Ich bitte dich:
Mach mich stärker, lieber Gott,
mach mich stärker.
Mach mich stärker in der Liebe zu dir,
in der Liebe zum Leben,
in der Liebe zu meiner Familie.
Damit ich lerne, mich zu überwinden,
überwinde du mich.

GOTT, Vater,
immerfort geloben wir Reue,
immerfort sündigen wir aufs neue.
Das muten wir dir zu.
Du aber willst den Menschen, der mit
zerknirschtem Herzen nach deinem Wort lebt.
Gib, daß wir unsere lahmen Beteuerungen
lassen und uns auf Jesu Weg begeben,
der gekommen ist, um deinen Willen zu erfüllen,
er mit uns, wir mit ihm, der mit dir und dem Geist
lebt und herrscht in alle Ewigkeit.

Gott, allmächtiger Vater.
Du bist der Herr über mein Leben.
Nichts ist vor dir verborgen.
Du hast mich gerufen, daß ich mein Leben vor deinem Angesicht prüfe.
Dein Sohn Jesus Christus hat mir vorgelebt,
wie ich deinen Willen erfüllen soll.
Auf seinen Namen bin ich getauft,
seinen Namen trage ich.
Darum will ich mein Denken und Tun
an seinem Denken und Tun messen.
Erleuchte durch deinen Heiligen Geist meinen Verstand,
damit ich die Sünden und Schwächen recht erkenne.
Bewege mein Herz, damit ich sie bereue,
bekenne und mich bessere.

Herr,
du weißt, wie oft ich es mir wünsche,
dir alles zu sagen
die ganze Wahrheit.
Du weißt,
daß ich vieles loswerden möchte.
Ich möchte Klarheit, Ordnung und Frieden.
Aber im entscheidenden Augenblick
kann ich mich nicht aufraffen.
Ich bin wie gelähmt.
Es wäre mir unmöglich, zu reden.
Aber ich fühle es,
daß ich irgendwann einmal davon reden muß zu dir.
Herr, du bist mir entgegengekommen,
dafür danke ich dir.
Gib mir den Mut, daß ich zu dir komme.
Ich möchte es.

Herr, richte uns!
Sprich dein klärendes Wort in unser Leben,
das so voll ist von Unzulänglichkeiten und Nachholbedarf,
so voll von Kleinmut und Selbstgerechtigkeit.
Sprich dein klärendes Wort, damit wir wieder atmen können
in der frischen Luft deiner Vergebung und deiner Liebe.

Unbarmherzig bin ich gewesen, Herr,
ich habe Unheil angerichtet,
ich habe Menschen verwundet,
ich habe sie zum Weinen gebracht,
ich habe den Kreis gesprengt,
die Tür hinter mir zugeschlagen,
ich habe Heiles zerstört,
Menschen wie Beute behandelt,
ich hatte Freude an ihrer Angst.
Du hattest Angst um meine Freude,
du lädst mich ein in deinen Kreis,
deine Tür steht mir offen,
du bist mir erste und letzte Hilfe,
du heilst,
du tust mir gut.
Du bist mein Weg,
ich werde zu den Menschen gehen,
ihre Wunden heilen,
ihren Klagen zuhören,
ihre Tränen trocknen,
ihre Parteien versöhnen.
Du bist der Friede,
ich werde dich stiften,
du bist die Wahrheit,
ich werde dich sagen.
Unbarmherzig bin ich gewesen, Herr,
ich möchte umkehren,
Herr, sei mir gnädig.

Herr, Gott, nimm von mir,
was mein ist an Dummheit,
Krankheit und Sünden,
und gib mir, was dein ist
an Liebe, Vergebung und Glück.
Nimm meine Angst und Armut
und gib mir dafür den Reichtum deiner Gnade.
Das ist ein seliger Tausch:
mein Eigensinn gegen deine Großmut.
Das ist ein fröhlicher Wechsel:
meine Traurigkeit gegen dein Leben.

Herr, unser Gott,
wer auch mir dir gebrochen hat, er kann zu dir zurück,
denn nichts ist unheilbar vor dir;
unwiderruflich allein ist deine Liebe.
Wir bitten dich, erinnere uns an deine Namen,
damit wir uns zu dir bekennen,
und sei unser Vater.
Immer von neuem schenk uns das Leben,
wie ein unverdientes Glück von Tag zu Tag
und für alle Zeiten.

Allmächtiger,
verzeih
meinen Zweifel,
meinen Zorn,
meinen Stolz.
Beuge mich
durch deine Gnade.
Richte mich auf
durch deine Strenge.

HERR, du kennst mich.
Ich bin weder ganz gut noch ganz schlecht,
weder gottlos noch gerecht.
Bei mir folgt auf das Vergehen die Buße
und auf die Vergebung wieder die Sünde.
Das ist nicht gut.
Herr, ich hoffe auf dein Heil,
obwohl ich dir nicht treu gedient habe.
An einem einzigen Tag ändere ich mich tausendmal,
wie ein Rad drehe ich mich unzählige Male.
Mit meinem Weizen ist Unkraut vermischt,
und der gute Samen wächst
unter den Dornen auf dem Acker deines Knechtes.
Sei barmherzig, Herr, mit meinem Wankelmut.
Geh nicht ins Gericht mit meiner Unbeständigkeit.
Du, der ewig Beständige, der sich nicht wandelt,
du bist mir Anfang, Ende und Mitte.

ALLMÄCHTIGER und barmherziger Gott,
du weißt, wie sehr wir gefährdet sind,
und daß wir als schwache Menschen
nicht standhalten können.
So mache uns gesund an Leib und Seele,
und was wir für unsere Sünden leiden,
laß uns mit deiner Hilfe besiegen.

Es ist doch Sünde, Herr,
daß wir nicht feinfühliger sind,
daß wir nicht besser erraten,
was andere von uns erwarten,
daß wir kurzsichtig sind, verblendet und oft so hart.
Ganz anders könnte das Leben sein,
wenn wir handelten wie du:
Die anderen annehmen, wie sie sind,
ihnen den Raum gewähren, sie selbst zu sein,
das Beste in ihrem Innersten ermessen.
Vergib uns unsere Schuld und hilf uns weiter.

Herr, deine Gegenwart
kann friedlich und freundlich sein,
wenn sie erwartet,
willkommen geheißen,
erbeten ist.
Aber deine Gegenwart kann auch
bitter und hart sein,
wenn du mich verfolgst,
bis ich mich endlich umwende zu dir.

Ich bin vor dir geflohen, Herr,
doch keinen Augenblick
hatte ich Frieden diese Wochen hindurch.
Ohne Aufhören lag dein Blick auf mir,
dein vorwurfsvoller Blick.

Gib mir, Herr,
daß ich dich fortan erkenne in deiner Übermacht
und in deiner Freundlichkeit!

Herr Jesus Christus,
du kennst alle meine Gedanken.
Du weißt, wie ich bin:
Ich zweifle oft an deinem Wort,
ich bewähre mich nicht als Christ,
mir fehlt immer wieder der Mut,
mich als Christ zu bekennen.
Herr, vergib mir!

Du kennst meine Ichsucht.
Du weißt, daß ich mehr zu sein meine
als andere Menschen.
Ich versage mich,
wo Bedrängte meine Zeit und Kraft
in Anspruch nehmen möchten.
Ich verletze durch harte, unüberlegte Worte
und durch scharfes Urteilen.
Herr, vergib mir!

Du kennst meine schlechten Gedanken,
meinen Neid, meinen Ehrgeiz.
Herr, verzeihe mir, daß ich deine Gebote –
bewußt und unbewußt – oft übertrete.
Mir tut dies alles herzlich leid.
Ich wollte mich oft ändern,
aber ich bin zu schwach
und sündige immer wieder.
Herr, vergib mir und ändere du mich!

BARMHERZIGER Herr,
Selbstsucht und Lieblosigkeit scheiden uns
immer wieder von dir.
Du kennst uns bis auf den Grund unserer Seele.
Du weißt auch, daß unser Schuldbewußtsein gering ist.
Deshalb ist so viel Irren und Versagen in unserem Leben.
Nimm uns gerade deswegen an.
Zerbrich, was dir nicht angehört, und begnadige uns –
allein um des Verdienstes unseres
Heilandes Jesus Christus willen.

GNÄDIGER Gott, wir merken immer wieder,
daß wir die Verbindung zu dir verlieren.
Es ist unsere Schuld, und wir legen sie dir jetzt vor.
Wir bekennen dir auch alles,
was sich an Irrtum und Versagen aus unserer
Gottesferne ergeben hat.
Nimm uns an und decke alles Böse gnädig zu.
Wir wollen wieder zu dir.
Sei unser Vater und erbarme dich über uns!

WENN ich in deiner Gnade bin, Herr,
so erhalte mich!
Wenn ich sie verloren,
so laß mich ihrer teilhaft werden!
Lieber wollte ich sterben,
als nicht in deiner Gnade sein!

HERR, du kennst mich, und du hast mich erwählt.
Nimm mich also, wie ich bin, und zeige mir,
wie du mich haben willst.

MACHE, o Herr,
daß wir alle vollkommen vergeben,
damit wir unsere Feinde deinetwegen aufrichtig lieben
und für sie bei dir andächtig fürbitten,
nicht nur keinem Böses mit Bösem vergelten,
sondern uns auch bemühen,
allen in dir nützlich zu sein.

HERR unser Gott, wir bekennen dir,
daß wir den Reichtum deiner Güte zu wenig achten
und nach der Gabe deines Heiligen Geistes
wenig Verlangen haben.
Darum fehlen uns Liebe und Gehorsam,
Zucht und Freude,
Geduld und Weisheit.
Wir sind sie dir und uns gegenseitig vielfach
schuldig geblieben.
Vergib uns unsere Schuld um Jesu Christi willen
und erneuere uns durch deinen Heiligen Geist
zu einem Leben in der Kraft des Glaubens.

ERBARME dich unser,
erbarme dich unseres Strebens,
daß wir dir in Liebe und Glauben,
Gerechtigkeit und Demut folgen,
in Selbstzucht und Treue und Mut,
und in Stille dir begegnen.
Gib uns reinen Geist,
damit wir dich sehen, demütigen Geist,
damit wir dich hören, liebenden Geist,
damit wir dir dienen, gläubigen Geist,
damit wir dich lieben.

HERR, Gott,
im Lichte Jesu, deines Sohnes,
sehen wir die Sünde dieser Welt;
seit er gekommen ist, um für uns deine
Barmherzigkeit zu sein,
ermessen wir,
wie hart und gnadenlos wir miteinander leben.
Wir bitten dich,
erneuere uns nach seinem Beispiel auf ihn hin,
daß wir nicht länger Böses mit Bösem vergelten,
sondern Frieden stiften und
die Wahrheit tun heute und alle Tage,
die wir noch leben dürfen.

ICH brauche dich,
daß du mich lehrst Tag um Tag,
nach jeden Tages Forderung und Nöten.
Gib mir, o Herr, die Klarheit des Gewissens,
die allein nur deinen Einhauch fühlen und begreifen kann.
Meine Ohren sind taub,
ich kann deine Stimme nicht vernehmen.
Meine Augen sind trüb,
ich kann nicht deine Zeichen sehen.
Du allein kannst mein Ohr schärfen und
meinen Blick klären und reinigen und
erneuern mein Herz.
Lehre mich zu deinen Füßen sitzen
und hören auf dein Wort.

Ich bekenne Gott, dem Allmächtigen,
und allen Brüdern und Schwestern,
daß ich Gutes unterlassen und Böses getan habe
– ich habe gesündigt in Gedanken,
Worten und Werken
durch meine Schuld, durch meine Schuld,
durch meine große Schuld.
Darum bitte ich die selige Jungfrau Maria,
alle Engel und Heiligen
und euch, Brüder und Schwestern,
für mich zu beten bei Gott, unserem Herrn.

Wachse, Jesus,
wachse in mir.
In meinem Geist,
in meinem Herzen,
in meiner Vorstellung,
in meinen Sinnen.

Wachse in mir
in deiner Milde,
in deiner Reinheit,
in deiner Demut,
deinem Eifer,
deiner Liebe.

Wachse in mir
mit deiner Gnade,
deinem Licht und
deinem Frieden.

Wachse in mir
zur Verherrlichung deines Vaters,
zur größeren Ehre Gottes.

HERR, du hast gesagt:
„Selig, die arm sind vor Gott."
Ich wähne mich reich.
Ich strecke die Hand nicht aus nach dir, daß du sie füllest.

Herr, du hast gesagt:
„Selig die Trauernden."
Ich weine oft über verlorenes Glück,
nicht aber über eigene Schuld.

Herr, du hast gesagt:
„Selig die Sanftmütigen."
Ich bin heftig im Zorn und schlage zurück.
Ich zürne Gott und dem Schicksal.

Herr, du hast gesagt:
„Selig, die hungern und dürsten nach der Gerechtigkeit."
Ich pflege den Wohlstand und wende mich ab
vom Elend der Völker.

Herr, du hast gesagt:
„Selig die Barmherzigen."
Ich bin lieblos und hart.
Ich gehe vorüber an der Not des Bruders.

Herr, du hast gesagt:
„Selig, die ein lauteres Herz haben."
Ich bin zwiespältig von Art.
In meinem Herzen sind arge Gedanken.

Herr, du hast gesagt:
„Selig, die Frieden stiften."
Ich trage wenig Versöhnung hinaus,
weil ich nicht Frieden habe in mir.

Herr, Du hast gesagt:
„Selig, die verfolgt werden um der Gerechtigkeit willen."
Ich möchte unangefochten leben in dieser Zeit.
Ich scheue den Kampf und das Leiden.

Herr, du hast gesagt:
„Selig die Knechte, die der Herr wach findet,
wenn er kommt."
Ich lebe unbekümmert dahin.
Ich achte nicht auf die Zeichen der Zeit.

Herr, Du hast gesagt:
„Selig, die nicht sehen und doch glauben."
Ich bin Thomas.
Ich will handfeste Beweise und möchte das
Wunder begreifen.

Herr, du hast gesagt:
„Selig, die das Wort Gottes hören und bewahren."
Ich bin der Boden, auf den der Same fällt,
ohne Frucht zu bringen.

Herr, deine Stimme habe ich vernommen.
Du hast mir aufs neue das Gesetz deines Reiches
kundgetan.
Ich bitte dich: Habe Geduld mit mir.

AN dir allein, an dir hab ich gesündigt,
und übel oft vor dir getan.
Du siehst die Schuld, die mir den Fluch verkündigt;
sieh, Gott, auch meinen Jammer an.
Dir ist mein Flehn, mein Seufzen nicht verborgen,
und meine Tränen sind vor dir.
Ach Gott, mein Gott, wie lange soll ich sorgen?
Wie lang entfernst du dich von mir?
Herr, handle nicht mit mir nach meinen Sünden,
vergilt mir nicht nach meiner Schuld.
Ich suche dich; laß mich dein Antlitz finden,
du Gott der Langmut und Geduld.

ACH Gott, mein Herr, laß mich nicht sterben.
In meinen großen Sünden!
Laß mich noch einmal Gnade finden
und Seligkeit erwerben!
Ist auch mein Sünd wie Sand am Meer
und unermeßlich tief und schwer,
deine Gnade macht sie schwinden.

Ich trau auf dich; verlaß mich nicht
in meines Herzens höchster Not.
Du bist des Sünders Zuversicht,
umdräuen ihn auch Höll und Tod.
Rette mich aus dem Verderben!
Laß mich nicht sterben, mich nicht sterben!
Reich mir deiner Gnade Brot!

Deine Hände haben mich geformt,
haben alle Glieder meines Leibes gestaltet,
und plötzlich kannst du mich so zermalmen.
Ich bitte dich:
Knete mich nicht wie Lehm,
denn so wirst du mich wieder zu Staub machen.
Meine Seele ist des Lebens überdrüssig.
Ich spreche zu Gott aus dem Gram meines Herzens.
Ich sage zu Gott: Verdamme mich nicht;
zeige mir, warum du mich so behandelst.
Kommt es dir recht vor,
mich anzuklagen und niederzudrücken,
mich, das Werk deiner Hände?
Erbarme dich, Herr, all meiner Sünden,
wenn du wiederkommen wirst, die Lebenden,
die Toten und die Welt mit Feuer zu richten.

Herr, mein Leben kommt mir oft vor
wie ein Trödelladen,
vollgestopft mit sperrigen Möbelstücken.
Sie nützen mir nicht
und behindern mich nur.
Hilf mir, sie loszuwerden!
Da ist zuerst die Sorge.
Was bin ich doch für ein ängstlicher Typ!
Am liebsten verkrieche ich mich
in meinen Maulwurfshügel,
wenn es Schwierigkeiten gibt.
Hilf mir, daß ich mich nicht verstecke,
wo du mich reden heißt.
Laß mich vielmehr mutig handeln,
wo ich etwas als richtig erkannt habe.
Nimm mir die Furcht –
dann habe ich ein sperriges Möbel weniger
in meinem Leben. –

Da ist auch noch der Groll, Herr,
Ich schäme mich über die festgefahrene Abneigung,
die ich gegen manche Menschen
und ihr Verhalten habe.
Diese ablehnenden Gefühle schlucken so viel Kraft,
daß ich manchmal ganz ausgelaugt bin.
Hilf mir, den Groll aus meinem Wesen zu verbannen.
Ich weiß doch, die Anlässe,
die ihn in mir hervorrufen,
sind so viel Gefühlsaufwand nicht wert. –
Und dann sind da noch die Selbstvorwürfe:
„Hätte ich doch . . ., wäre ich doch . . . !"
Wie oft gehe ich in Gedanken
alle Einzelheiten durch,
tadle mich und gebe mir die Schuld.
Aber was geschehen ist, ist geschehen
und kann nicht mehr rückgängig gemacht werden.
Laß mich deine Vergebung erbitten
und dann nach vorn schauen.
Gib, Herr, daß dieser Trödel mehr und mehr
aus meinem Leben verschwindet,
damit du mich besser leiten
und gebrauchen kannst.

Jesus, Trost der Seele mein,
laß mich dir empfohlen sein,
befrei mich von der Missetat,
zu der die Welt mich hat gebracht.
Ich weich nicht von den Füßen dein,
bis du mich gelöst von den Sünden mein
und auch von der großen Missetat,
zu der mich hat die Welt gebracht.

Vertrauen und Geborgenheit

Gott unser Vater, ich bin dein.
Laß mich von dir gesegnet sein.
Steh mir in meinen Nöten bei
und halte mich vom Bösen frei.
Bei Tag und Nacht, ich bitte dich,
bewahre und beschütze mich.

VIELE Wellen hat das Meer,
große, wilde, kleine, leise.
Jede Welle in dem Meer
dienet Gott auf ihre Weise.
Jede Welle in dem Meer
tut genau, was er befohlen,
baut der Fische helles Haus,
hilft die Schiffe heimwärts holen.
Auf dem Weg von Strand zu Strand
rauschen sie durch Gottes Hand.

Viele Kinder trägt die Welt,
gelbe, braune, schwarze, weiße.
Jedes Kind auf dieser Welt
tut zu Gott die große Reise.
Er versteht sein bittend Wort,
hört das Rufen aller Zonen,
magst du fern am grünen Nil
oder hoch in Lappland wohnen.
Denn vom allerfernsten Strand
führt der Weg in Gottes Hand.

Herr,
ich weiß so wenig von dir.
Ein paar Geschichten,
zwei, drei Gebete und Liedverse –
das ist alles.

Ich möchte viel mehr von dir wissen
und dich richtig kennenlernen.

Bitte schick mir Menschen,
die dich liebhaben und kennen.
Ich bin gespannt,
was ich noch alles von dir hören
und mit dir erleben kann.

Ich möchte,
daß du immer bei mir bist.
Auch wenn ich groß bin.

Vater im Himmel, bitte, beschütze
alle Kinder auf der ganzen Welt:
die Indianerkinder,
die Eskimokinder,
die Kinder in Polen,
die Kinder in Afrika,
die Kinder in Rußland,
die Kinder in Frankreich.
Bewahre sie vor Gefahren
auf dem Schulweg und beim Spiel
und hilf ihnen, zu gesunden
und guten Menschen heranzuwachsen.

Du bist bei mir, wenn es dunkel ist.
Du bist bei mir, wenn es blitzt und donnert.
Du bist bei mir, wenn ich mich vor einem Hund fürchte.
Du bist bei mir, wenn ich Kindern begegne,
die größer und stärker sind als ich.
Du bist bei mir, wenn ich krank bin und
wenn der Arzt kommt.
Hilf mir, immer an dich zu denken.
Dann brauche ich keine Angst mehr zu haben.

Wo ich gehe, wo ich stehe,
Ist der liebe Gott bei mir;
Wenn ich ihn auch niemals sehe,
Weiß ich sicher: Gott ist hier.

Vater und Mutter gehen heute abend fort.
Ich liege allein in meinem Bett.
Mutter hat gesagt:
Mein Kind ist nie allein.
Auch wenn Vater und Mutter nicht da sind.
Der Engel ist da.

Ich danke Dir, mein Gott,
daß Du viele gute Boten hast.
Sie dienen Dir.
Sie schützen uns.
Sie sind bei uns auf der Straße,
daß wir auf böse Menschen nicht hören,
daß wir die Armen sehen und ihnen helfen.
Gottes Engel sind unsere unsichtbaren Freunde.

Ich merke es immer mehr, Herr:
Wachstum gibt es nicht ohne Schmerzen.
Manche Leute halten das für eine Redensart,
aber es ist Wirklichkeit, Herr,
und es betrifft nicht nur den Körper:
Erwachsenwerden tut weh!
Aber auch zu erkennen, wer ich bin
und was aus mir werden kann,
sich der starken Triebe bewußt zu werden,
die mich aus der Bahn werfen können –
das macht Angst, Herr!
Die Jahre zwischen Kindheit und Erwachsenwerden
schaffen Spannungen.
Sie machen mich gleichsam zu einem Pendel,
das hin und zurückschlägt.
Einmal zieht es mich in die eine
und dann wieder in die andere Richtung.
Sei mein Anker, Herr!
Halte mich fest, wenn ich schwanke
zwischen Begierde und Pflichten,
wenn wechselnde Stimmungen mich heute oben
und morgen unten sein lassen.
Halte mein Lebensschiff auf geradem Kurs,
bis der Sturm sich legt.
Bleibe du Mitte und Ziel meines Lebens!

Herr, dein Wille geschehe,
wo ich auch geh' und stehe!
Herr, dein Wille geschehe
tut mir's auch noch so wehe!
Herr, dein Wille geschehe
auch wenn ich's nicht verstehe!

DU GOTT,
du menschenfreundlicher Gott,
mitten im Leben
begegnest du uns,
nicht nur sonntags,
sondern überall und jeden Tag,
verborgen und geheimnisvoll,
freundlich und hilfsbereit,
uns zugewandt
bei allem, was geschieht.

Du Gott,
uns zugewandt in Jesus, deinem Sohn,
unserem Freund und Bruder,
der uns zeigte,
was wirkliches Menschsein ausmacht,
der uns vorlebte
ein Leben der Güte und Liebe,
der Hoffnung und Befreiung
bis hin zum Tod am Kreuz.

Du Gott,
mitten unter uns,
begleite uns auf unserem Weg
unser ganzes Leben hindurch,
durch Freude und Leid,
durch Glück und Not,
laß uns nicht allein,
sondern schütze uns.

Du Gott,
wir brauchen dich.

Ich rufe nach Gott: Er ist gut zu mir.

Herr, du hast mich getröstet,
du machst mir Mut.
Ich kann wieder singen und spielen.
Gern will ich dich loben, Herr,
schon am frühen Morgen,
wenn der Tag anbricht.

Ich rufe nach Gott: Er ist gut zu mir.

Bis an den Himmel reicht deine Güte
und deine Treue so weit, wie die Wolken ziehen.
Du bist der Herr über Erde und Weltraum,
deine Macht ist groß wie das All – unendlich!

Ich rufe nach Gott: Er ist gut zu mir.

Gott, unser Vater,
es gibt keine Finsternis,
welche du nicht zerstreuen könntest,
es gibt keine Nacht,
welche nicht ihre Morgenröte in dir fände.
Da wir auf dein Wort vertrauen dürfen,
gewähre,daß unser Glaube standhaft bleibt
in allen Stürmen.
Mitten im Sturm erweist sich Jesus,
dein Sohn, als Herr,
und er befiehlt den Winden
zur Verherrlichung deines Namens
in alle Ewigkeit.

GOTT, ich spreche deinen Namen
in die Dunkelheit,
in das Dunkel meiner Angst,
in die Finsternis meiner Schuld,
in die Not meiner Fragen und Zweifel.

Gott, ich lege in diesen Namen
mein ganzes Vertrauen,
meine Hoffnung auf Geborgenheit,
meine Sehnsucht nach einem Du,
mein Verlangen, angenommen zu sein.

Gott, dein Name hat in mir
ein vertrautes Echo,
es antwortet in mir
meine Einsamkeit auf dich,
es antwortet in mir
meine Verlorenheit auf dich,
es antwortet in mir
mein kleines, armseliges Ich.

Denn frage ich nach mir,
so stoße ich auf dich,
verliere ich mich, so fehlst du mir.
Ich bin nicht ohne dich.

ICH bin allein.
Keiner außer dir, mein Gott,
begleitet mich auf meinem Weg.
Was soll ich fürchten, wenn du bei mir bist,
der Tag und Nacht geschaffen hat?
Wenn du mich beschützt, bin ich sicherer,
als wenn ein ganzes Heer mich beschützte.

Unsere Banden binden
für so kurze Zeit
unsere Herzen finden
niemals Standfestigkeit
die deiner Treue gliche
deine Liebe kennt keinen Weg zurück
deine ausgestreckte Hand
kennt keine Reue
dein liebendes Auge
vergibt die Schuld
du bist immer der erste
sei für uns auch der letzte
solange dein Anderssein uns immer noch lockt
bleibt immer neue Zukunft vor uns offen.

Nicht unserem eigenen Herzen entspringt die Idee
daß jeder Mensch so unbezahlbar einzig ist,
andere haben uns dieses Geheimnis verraten
im Namen dessen, der so ganz anders war
und nur für andere leben konnte.
Schärfe das Auge uns, das Herz mach weit,
daß wir einander ohne Maß
lieben nach seinem Gebot.
Wir sind noch lange nicht so weit,
es liegt noch viel vor uns.
Du, der ganz andere, zieh uns fort,
wir hoffen auf dich, uns voraus.

Vater im Himmel,
ich bitte weder um Gesundheit noch um Krankheit,
weder um Leben noch um Tod,
sondern darum,
daß du über meine Gesundheit und meine Krankheit,
über mein Leben und meinen Tod verfügst
zu deiner Ehre und zu meinem Heil.
Du allein weißt, was mir dienlich ist.
Du allein bist der Herr, tue, was du willst.
Gib mir, nimm mir;
aber mache meinen Willen dem deinen gleich,
daß ich in gedemütigter, vollkommener Unterwerfung
und heiligem Vertrauen deine Befehle empfange.

Mein Gott,
ich vermag deine Gedanken nicht zu ergründen
und verstehe den Weg nicht, den du mich führst.
Laß mich nicht an deiner Liebe zweifeln.
Schenke mir Geduld und Ergebung
in deinen göttlichen Willen.
Stärke in mir die Gewißheit,
daß du mir keine Last auferlegst,
ohne daß du mir tragen hilfst.
Bewahre mein Herz vor Bitterkeit.
Vor dir ist kein Leiden sinnlos;
du segnest auch ein Leben,
das scheinbar wertlos ist.
Gib, daß auch ich deinen Segen
erfahre und erkenne.
Laß mich dein Angesicht schauen
hier in der Zeit und einst in Ewigkeit.

Der Herr ist mein Hirte
– ich bin nicht allein, ich bin nicht verlassen.

Mir wird nichts mangeln
– Herr, ich ringe nach Atem, Herr gib mir deinen Geist.

Er weidet mich auf einer grünen Aue
– Herr, du hast mir wohlgetan mein Leben lang,
du hast mir viel geschenkt,
ich danke dir für mein Leben.

Und führt mich zum frischen Wasser
– Du gabst mir das Leben, ich habe es genossen.

Er erquickt meine Seele
– Jetzt scheint mein Leben ausgebrannt,
aber du läßt es nicht vergehen.

Er führt mich auf rechter Straße
um seines Namens willen
– Du zeigtest mir den Weg. Oft bin ich ihn
nicht gegangen.
Laß mich jetzt deinen Weg finden, Herr, mein Heiland.

Und ob ich schon wanderte im Tal des Todesschatten
– Herr, sie legen sich auf mich, die Todesschatten,
hilf mir, ich ersticke.

So fürchte ich kein Unglück, denn du bist bei mir
– Ich strecke meine Hand aus, ich greife nach dir,
ich lasse dich nicht.

Dein Stecken und Stab trösten mich
– Die Balken deines Kreuzes, oh Jesu,
sind meine Hoffnung, an ihnen halte ich mich fest.

Du bereitest vor mir einen Tisch
im Angesicht meiner Feinde
– Krankheit und Tod bedrängen mich,
du lieferst mich nicht aus.

Du salbest mein Haupt mit Öl
und schenkest mir voll ein
– Ich bin dir wert, du hast mich lieb, du gibst
mir Kraft.

Gutes und Barmherzigkeit werden mir folgen
mein Leben lang
– Von deiner Güte habe ich gelebt, in deine
Barmherzigkeit berge ich mich nun,
du versteht, du verzeihst.

Und ich werde bleiben im Haus des Herrn immerdar
– Deine Tür steht mir offen, dein Tisch ist mir gedeckt,
dein Arm nimmt mich auf. Herr, ich komme zu dir.

Herr, unser Gott, hab Dank, daß du uns siehst.
Jeden Schritt, den wir tun, begleitest du;
jedes Wort, das wir denken, weißt du,
ehe wir es aussprechen.
Wir danken dir, daß du unseren Weg bestimmt hast,
nicht der Zufall, nicht die Sterne,
die manche Leute befragen.
Auch bestimmt uns nicht die fremde Macht,
die wir Schicksal nennen.
Du allein bist es, der uns führt.
Wir danken dir für jeden Tag, den wir erleben;
denn er kommt aus deiner guten Hand.

HERR, ich denke zurück.
Ich gehe noch einmal den Weg durch all meine Jahre.
Nicht an meine Leistung will ich denken. Sie ist gering.
Nicht an das Gute, das ich getan habe.
Es wiegt leicht gegen die Last des Versäumten.
An das Gute möchte ich denken, das du mir getan hast.
An die Menschen, mit denen ich gelebt habe,
an alle Freundlichkeit und Liebe,
von der ich mehr empfangen habe, als ich wissen kann.
An jeden glücklichen Tag und jede erquickende Nacht.
An die Güte, die mich bewahrt hat
in den Stunden der Angst und der Schuld
und der Verlassenheit.
An das Schwere denke ich,
dessen Sinn ich nicht sehe.
Dir lege ich es in die Hand und bitte dich:
Wenn ich dir begegne, zeige mir den Sinn.

NIMM hin, o Herr, meine ganze Freiheit.
Nimm an mein Gedächtnis,
meinen Verstand,
meinen ganzen Willen.
Was ich habe und besitze, hast du mir geschenkt.
Ich gebe es dir wieder ganz und gar zurück
und überlasse alles dir,
daß du es lenkst nach deinem Willen.
Nur deine Liebe schenke mir mit deiner Gnade.
Dann bin ich reich genug und suche nichts weiter.

NICHTS soll dich ängstigen, nichts dich erschrecken,
alles geht vorüber.
Gott bleibt derselbe.
Geduld erreicht alles; wer Gott hat, hat alles.
Gott allein genügt.

Gott, zu dir rufe ich.
In mir ist es finster, aber bei dir ist das Licht;
ich bin einsam, aber du verläßt mich nicht;
ich bin kleinmütig, aber bei dir ist die Hilfe;
ich bin unruhig, aber bei dir ist der Friede;
in mir ist Bitterkeit, aber bei dir ist die Geduld;
ich verstehe deine Wege nicht,
aber du weißt den Weg für mich.

O mein Gott und Vater,
wie könnte ich je beginnen,
dich zu suchen,
wenn du mich nicht längst schon
gesucht hättest,
wenn du dich mir nicht als erster
bekannt gemacht hättest.
Ich bitte dich:
Laß mich dich fortan
besser, tiefer, unmittelbar
kennenlernen.
Ich möchte mehr von dir erfahren,
als dies bisher geschehen ist.
Ich will dich suchen unermüdlich,
bis ich dich ganz gefunden habe.
Ich will bei dir anklopfen,
bis du mir die Tür aufgetan hast.
Immer wieder will ich anfragen bei dir,
bis du dich mir ganz und gar geschenkt hast,
o mein Gott und Vater.

O HERR, ich gebe mich ganz in deine Hände.
Mache mit mir, was du willst.
Du hast mich für dich geschaffen.
Ich will nicht mehr an mich selber denken.
Ich will dir folgen. Was willst du, daß ich tun soll?
Geh deinen eigenen Weg mit mir.
Was du auch forderst, ich will es tun.
Ich opfere dir die Wünsche, die Vergnügungen,
die Schwächen, die Pläne, die Meinungen,
die mich von dir fernhalten und mich
auf mich selbst zurückwerfen.
Mache mit mir, was du willst. Ich feilsche um nichts.
Ich suche nicht im voraus zu erkunden,
was du mit mir vorhast.
Ich will das sein, wozu du mich haben willst;
ich will all das, wozu du mich machen willst.
Ich sage nicht: ich will dir folgen, wohin du gehst;
denn ich bin schwach.
Aber ich gebe mich dir, daß du mich führst,
gleich, wohin.
Ich will dir im Dunkel folgen und bitte nur um Kraft
für meinen Tag.
O Gott, du bist so wundervoll bei mir gewesen
alle Tage meines Lebens.
Du wirst mich auch ferner nicht verlassen.
Ich weiß es, obschon ich keine Rechte vor dir habe.
Laß mich meinen Weg nicht gehen, ohne an dich zu denken.
Laß mich alles vor dein Angesicht tragen,
um dein Ja zu erfragen bei jedem Wollen und
deinen Segen für jedes Tun.
Wie die Sonnenuhr von der Sonne,
so will ich allein bestimmt sein von dir.
So sei es, mein Herr Jesus Christus.
Ich gebe mich dir ganz.

VON guten Mächten treu und still umgeben,
behütet und getröstet wunderbar,
so will ich diese Tage mit euch leben
und mit euch gehen in ein neues Jahr.

Noch will das alte unsre Herzen quälen,
noch drückt uns böser Tage schwere Last,
ach, Herr, gib unsern aufgescheuchten Seelen
das Heil, für das Du uns bereitet hast.

Und reichst Du uns den schweren Kelch, den bittern
des Leids, gefüllt bis an den höchsten Rand,
so nehmen wir ihn dankbar ohne Zittern
aus Deiner guten und geliebten Hand.

Doch willst Du uns noch einmal Freude schenken
an dieser Welt und ihrer Sonne Glanz,
dann woll'n wir des Vergangenen gedenken,
und dann gehört Dir unser Leben ganz.

Laß warm und still die Kerzen heute flammen,
die Du in unsre Dunkelheit gebracht,
führ, wenn es sein kann, wieder uns zusammen.
Wir wissen es, Dein Licht scheint in der Nacht.

Wenn sich die Stille nun tief um uns breitet,
so laß uns hören jenen vollen Klang
der Welt, die unsichtbar sich um uns weitet,
all Deiner Kinder hohen Lobgesang.

Von guten Mächten wunderbar geborgen,
erwarten wir getrost, was kommen mag.
Gott ist mit uns am Abend und am Morgen
und ganz gewiß an jedem neuen Tag.

Nun will ich mich dir doch ergeben,
dir, dem ich lange widerstand.
Vor dir besteht kein Widerstreben,
nun will ich mich dir doch ergeben,
so werf ich mich in deine Hand!

Kein Ort ist, wo ich dich nicht fände,
wohin soll ich da vor dir flieh'n?
So lauf ich denn in deine Hände,
kein Ort ist, wo ich dich nicht fände,
so geb ich mich dir willig hin.

Was rief mich lockend auf den Wegen,
was drängte mich in jene Flucht,
wem brannte denn mein Herz entgegen,
was rief mich lockend auf den Wegen?
Nun weiß ich's: Ich hab dich gesucht.

Hab dich gesucht, hab dich gemieden,
erklär mir's, wer sein Herz versteht!
Nun, da ich dir mich hingegeben,
nun weiß ich erst um Licht und Leben,
nun weiß ich erst um Ruhm und Frieden,
Gebet wird Glück – Glück wird Gebet!

Schliesse mir die Augen beide
mit deinen lieben Händen zu.
Geht doch alles, was ich leide,
unter deiner Hand zur Ruh.

Und wie leise sich der Schmerz
Well' um Welle schlafen leget,
wie der letzte Schlag sich reget,
füllest du mein ganzes Herz.

HERR, wie du willst, soll mir gescheh'n,
und wie du willst, so will ich geh'n;
hilf deinen Willen nur versteh'n!

Herr, wann du willst, dann ist es Zeit;
und wann du willst, bin ich bereit
heut und in alle Ewigkeit.

Herr, was du willst, das nehm' ich hin,
und was du willst, ist mir Gewinn;
genug, daß ich dein Eigen bin.

Herr, weil du's willst, drum ist es gut;
und weil du's willst, drum hab ich Mut.
Mein Herz in deinen Händen ruht.

DU bist der Hirt der tiefen Herde:
du führst uns aus, du bringst uns ein.
Du hast gefunden unsre Erde,
wir können ohne dich nicht sein.

Du birgst uns in den Winterwinden,
die Hürde faßt die große Schar.
Wo reine Herzen sich verbinden,
erglänzt dein altes Hirtenhaar.

Du kennst den Balsam für die Wunden:
Wer sich zerriß an Zeit und Leid,
wird unter deinem Hauch gesunden,
gebettet in dein Hirtenkleid.

Du rufst uns mit den treuen Namen,
dein Wort macht den Betrübten klar.
Du aller Herden Herz und Amen,
o führ uns in dein Sternenjahr!

Wohin mein Weg mich führen mag,
Der Himmel ist mein Dach,
Die Sonne kommt mit jedem Tag,
Die Sterne halten Wach'.

Und komm ich spät und komm ich früh
Ans Ziel, das wir gestellt:
Verlieren kann ich mich doch nie,
O Gott, aus deiner Welt.

Herr! schicke, was du willt,
Ein Liebes oder Leides!
Ich bin vergnügt, daß beides
Aus deinen Händen quillt.

Wollest mit Freuden
Und wollest mit Leiden
Mich nicht überschütten!
Doch in der Mitten
Liegt holdes Bescheiden.

Ohne Gott bin ich ein Fisch am Strand,
ohne Gott ein Tropfen in der Glut.
Ohne Gott bin ich ein Gras im Sand,
und ein Vogel, dessen Schwinge ruht.
Wenn mich Gott bei meinem Namen ruft
bin ich Wasser, Feuer, Erde, Luft.

Gott, sieh doch auf uns,
und sei immer bei uns,
damit wir als glückliche Menschen leben können.

Wir bitten dich, Jesus:
Sei mit uns an diesem Orte,
wir sind hier in deinem Hause:
Komm, wie du gesagt hast!

Du hast gesagt: Dort, wo zwei
oder drei zusammenkommen,
wo sie sich um mein Wort sammeln,
da will auch ich bei ihnen sein.

Wir vertrauen auf dich,
wie auf dies dein Wort;
höre unser Gebet:
Gib uns deine Freude!

Gebete für schwere Zeiten

Lieber Gott!
Du weißt, was mich bedrückt.
Du siehst meine Angst.
Laß mich nicht allein.
Reich mir deine Hand
und führe mich in dein Licht.

WIR bitten dich:
für die Väter, die keine Arbeit haben,
für die Mütter, die müde sind.
Hilf ihnen, sei ihnen nah.
Für die Kinder, die krank und behindert sind,
für alle, die niemand liebhat.
Schenk ihnen einen Freund.
Wir bitten dich, Vater, hör unser Gebet.

LIEBER GOTT!
Oft habe ich große Angst.
Auf einmal,
ganz plötzlich ist sie da.
Ich kann mich gar nicht wehren.
Selbst meine Mutter kann
sie mir nicht wegnehmen.
Ich weiß nicht, woher sie kommt,
ich weiß nicht,
wie ich sie verscheuchen kann.
Mach mich ein wenig mutiger.

ES blitzt und donnert.
Es ist dunkel und furchtbar unheimlich.
Da habe ich richtig Angst.
Mein Herz klopft vor Aufregung.
Wenn doch jetzt jemand bei mir wäre.

Herr,
manchmal haben wir große Angst:
vor den großen Jungen aus der Nachbarschaft,
vor dem bissigen Hund von gegenüber,
vor dem Gang in den dunklen Keller,
vor den unheimlichen Geräuschen in der Nacht.
Auch Erwachsene haben Angst.
Alle Menschen haben Angst.
Doch du verstehst unsere Angst
und lachst nicht über uns.
Wir brauchen dich.
Beschütze uns vor dem Bösen
und hilf uns, die Angst zu überwinden.

DU hast gesagt: „Laßt die Kleinen
zu mir kommen, und hindert sie
nicht daran."
Ich glaube, das haben
nicht alle Großen gehört.

GOTT, ich konnte nichts dafür,
daß das geschehen ist.
Sie bestrafen mich dafür,
aber du weißt, wie es gekommen ist.
Du bist gerecht,
Gott hilf mir doch!

Begeistert sein,
sich anstecken lassen
mit Freude,
mit Lachen,
mit Tanzen
und Glück –
das wünsche ich mir oft.

Aber meist bin ich eher das Gegenteil,
müde und abgespannt,
wütend und gereizt,
mutlos und voller Angst.

Gott schenke mir deinen Geist.
Verwandle mich
und gib mir Kraft.
Laß mich neu anfangen
und begeistere mich,
damit ich ein Zeichen deiner Liebe werde
für die Menschen.

Siehe, Herr,
Tränen gibt es schon,
solange es den Menschen gibt.
Aber diese Tatsache
tröstet mich nicht, Herr.
Denn meine Tränen
sind ein Ausdruck
meines Schmerzes, meiner Trauer,
meiner Wunden, meiner Verzweiflung.
Herr, darum möchte ich jetzt getröstet werden –
jetzt.

DAS hätte ich nie gedacht.
Daß die so gemein sind.
Dabei waren wir doch Freunde
und haben immer zusammen gespielt.
Ich könnte richtig losheulen.

Herr,
es ist schlimm, wenn wir enttäuscht werden,
wenn unsere Freunde uns im Stich lassen,
wenn wir einsam sind.
Wir brauchen doch Menschen um uns,
die uns gut sind.
Du bist immer für uns da.
Du läßt uns nie im Stich.
Du enttäuschst uns nicht.
Hilf allen,
die enttäuscht und ohne Freund sind.
Laß auch uns selbst ein treuer Freund
für andere sein.

IN dieser Stunde, Herr,
hilf mir, daß ich vorwärts schaue
und nicht über Vergangenes klage.
Hilf mir, daß ich das Gute sehe, das ich tun kann,
die Hilfe, die ich anbieten kann,
die Liebe, die ich zu schenken vermag.
Während ich mich gräme über mich selbst,
gibt es Menschen, die auf meine Güte warten.
Herr, hilf mir, daß ich gebe und mich verschenke,
daß ich aufbreche in ein erneuertes Leben.

Es ist zum Verzweifeln.
Ich komme überhaupt nicht mehr zurecht.
Keiner versteht mich,
und immer werde ich angemeckert.
Was soll ich nur machen?

Herr,
manchmal finde ich das Leben ungerecht.
Dann bin ich traurig und habe Kummer.
Ich bin ganz unglücklich.
Viele Menschen sind unglücklich:
die alte Frau, die allein ist,
der junge Mann, der einen Unfall hatte,
die Mutter, die im Krankenhaus liegt,
das Kind, das etwas kaputtgemacht hat.
Zeige uns einen Weg aus unserem Kummer.
Hilf uns, daß wir wieder froh werden.
Und laß uns heute
selbst einem Traurigen Freude schenken.

Du bist mir fremd geworden,
Herr, wenn ich bete, ist es,
als spräche ich in einen leeren Raum.
Ich erwarte keine Hochstimmung des Gefühls,
aber erweise dich mir als lebendiger Gott,
Herr, ich kann nicht ertragen, daß du so fern bist,
denn dann wird alles fragwürdig,
dann scheine ich an eine Phantasie zu glauben,
Herr, sei mir wieder nahe,
ich kann so nicht leben.
Hilf mir.

MIT meinen Fragen und Problemen
komme ich zu dir,
suche Hilfe, Halt, gültige Aussagen,
nach denen ich mich richten kann.
Ich suche eine Hand, die mich führt.
Tust du es?
Du zeigst mir manchmal so seltsame Wege,
zu denen ich mit meinem Verstand nicht ja sagen kann.
Du führst mich Wege, die unbequem sind.
Oft tappe ich im Dunkeln und meine, ich müßte
alles selber bestimmen.
Wie kläglich bin ich gescheitert.
Du machst es möglich, dich zu hören,
über dich nachzudenken, dir zu antworten:
So komme ich dir näher – Schritt für Schritt.
Laß alle, die dich suchen, dich finden,
laß alle, die dich finden, von neuem suchen –
bis unser Suchen und Finden Erfüllung findet
in deiner Liebe.

HERR, wie soll ich mit dir reden?
Immer kehrst du mir den Rücken zu.
Sein Schatten fällt auf mich.
Sieh mich doch an, Vater!
Ich ängstige mich. Mein Atem geht schwer.
Ich bin wie eingepanzert von Verzweiflung und Zorn.
Man versteht mich nicht.
Alle argwöhnen, daß ich mich verstelle.
Dabei will ich nur einmal wirklich angehört und
endlich angenommen werden.
Bist du nicht gerecht, Herr, ein Freund der Verlassenen?
Warum siehst du mich nicht an?
Was verlangst du mehr, als daß ich mich zu dir wende?
Sieh mich an! Ich glaube, hilf meinem Unglauben.
Ach, Herr, heile mich.

IMMER wieder stoße ich an Mauern und Grenzen.
Da weiß ich nicht mehr weiter,
da reicht meine Kraft nicht mehr aus.
Da kann ich mich noch so anstrengen,
ich schaff' es einfach nicht.
Da bemühe ich mich um die anderen
und werde doch mißverstanden.
Da bin ich wütend und platze heraus,
obwohl ich genau weiß, daß es nichts bringt.

Wie schön wäre es,
wenn es das alles nicht gäbe,
wenn es immer weitergehen könnte
ohne Mauern und Grenzen.
Zeig mir einen Ausweg,
wo ich nicht mehr weiter weiß.
Gib mir Kraft wieder aufzustehen,
wo ich versage und falle.
Und laß mich auch meine Grenzen annehmen.

HERR, Gott, großes Elend ist über mich gekommen.
Meine Sorgen wollen mich erdrücken.
Ich weiß nicht ein noch aus. Gott, sei mir gnädig und hilf!
Gib Kraft zu tragen, was du mir schickst.
Laß die Furcht nicht über mich herrschen; sorge du
väterlich für die Meinen.
Barmherziger Gott, vergibt mir alles, was ich an dir
und den Menschen gesündigt habe.
Ich traue deiner Gnade und gebe mein Leben ganz
in deine Hand.
Mach du mit mir, wie es dir gefällt und
wie es gut für mich ist.
Ob ich lebe oder sterbe, ich bin bei dir,
und du bist bei mir, mein Gott.
Herr, ich warte auf dein Heil und auf dein Reich.

Herr, ich bin querschnittgelähmt.
Ich wünsche mir oft, aufzustehen aus meinem Rollstuhl,
auf niemand mehr angewiesen zu sein.
Es bedrückt mich jedesmal,
einem andern danken zu müssen,
wenn ich ein Stück weitergekommen bin.
Es fällt mir schwer, zu begreifen, daß du das so willst
und daß es gut sein könnte,
andere zur Hilfe herauszufordern.
Ich bitte dich darum,
daß ich statt Mitleid und Bedauern mehr Verständnis
und Achtung erlebe,
daß andere mich nicht als Opfer sehen,
sondern als Mensch ernst nehmen.

In der Welt, Herr,
habe ich Angst und weiß nicht,
ob ich morgen noch singen und lachen,
sehen und hören kann,
Hände und Füße bewegen.
Werde ich Brot genug haben,
um meinen Hunger zu stillen,
Wasser, um nicht zu dursten?
Werde ich mit Menschen zusammentreffen,
die mich lächelnd ansehen, die mit mir
fröhlich sind und denen ich von deiner
Güte und Gnade sagen kann,
und wirst du, mein Gott, auch morgen noch
deine segensreichen Hände über mir
ruhen lassen?
Denn in der Welt habe ich Angst,
wenn du nicht bei mir bist.
Doch mit einem Sonnenstrahl deiner Liebe
löschst du alle Furcht.

LASS mich
einem Menschen begegnen,
mehr als einer winkenden Hand,
und einem verstehenden Blick –
einem Vornamen, einem Du, einem Herzen,
der Gnade eines Freundes,
einem Zeichen von dir.

VON aller Bitterkeit und Verzweiflung
erlöse uns, Herr.
Von Kurzsichtigkeit und Unverständnis,
von Hochmut und Selbstsucht,
die unser Dasein nutzlos vergällen
und uns dir und unseren Mitmenschen entfremden.
Wir bitten dich nicht: befrei uns vom Tod,
wohl aber: lehre uns liebzuhaben
trotz allem und ungeachtet des Todes.
Hilf uns dem Leben gegenüber ja zu sagen.

DER du Licht heißt
und wachsende Klarheit bist,
schaff den Nebel hinaus,
der unseren Blick verdunkelt.
Gib uns den Mut,
weiter tastend und prüfend zu suchen.
Keinen geraden ebenen Weg verlangen wir,
sondern nur dieses:
Die Spur nicht zu verlieren
im Wirrwarr des täglichen Daseins.

Herr Gott,
ich habe schreckliche Angst,
hilf du mir!

Herr Gott,
ich weiß nicht mehr aus noch ein,
es wird immer nur schlimmer,
rette mich!

Herr Gott,
alles ist aussichtslos,
ich sehe nirgends eine Möglichkeit,
zeige du mir einen Ausweg aus meiner Not!

Herr Gott,
du hast mich schon einmal
in großer Gefahr geschützt,
tue es wieder.

Erlöse mich von dem Übel.

Herr, unser Gott!
Wenn wir Angst haben,
dann laß uns nicht verzweifeln!
Wenn wir enttäuscht sind,
dann laß uns nicht bitter werden!
Wenn wir gefallen sind,
dann laß uns nicht liegen bleiben!
Wenn es mit unserem Verstehen und unseren Kräften
zu Ende ist,
dann laß uns nicht umkommen!
Nein,
dann laß uns deine Nähe und deine Liebe spüren!

Ich breite mein Elend vor dir aus.
Ach Herr,
mein Kopf ist am Zerspringen,
alle Glieder tun mir weh.
Ich möchte beten, aber ich kann meine Gedanken
nicht zusammenfassen.
Ich kann nur mein ganzes Elend vor dir ausbreiten.
Bitte lege deine heilende Hand auf mich.
Du hast gesagt:
Ich bin der Herr, dein Arzt.
Heile du mich, so werde ich heil.
Hilf du mir, so ist mir geholfen.

Herr, ich fühle mich einsam in meinem Leben!
Ich stehe wie ein Fremder in dieser Welt.
Einsam bleibe ich auch in der Menge;
selbst unter Freunden bin ich allein.
Ohne Hilfe führe ich den Kampf des Lebens.
Meine Seele sehnt sich nach Gemeinschaft;
aber bin ich endlich unter andern,
bleibt doch ruhelos das Herz.

Barmherziger Gott, du bist unser aller Freund.
Du bist meines Herzens Verlangen.
Einzig in deiner Gemeinschaft finde ich Ruhe
inmitten des irdischen Treibens.
Herr, sei mir nah in der Menge der Menschen
und auch am einsamen Ort.
Dann weiß ich: Ich werde siegreich bleiben
in einer Schlacht, die nicht mein, sondern dein ist.
Mein ganzes Streben
richtet sich auf deine Gegenwart.
Laß mich dein Nahesein erfahren, Herr!

Herr, weil ich dir alles sagen kann,
bringe ich jetzt meine Not vor dich:
Mit meinem Geld komme ich nicht aus.
Vielleicht liegt es an meinem Unvermögen,
richtig einzuteilen.
Vielleicht verplane ich Summen dort, wo sie vertan sind.
Vielleicht ist es wirklich zu knapp,
um den Pflichten nachzukommen, die mir auferlegt sind.
Laß mich meine Lage richtig erkennen und
eine gute Einteilung meiner Mittel finden.
Bewahre mich vor Neid, Habgier und Schielen nach
unredlichem Gut.
Löse mich von eigenwillen Wünschen und
Erwartungen.
Wenn ich auf manches verzichten muß,
dann soll mir das desto größer sein,
was ich an dir selber habe.
Was ich wirklich brauche, wirst du mir nicht versagen.
Du schenkst uns unser täglich Brot und alles,
was dazu gehört.
Lehre mich, bei einem wirklichen Mangel
zuversichtlich auf deine Durchhilfe zu vertrauen.

Wir erleben Zeiten,
die wir wirklich kritisch nennen.
Unsere Zeiten nehmen wir als Maßstab
der Vergangenheit und der Zukunft,
urteilende Zeiten,
aber nur deine Zeit ist das Urteil.
Gib uns Geduld,
und lehre uns zu hoffen.

O Herr Gott,
in dem das innerste Sein unseres Herzens
Ruhe finden möge!
Wann werden wir anfangen,
ich sage nicht, dich zu lieben,
aber nur zu wünschen, daß wir dich lieben könnten!
Es ist heilsam und gerecht,
daß wir zu Gefangenen der Liebe gemacht werden,
für den, der um unseretwillen als Gefangener
in die Hände grausamer Menschen ausgeliefert wurde.

Laßt uns in die Knechtschaft seiner Liebe treten,
nachdem er in unsere getreten ist und
vor seinen Bedrückern zum sanften Lamme wurde.
Darum laßt unsere Herzen mit Liebe gebunden sein,
das wahre Band des Heiles,
und laßt uns keine Freiheit wünschen,
die uns von solcher Knechtschaft löst,
denn der,
der nicht von seiner Liebe verwundet ist,
hat keine wahre Gesundheit,
und der,
welcher nicht in seiner Knechtschaft gebunden ist,
hat keine wahre Freiheit.

OFT bin ich ganz allein.
Auch wenn ich rufe,
dringt nichts nach außen.
Sogar meine Stimme
ist mir dann fremd.
Hilf mir,
daß ich verstanden werde
und nicht allein bleibe.

AN manchen Tagen
scheint uns die Erde dumpf,
das Brot scheint trocken,
und der Wein schmeckt bitter.

Gib uns in diesen Stunden
der Niedergeschlagenheit,
die möglicherweise von der Sünde kommt,
den unverwechselbaren
Geschmack von Brot und Wein zurück,
den Geschmack der Erde, welche deine Liebe
erschaffen hat.

Gib uns den Geschmack Jesu Christi wieder.
Wird das Brot gebrochen und der Wein gereicht,
gibt er sich uns selber hin,
und indem er Bitterkeit und Sünde auflöst,
erfüllt er uns mit jener Freude,
die er mit dir und dem Heiligen Geiste teilt
von Ewigkeit zu Ewigkeit.

DIE Seele heb ich auf zu dir,
ich trau auf dich, mein Gott!
Du schenktest deine Liebe mir,
bist bei mir in der Not.

Herr, zeig mir deine Wege
und lehr die Wahrheit mich;
mein Gott bist du, mein Helfer,
ich hoffe stets auf dich.

Die Seele heb ich auf zu dir,
bewahre sie, mein Gott!
Du schenkest deine Liebe mir,
befreist mich aus der Not.

Ich bitte nicht um Glück auf Erden
Nur um ein Leuchten dann und wann,
Wo sichtbar deine Hände werden,
Ich deine Liebe ahnen kann;
Nur in des Lebens Kümmernissen
Um der Ergebung Gnadengruß:
Dann wirst du schon am besten wissen,
Wieviel ich tragen kann und muß.

Herr, du verborgener Gott!
Nicht über uns, über die gänzlich Verzweifelten
wollen wir mit dir reden;
die sich nach dem Tod sehnen von Tag zu Tag,
weil ihnen das Leben vergällt ist;
die sich fürchten vor jeder Nacht, wenn sie die Tür
hinter sich schließen und allein sind;
die keinen Menschen finden, dem sie ihr Herz
ausschütten können;
die von ihrer Schuld verfolgt werden bis in ihre Träume;
die dir nicht mehr glauben können und dich
verfluchen würden, wenn sie dich nicht
längst vergessen hätten.
Hast du sie nicht alle geschaffen?
Willst du nicht Vater sein für alle Menschen
in der Welt?
Hast du sie, Herr, ganz und gar vergessen?
O Gott, wir verstehen dich nicht!
Deinen Sohn Jesus Christus halten wir dir vor.
Denke doch an sein Gebet, an seinen Tod.
Um seinetwillen,
weil er ein Bruder und Freund aller Elenden
und Schuldigen ist,
erbarme dich über alle Menschen,
die ihre Hoffnung verloren haben.
Herr, erbarme dich über deine ganze Welt!

VERZAGE nicht, du Häuflein klein!
Ob schon die Feinde willens sein,
Dich gänzlich zu verstören
Und suchen deinen Untergang,
Davon dir wird recht angst und bang:
Es wird nicht lang mehr währen.

Tröste dich nur, daß deine Sach
Ist Gottes: dem befiehl die Rach
Und laß es Ihn nur walten:
Er wird durch einen Gideon,
Den er wohl weiß, dir helfen schon,
Dich und sein Wort erhalten.

So wahr Gott Gott ist und sein Wort,
Muß Welt und Teufl und Höllenpfort
Und was dem tut anhangen,
Endlich werden zu Schand und Spott;
Gott ist mit uns und wir mit Gott,
Den Sieg wolln wir erlangen.

MENSCHEN gehen zu Gott in ihrer Not,
flehen um Hilfe, bitten um Glück und Brot,
um Errettung aus Krankheit, Schuld und Tod.
So tun sie alle, alle, Christen und Heiden.

Menschen gehen zu Gott in Seiner Not,
finden ihn arm, geschmäht, ohne Obdach und Brot,
sehn ihn verschlungen von Sünde, Schwachheit und Tod,
Christen stehen bei Gott in Seinen Leiden.

Gott geht zu allen Menschen in ihrer Not,
sättigt den Leib und die Seele mit Seinem Brot,
stirbt für Christen und Heiden den Kreuzestod,
und vergibt ihnen beiden.

HEILIGE EGALITE BITT FÜR UNS
jetzt und in der stunde unsres todes

FÜR ALLE
den blutenden mond bald ausgewischt
aus den kühltürmen den entsetzten rauch
den spielplatz am baggerloch
und flieder akazie und weißnichtmehr
die rote zauberblume
aufzuschließen den berg

FÜR ALLE
die angst vor dem schnellen krebs
in den kniekehlen elenden schweiß
für alle den hunger nicht nur für die hälfte
für alle recht zum lachen zum weinen
für alle tote nicht nur für viele
für jeden eine kerze hier und in einem andern land
für jeden den geigenspieler auf dem dach
daß er nicht vergißt wie anders es sein kann
für jeden die krone papier gold und dornen

FÜR ALLE
ein holz mit nägeln
und einen der mitgeht bis golgatha

FÜR ALLE
ein riesiges hallelujah
gesungen von allen toten
geschrien von allen gefolterten
gestammelt von allen liebenden

O REX NAZARENUS
der du ausrufst den alarm der welt
und singst den psalm der abgeschriebenen
und spielst mit den knochen der toten

SCHICK UNS DAS GROSSE FÜR ALLE
der Wind der die schwarzen Straßen aufwischt
der große Gelächter anpeitscht
die schwarzen Trompetenvögel
von Aas und Sonne fett

FÜR ALLE
leben und mehr davon
und Sterbenlernen jetzt und
in der Stunde unsres todes
und Lebenmögen jetzt und
in der Stunde unsres todes

FÜR ALLE
Gott einen
der regnet und dörrt
beschädigt und notiert
und baut und fällt ein
landauf landab

AUS tiefer Not schrei ich zu dir,
Herr Gott, erhör mein Rufen;
Dein gnädig Ohren kehr zu mir
Und meiner Bitt sie öffne,
Denn so du willst das sehen an,
Was Sünd und Unrecht ich getan,
Wer kann, Herr, für dir bleiben?

Bei dir gilt nichts denn Gnad und Gunst,
die Sünden zu vergeben.
Es ist doch unser Tun umsunst,
Auch in dem besten Leben.
Für dir niemand sich rühmen kann,
Des muß sich fürchten jedermann
Und deiner Gnaden leben.

HERR,
hier sind wir in größter Pein.
Deine Erde ist öde.
Vater, wir bitten dich,
zieh deine Wolken vom Meer herauf!
Ja, wir wissen, daß es niemanden außer dir gibt,
der uns helfen kann.
Wir können nichts tun,
und inzwischen geht die Zeit vorbei.
Wir haben dies getan, Herr,
um näher zu dir zu kommen.
Wir kommen mit unseren verschiedenen
Angelegenheiten,
um sie dir zu Füßen zu legen.
Wir stehen im Konflikt mit deiner Erde.
Hier sind deine Kinder;
sie öffnen ihre Mäuler wie kleine Vögel und rufen:
Laß noch diesen Nachmittag
deinen Regen des Friedens herabsteigen!

GOTT, wir haben keine Heimat.
Wir ziehen von Ort zu Ort
und suchen einen Platz,
wo wir bleiben können.
Gib uns wieder eine Heimat,
denn dein ist alle Macht
im Himmel und
auf Erden.

In Konflikten beten!

Warum haben die Kinder,
die nichts zu essen haben,
einen so dicken Bauch und so große Augen?
Warum hat Thomas ein zu kurzes Bein?
Warum hat Sabine keinen Vater?
Wo sind wir, wenn wir gestorben sind?
Du weißt es, lieber Gott
Sag es mir bitte,
ich will es verstehen!

ICH bin ärgerlich und traurig.
Ich finde das Leben ungerecht.

Warum gelingt mir so wenig?

Mein Bruder kann alles.
Was er macht, das gelingt.

Er kann gut laufen und werfen.
Er macht seine Schularbeiten ganz allein.
Er weiß alles besser als ich.

Ich möchte
auch einmal etwas können
und gelobt werden.
Sonst macht das Leben keinen Spaß.

Zeig mir endlich einmal,
was ich gut kann
und wo ich Gaben habe.

VIELE Leute sagen zu mir:
Das darfst du nicht,
das verstehst du noch nicht,
du bist noch ein Kind.
Du mußt erst noch wachsen
und viel lernen.

Ich kenne auch Erwachsene,
die Kinder unfreundlich behandeln,
ihnen alles verbieten,
sie anschreien und kommandieren.

Lieber Gott,
sind wir Kinder
noch keine richtigen Menschen?

SIE sind mir böse
und geben mir allein die Schuld.
Versteh du mich doch, Gott!
Ich will nicht brav sein.
Dann kommt es plötzlich über mich:
Dann werde ich böse
und schlage drein.
Und dann werde ich bestraft.
Jetzt möchte ich mit dir sprechen,
du verstehst alles.
Ich will kein Musterknabe sein,
aber ich bin nicht stark genug,
mich durchzusetzen.
Hilf du mir, Gott.
Ich bin noch klein.

Warum habe ich kein Zuhause
und muß hierbleiben
bei Fremden?
Ich bin neidisch
auf andere Kinder,
die zu Hause
leben dürfen.
Wer liebt mich schon wie sein eigenes Kind?
Ich fühle mich verlassen und allein.
Wo bist du denn, Gott,
gibt es dich überhaupt?
Sie sagen, daß du
ein Vater bist
für die Menschen,
aber warum habe ich
denn keinen Vater und keine Mutter?
Sei du denn
mein Vater und meine Mutter!
Ich will versuchen,
froh zu sein,
daß ich lebe,
wenn es auch manchmal schwer ist.

O Herr, hilf mir.
Ich bin wie eine Schachtel,
die mit Seilen verschnürt ist.

Hilf mir, diese Seile
zu durchschneiden, so daß sie
herabfallen.

Hilf mir dann den Deckel
zu heben und wirf ihn weg,
so daß ich hinaussteigen kann.

SOLANGE ich lebe,
muß ich mich entscheiden,
muß Stellung nehmen,
muß ja oder nein sagen.
So hast du es gewollt, Schöpfer des Menschen,
daß ich mich entscheide für einen Beruf,
für einen Lebensgefährten,
für eine Partei,
für dich.
Aber nicht nur an den breiten Kreuzungen des Lebens
muß ich wählen,
auch an den schmalen,
wo es „nur" um einen Film,
eine Zeitung,
einen Witz geht.

Hab Dank, Schöpfer des Lebens,
daß ich entscheiden,
daß ich die Lebensweichen mitstellen darf,
daß ich mehr bin als ein willenloses Zahnrad
im Räderwerk der Zeit.

Herr,
oft habe ich Angst vor Entscheidungen,
schiebe sie anderen zu,
versuche mich vorbeizudrücken,
gehe weder links noch rechts,
weder vor noch zurück.
Herr,
ich will mich für dich entscheiden –
in allen Fragen des Lebens,
jeden Tag –
ein ganzes Leben lang.
Komm mir zu Hilfe, daß ich das Rechte erkenne.
Gib mir Mut, es zu wählen.

Vater unser
    Wieso Vater? Warum meiner?
der Du bist im Himmel
    Himmel?
geheiligt werde Dein Name
    Weshalb? Und wie macht man das?
Dein Reich komme
    Wie bitte?
Dein Wille geschehe
    Des Menschen Wille ist sein „Himmel-Reich"!
wie im Himmel also auch auf Erden
    Geographisch oder wie?
unser tägliches Brot
    Ist das nicht Sache der Landwirtschaft?
gib uns heute
    Mehr oder weniger?
und vergib uns
    Moment mal!
unsere Schuld
    Was ist das?
und führe uns nicht in Versuchung
    Was es nicht alles gibt!
sondern erlöse uns
    Das verstehe ich nicht!
von dem Bösen
    Keine Angst, ich weiß mir zu helfen.
Amen
    Was?

Wir versagen oft – Herr, sei uns gnädig.
Wir fühlen uns oft allein –
erhebe dein Angesicht auf uns.
So viele Fragen sind ungelöst –
gib uns Frieden.

Herr, auch wenn ich jung bin,
ich weiß, du nimmst mich ernst.
Warum fällt das meinen Mitmenschen in der
älteren Generation oft so schwer!
Meine Eltern, meine Lehrer
oder mein Chef und die älteren Arbeitskollegen,
sie meinen alle:
bloß weil ich jünger bin als sie,
sei alles unreif oder falsch, was ich sage und denke.
Dazu haben sie kein Recht, meine ich.
Doch ich muß zugeben,
daß ich auch nicht ganz ohne Vorurteile
gegenüber der älteren Generation bin.
Ich halte sie oft von vornherein für altmodisch
und konservativ,
ohne mir die Gründe für ihre Haltung klarzumachen,
auch wenn sie in vielen Dingen
besser Bescheid wissen und
mehr Erfahrung haben.
Sie waren ja schließlich selbst einmal jung
und hatten sicher auch ihre Probleme.
Aber das scheinen sie oft zu vergessen und
halten es heute nicht mehr der Mühe wert,
meine Probleme zu verstehen.
Manchmal habe ich den Eindruck,
daß es ihnen nur um ihre Machtposition geht,
und dabei hätten sie das gar nicht nötig,
wenn sie sich ernsthaft und sachlich
mit mir über unsere verschiedenen Meinungen
unterhalten würden.
Vielleicht fehlt es aber auch bei mir
an Bereitschaft dazu.
Ich bitte dich, Herr,
hilf mir dabei, die ältere Generation
besser zu verstehen,
auch wenn ich nicht immer ihre Meinung
teilen kann.

Du, unser Herr und Gott,
höre uns an in unserer Not.
Wir glauben, daß du da bist in unserer Welt,
wenn es auch so aussieht,
als wärst du weit weg von uns.
Wir sehnen uns
nach einem sichtbaren Zeichen deiner Gegenwart,
nach einem Beweis dafür,
daß du wirklich der Herr der Welt bist.

Gib uns Kraft,
daß wir dir vertrauen durch Jesus Christus,
der uns den Weg zu dir gewiesen hat.
Laß uns deine rettende Liebe
zum Zeichen werden, daß du bei uns bist
mitten in aller Hoffnungslosigkeit
und Verzweiflung
einer in Auflösung begriffenen Welt.

Hilf uns und stärke unseren Glauben,
daß du hier in dieser Welt existierst
und durch unseren Glauben
deine Ziele verwirklichen willst
hier und in Ewigkeit.

Herr, gib uns Mut,
den Rätseln standzuhalten,
die sich nicht lösen lassen.
Laß uns erfahren,
daß Verlust zum Gewinn werden kann durch dich.
Lehre uns, dich zu loben,
auch wenn uns nicht danach zumute ist.
Nimm uns mit auf deinen Wegen.

DU hast uns dein Wort gegeben,
damit wir Antwort finden auf unsere Fragen.
Ich danke dir.
Und doch ist dein Wort oft fremd,
ich verstehe deine Antwort nicht.
Laß mir dein Wort zur Antwort werden,
mit der ich leben kann.

VATER, du bist hier gegenwärtig.
Laß mich nicht der Versuchung unterliegen,
nicht mehr zu glauben, daß er gekommen ist,
auch für die Meinen.

Laß mich nicht der Versuchung unterliegen
zu glauben, daß du uns dazu schaffen wolltest,
verachtete Spielzeuge zu sein,
daß du uns stehen lassen willst
im Zustand von halben Menschen.

Gewähre mir doch,
und wäre es nur für kurze Zeit,
die Möglichkeit, das Vertrauen
auf den festen Felsen zu stärken
und meine Augen auszurichten
auf die nie erlöschende Sonne.

WAS ich wollte, liegt zerschlagen,
Herr, ich lasse je das Klagen,
und das Herz ist still.
Nun aber gib auch Kraft
zu tragen,
was ich nicht will.

Als Kind hatte ich einen Traum:
Ich kroch in eine dunkle Röhre,
bis ich steckenblieb,
es gab kein Vor und kein Zurück.
Schreiend bin ich aufgewacht,
und meine Mutter kam, um mich zu trösten,
und schnell war alles wieder gut.
Aus diesem Traum ist Wirklichkeit geworden.
Ich weiß nicht mehr ein noch aus,
es gibt kein Vor und kein Zurück.
Ich habe Angst. Ich habe Angst.
Und keiner kommt, um mir zu helfen.
Niemand legt die Hand auf meinen Kopf,
um mich zu trösten.
Ich weiß nicht, was ich tun soll.
Ich habe alles versucht.
Jetzt gibt es nichts mehr zu tun.
Ich weiß nicht ein noch aus.
Ich habe Angst.
Ich sehe keine Rettung,
und es ist aus mit mir.
Ich bin am Ende.
Die Möglichkeiten sind erschöpft.
Ich habe Angst. Ich habe Angst.
Ich habe Angst vor der Angst,
das ist die schlimmste von allen.
Ein Mensch kann mir nicht mehr helfen.
Ich selber bin ein Mensch
und kann mir selber nicht helfen.
Meine Lage ist ohne Aussicht.
Es ist so dunkel um mich her,
daß Gott mich nicht erkennen kann.
Ich glaube nicht, daß mich Gott sieht.
Ich weiß nicht, ob es ihn gibt.
Ich weiß nicht, ob es dich gibt.
An Hilfe glaube ich nicht.
Hilf mir trotzdem.

Es mag sein, daß alles fällt,
Daß die Burgen dieser Welt
Um dich her in Trümmer brechen.
Halte du den Glauben fest,
Daß dich Gott nicht fallen läßt:
Er hält sein Versprechen.

Es mag sein, daß Trug und List
Eine Weile Meister ist,
Wie Gott will, sind Gottes Gaben.
Rechte nicht um Mein und Dein;
Manches Glück ist auf den Schein,
Laß es Weile haben.

Es mag sein, daß Frevel siegt,
Wo der Fromme niederliegt;
Doch nach jedem Unterliegen
Wirst du den Gerechten sehn
Lebend aus dem Feuer gehn,
Neue Kräfte kriegen.

Es mag sein, die Welt ist alt;
Missetat und Mißgestalt
Sind in ihr gemeine Plagen.
Schau dirs an und stehe fest:
Nur wer sich nicht schrecken läßt,
Darf die Krone tragen.

Es mag sein, so soll es sein!
Faß ein Herz und gib dich drein,
Angst und Sorge wirds nicht wenden.
Streite, du gewinnst den Streit!
Deine Zeit und alle Zeit
Stehn in Gottes Händen.

HERR,
ich finde mich nicht mehr zurecht.
Nichts trifft mich ganz,
nichts erfüllt mich ganz.
Keine Freude erreicht mich,
kein Schmerz wühlt mich auf.
Es ist innen so furchtbar leer.
Ich kann mein Leben nicht annehmen, wie es ist.
Das halte ich nicht mehr aus.
Aber du nimmst mich an, wie ich bin.
Du hältst mich aus.
Laß mich aus dir neu und anders leben,
wie aus einer erquickenden Quelle.
Ich lasse dich nicht, du segnest mich denn.

DU ganz Verborgener, wunderst du dich nicht über uns,
daß wir dir vertrauen, daß wir dich ertragen,
daß wir dir vergeben, wenn du unsere Bitten überhörst,
und hast doch gesagt:
„Alles wird euch gegeben, worum ihr bittet";
und daß wir dir deine Allmacht verzeihen,
die du vor uns verleugnest,
und daß wir dir noch danken für die Schläge,
und daß wir uns rührend bemühen, dir zu gefallen,
während du uns, winzig wie wir sind, nicht einmal bemerkst,
wer weiß denn, ob du jeden einzelnen von uns . . .
ja, ich weiß schon: kein Haar vom Haupt ungezählt,
kein Sperling ungekannt, das ist poetisch;
ist es auch wahr?
Gib doch zu, daß du ganz Ungeheuerlich es verlangst
von uns: zu glauben, daß Licht ist, wo doch Finsternis ist;
zu glauben, daß Liebe ist, wo eins das andre frißt;
Geborgenheit, wo nur Verlassenheit ist.
Wunderst du dich nicht,
daß wir das leisten: zu leben?

O, ich habe gebetet unter dem nächtlichen Baum,
o, ich habe gebettelt um eine Gnade nur.
O, ich fragte beim Reichtum der Sterne im Raum.
Götter lenket das Glück auf meine Spur!
Ging und wurde schweigend, wortlos entlassen.
Ging und schwieg vor mich hin in den leeren Gassen.

Ich will dich, Gott, nicht quälen,
Doch sagen mußt du mir,
Was du mit unseren Seelen
Vorhast auf Erden hier.

Es kann doch nicht sein sollen,
Daß eins des andern Feind,
Und jeder spricht mit Grollen,
Und keiner, was er meint.

Und wenn zwei Menschen brennen
Im reinen Liebeslicht,
So müssen sie sich trennen
Mit weinendem Gesicht.

Gib, Gott, daß ich's begreife,
Und donnere, daß ich's merk,
Wenn ich wehklagend streife
Um deinen Kummerberg.

Gebete für die Familie

Herr,
ich wünsche mir so sehr einen Menschen,
der mich versteht und dem ich alles sagen kann.
Ich wünsche mir einen Menschen,
der mich aufrichtig liebt.
Laß mich jemand finden,
der nicht nur mit der Liebe spielt.
Laß mich jemand finden,
der mein Herz sucht und nicht nur mein Geschlecht.
Laß mich jemand finden,
der mein Leben für lange Zeit reicher macht,
der mich nicht eines Tages arm und zerstört zurückläßt.
Hilf mir,
auch seinem Leben mehr Freude und Glanz zu geben.
Hilf mir,
Liebe zu finden,
in der Kraft und Treue ist wie in der Liebe,
mit der du uns liebst.

INS Innerste unseres Herzens
hast du die Sehnsucht nach Zusammen-Sein gelegt.
Was diese Sehnsucht zerstört,
richtet sich gegen dich und nennt man Sünde.
Wo wir einander als Glück ansehen,
leben wir in deiner Gnade.
Wir danken dir
für unsere Berufung zur Gemeinschaft.
Lehr uns erkennen und tun,
daß wir Menschen-für-andere sein sollten
wie dein Sohn und unser Herr
Jesus Christus.

HERR JESUS,
seit wir einander liebhaben und verlobt sind,
denken wir viel aneinander.
Das ist schön.
Aber laß uns dich dabei nicht vergessen.
Hilf uns,
die nötigen Grenzen zu beachten,
damit wir uns vor dir nicht zu schämen brauchen.
Herr,
wir verlassen uns auf deine Hilfe,
weil unser Wille leicht von dem Streben zueinander
überrollt wird.
Gib,
daß wir uns gegenseitig fördern und in ungetrübter Freude
unser Zusammensein genießen.
Rüste uns innerlich und äußerlich für die
bevorstehende Ehe.

VATER,
ich danke dir,
daß du uns füreinander geschaffen hast,
daß wir uns begegnet sind und einander lieben.
Laß die Liebe in uns wachsen,
damit wir uns immer besser verstehen und uns
gegenseitig glücklich machen.
Alle wahre Liebe stammt von dir und führt zu dir.
Du hast unserm Leben durch diese Liebe einen neuen Inhalt
und ein neues Ziel gegeben.
Zeig uns den richtigen Weg zu diesem Ziel
und hilf uns ihn gehen.

HERR CHRISTUS,
ich liebe ein katholisches Mädchen und weiß nicht,
ob wir trotz dieses Unterschiedes der Konfession
heiraten sollen.
Wir sind doch beide Christen.
Haben wir damit nicht ein besseres Fundament
für unsere Ehe als alle,
die dich ausschalten?

Manche warnen mich und sagen,
daß die Schwierigkeiten sich erst zeigen werden,
wenn wir miteinander leben,
Kinder haben und sie christlich erziehen wollen.

Ich weiß nicht,
was du von mir willst, Herr.
Gib mir Klarheit darüber,
was ich tun soll.
Rede zu mir:
durch dein Wort,
durch einen Menschen oder
auf irgendeine andere Weise.
Öffne mir die Augen,
daß ich deine Hinweise erkenne,
und steh mir bei,
wohin mein Weg auch führt.

HERR GOTT, hilf mir!
Ich bin schwanger.
Das habe ich nicht gewollt.
Ich habe Angst davor, jetzt das Falsche zu tun.
Herr, ich brauche einen Menschen,
mit dem ich darüber reden kann.
Ich brauche einen Rat, der mir wirklich hilft.

Herr,
ich will Petra heiraten,
aber was wird danach kommen?
Kann man ein ganzes Leben lang
nur für eine Frau da sein?
Weiß ich denn,
was morgen,
übermorgen
oder in zehn Jahren sein wird?
Und wenn es nun schiefgeht mit uns beiden?
Ich lese so viel in den Zeitungen
von Krebs
und Herzinfarkt,
von Inflation und Krieg.
Soll man da heiraten?

Ich sehe die Ehen meiner Freunde und weiß nur:
So darf es bei uns nicht werden.
Aber – wer garantiert mir das?
Herr,
ich traue auf dich!

Du gibst keine Garantiescheine für glückliche Ehen
und lebenslange Gesundheit,
aber du hast uns in der Taufe versprochen,
daß du zu uns halten wirst,
so wie du zu deinem Sohn,
unserem Herrn Jesus Christus,
im Leben und Sterben gehalten hast.

Herr,
wir werden geborgen sein bei dir
in allen Stürmen unserer Ehe,
wie die Jünger geborgen waren
im Sturm auf dem Meer.

ICH bin so aufgeregt und so ängstlich, Herr.
Heute ist mein Hochzeitstag.
Welch ein entscheidender Schritt
in eine unbekannte Zukunft!
Bevor ich meinem Ehemann das Jawort gebe,
möchte ich noch einmal mit dir darüber sprechen.
Ach Herr, sei du der erste Gast in unserem neuen Heim:
unsichtbar und doch spürbar gegenwärtig.
Zeuge dessen, was wir reden und tun,
Ratgeber in allen unseren Entscheidungen.
Du warst ja damals bei der Hochzeit zu Kana dabei.
Das zeigt mir: Du kannst dich mitfreuen,
willst teilnehmen an allem und durch deine Gegenwart
die Freude noch vermehren.
Sei bei uns, wenn wir uns Treue geloben.
Bleibe bei uns, wenn wir im Familienkreis feiern.
Gerade an diesem Tag, aber auch an allen
folgenden Tagen, brauchen wir deinen Segen,
brauchen wir deine Gegenwart, brauchen wir dich,
unsern Herrn und Heiland.

LOBE den Herrn, meine Seele,
und was in mir ist, seinen heiligen Namen!
Wir preisen dich, Herr,
daß du uns diesen festlichen Tag mit
unserem Brautpaar schenkst.
Du hast ihren Weg zusammengeführt und ihnen die
Gewißheit gegeben, daß sie füreinander bestimmt sind.
Mache sie reich in der frohen Hoffnung auf ein
gemeinsames Leben zu deiner Ehre.
Wir danken dir mit ihnen von ganzem Herzen.
Laß das Band der Liebe auch unsere beiden
Familien vereinen.
Ja, lobe den Herrn, meine Seele,
und vergiß nicht, was er dir Gutes getan hat!

LIEBER VATER im Himmel,
ich bitte dich für meinen Schwiegersohn.
Du weißt, daß ich ihn liebhabe.
Aber so vieles an ihm und seiner Art ist mir so fremd
und schwer verständlich.
Da bin ich oft ungeduldig und ärgerlich
und ungerecht gegen ihn.
Vergib es, Herr,
und laß mich viel mehr auf seine guten Seiten achten.
Gib, daß ich nicht immer wieder ängstlich beobachte,
ob er meine Tochter auch wirklich recht liebt.
Laß mich seine Art und seine Ausdrucksformen
der Liebe anerkennen und sie nicht mit denen
meines Mannes vergleichen und abwerten.
Laß mich erkennen, wann ich schweigen muß und
wann ich reden soll.
Wenn ich schweige, laß es vertrauensvoll sein
und nicht beleidigt oder distanziert.
Gib mir, wenn ich rede,
das rechte Wort und den rechten Ton,
damit ich nicht verletze, wo ich helfen will.
Laß mich geiziger in der Kritik
als in der Anerkennung sein.
Ich weiß ja,
daß er gute Gaben hat und tüchtig ist in seiner Arbeit.
Gib, daß er sich nicht selbst im Wege steht
durch seine manchmal schroffe und rechthaberische Art
oder zu großen Ehrgeiz.
Schenk ihm für seinen schweren Dienst
täglich neu fröhlichen Mut
und auch die Kräfte des Leibes und der Seele,
die er braucht.
Und laß seine Frau ihm in allem eine gute,
zuverlässige und verständnisvolle Gehilfin sein.
Erhalte sie beide und ihre Kinder im Glauben an dich
und bewahre sie miteinander auf deine Zukunft.

HERRGOTT, himmlischer Vater!
Ich danke dir. Die Söhne sind jetzt selbständig in ihren Berufen. Du hast sie so geführt, daß sie nicht allein geblieben sind. Sie haben Lebensgefährtinnen gefunden, die mit ihnen Freud und Leid ihres Lebensweges teilen wollen.

Dadurch, daß sie nun alle ihren eigenen Hausstand haben, ist das Leben bei uns einsamer geworden. Hilf dazu, daß es nicht innerlich ärmer wird. In den Schwiegertöchtern bekomme ich ja Töchter dazu. Laß mich auch sie lieben wie die eigenen Kinder. Es wird nicht immer leicht sein. Sie kommen aus anderen Elternhäusern, mit verschiedenen Anschauungen und Lebensgewohnheiten, die sie von Kindheit an bestimmt haben. Teilweise sprechen sie fremde Sprachen als Muttersprache und haben sich in Berufen bewährt, von denen ich nicht viel weiß. Deswegen bitte ich dich, mache mein Herz weiter und die Gedanken beweglicher, damit ich nicht alles nur nach meinen Maßstäben beurteile. Wenn meine Söhne sie liebgewonnen haben, so laß mir auch das Fremde an ihnen liebenswert erscheinen. Vor allen Dingen gib meiner Frau und mir in unserer alt gewordenen Ehe die Kraft, unseren Kindern und Schwiegertöchtern das vorzuleben, wovon alle Ehen in dieser Welt leben, wenn sie Bestand haben sollen. Sie sind nicht nur Arbeits-, Interessen- und Geschlechtsgemeinschaft, sondern auch Glaubens- und Gebetsgemeinschaft. Laß meine Schwiegertöchter nicht nur tüchtig und gut zu meinen Söhnen sein. Hilf ihnen, daß sie auch glauben, damit sie, wenn sie Kinder bekommen, mit ihnen und für sie beten können.

Ich traue auf dich, Herr! Du läßt aus der Fülle deiner Barmherzigkeit die Familie wachsen. Hilf uns allen, daß wir in ihr und mit ihr in diesem Leben das ewige Leben gewinnen.

HERR, ich danke dir,
daß wir zu zweit unser Leben führen dürfen.
Ich bin nicht allein.
Du gabst mir einen Menschen,
der mich liebt, wie ich bin,
der mit mir leidet, der mich tröstet und aufrichtet,
der sich mit mir freut, der auf mich wartet
und für mich da ist Tag und Nacht.
Herr, ich danke dir für das Gespräch miteinander,
für das immer neue Gespräch.
Ich danke dir, daß wir aufeinander hören können,
daß wir uns korrigieren können,
daß wir einander vertrauen dürfen.
Ich danke dir für die immer neue Liebe,
für das ständige Tragen,
für das gemeinsame Gebet.
Herr, ich danke dir,
daß du uns ein gemeinsames Ziel gegeben hast:
dich selbst.

HERR GOTT,
voll Staunen stehen wir vor dem Geheimnis
der ehelichen Liebe,
die ein Abglanz deiner Liebe zum Menschen ist.
In deinem Schöpfungsplan hast du sie grundgelegt
und verwirklicht;
denn du erschufst den Menschen als Mann und Frau
und erfülltest sie mit Sehnsucht zueinander.
Wir bitten dich, laß uns mit wachen Sinnen
und dankbarer Freude diese Liebe erfahren.
Hilf uns,
daß wir uns in gegenseitiger Achtung beistehen,
unsere Aufgaben in Familie und Gesellschaft
entsprechend deinem Schöpfungsauftrag erfüllen,
damit unsere Liebe zum Zeugnis für deine Liebe wird.

HERR,
mein Mann versteht mich nicht mehr.
Er kennt nur noch seine Arbeit und seine Sorgen.
Die Kinder überläßt er mir,
und ich werde mit ihnen nicht mehr fertig.
So kann das nicht weitergehen.
Herr, ich möchte,
daß wir uns wieder einmal richtig aussprechen.

HERR,
ich höre immer wieder,
zu zweit lebt es sich besser.
Ich spüre aber, daß es oft schwer ist,
miteinander auszukommen.
Wird mir die Ehe zur Last?
Manchmal beneide ich die Ungebundenen.
Hilf uns in den alltäglichen Problemen
und schenk uns Gemeinsamkeit
über das Alltägliche hinaus.

VATER im Himmel,
ich hätte nie gedacht,
daß wir einander so wehtun können.
Ich erkenne immer mehr, wie schwer es ist zu lieben,
und wie schwach wir sind.
Hilf uns,
daß wir einander verzeihen können.
Laß uns erkennen, was wir falsch gemacht haben.
Laß uns immer wieder einen Weg finden,
der uns zueinander führt.
Laß unsre Liebe nicht untergehen,
sondern reifer werden.
Hilf uns, Herr.

MEIN Alltag ist so hektisch, Herr!
Ich bin erschöpft von der Arbeit
im Beruf und zu Hause.
Meine Nerven sind überspannt.
Darum bin ich in letzter Zeit schlecht gelaunt.
Ich habe mir das Eheleben auch großartiger vorgestellt.
Nun merke ich,
daß auch hier nicht alles Gold ist, was glänzt.
Allein schon der gemeinsame Kleiderschrank
kann zum Problem werden.
Eine Frau braucht Platz für ihre Kleider,
bestimmt mehr als ein Mann,
aber irgendwie kann er das nicht einsehen.
Dann die Mahlzeiten
– er frühstückt gern kräftig,
und ich bin dauernd am Abnehmen.
Er mag Kaffee,
ich Tee,
aber welch ein Umstand,
beides zu machen!
Und warum soll ich immer nachgeben?
Können zwei so verschiedene Menschen wie wir lernen,
ein harmonisches Leben zu führen,
ohne daß der eine ständig vor dem anderen kapituliert?
Ich liebe,
bewundere und achte meinen Mann,
aber wir sind zwei sehr verschiedene Menschen, Herr!
Als wir unseren gemeinsamen Lebensweg begannen,
haben sich unsere Persönlichkeiten
nicht ineinander verschmolzen.
Ich bin immer noch ich!
Und er ist er.
Hilf mir, Herr,
eine Ehe zu führen,
in der wir miteinander wachsen.

HERR,
ich habe keine Worte, ich bin leer.
Ich verstehe meinen Mann nicht mehr,
und er versteht mich nicht mehr.
Eine Eiseskälte geht von ihm aus.
Ich bin vollkommen isoliert.
Es ist kein Gespräch mehr da,
keine Liebe mehr, kein Vertrauen.
Wir gehen getrennte Wege.
Ich bin verzweifelt, mein Leben ist sinnlos.
Schenke mir neue Liebe für ihn,
neues Vertrauen zu ihm.
Beherrsche du mich,
überwinde meine Abneigung und meinen Zorn.
Heile ihn und mich, führe uns zueinander,
hilf uns einander vergeben.
Sei du zwischen uns und laß uns genesen.

HILF MIR in dieser Stunde
zu einem neuen Anfang in meiner Ehe.
Daß ich Liebe schenke in den Stunden der Freude
und der Niedergeschlagenheit,
in guten und in schlechten Tagen,
ob das Geld reicht oder nicht,
in Krankheit und im Wohlergehen,
bis daß der Tod uns scheidet.
Hilf mir, Herr, daß ich Liebe schenke und Fürsorge
mein Leben lang.
Lehre mich den Weg der Güte und Nächstenliebe.
Hilf mir, daß ich die Schranken beseitige,
die Familien und Freunde, Brüder und Schwestern,
Söhne und Töchter, voneinander trennen.
Zeige mir den Weg der Versöhnung,
daß mir Versöhnung geschenkt wird,
indem ich mich mit den Mitmenschen versöhne.

GOTT, zu dir rufe ich!
Der Abend mit meiner Frau
sollte besonders schön werden.
Deshalb hatte ich ihr Blumen mitgebracht.
Sie sagte „danke“ und stellte sie in die Vase.
Nun mußte sie mit der Tochter
noch Schularbeiten machen und üben,
weil morgen eine Arbeit geschrieben wird.
Ich hoffte,
daß sie danach fertig wäre.
Irrtum.
Der Sohn macht morgen einen Klassenausflug.
Da war noch allerhand zu richten.
Wenn ich hätte helfen können,
hätte ich es getan.
So las ich ärgerlich eine Illustrierte.
Ach, sind die Leute schlau.
Was sie den einsamen Herzen für Ratschläge geben!
Endlich war meine Frau fertig.
Wir gingen ins Bett.
Hatten wir jetzt füreinander Zeit?
Ich hoffte es,
aber auch das war ein Irrtum.
Sie war müde,
legte sich auf die Seite und schlief ein.
Und obwohl wir zu zweit sind,
bin ich allein.
Vor dir wird mir klar,
daß ich meine Frau vielleicht auch so manchesmal
enttäuscht habe,
wenn sie auf ein liebes Wort wartete.
Aber ich war zu sehr
mit meinen Problemen beschäftigt.
Hilf mir,
zu verstehen,
und hilf mir,
ihr nicht gram zu sein.

LIEBER HERR, ich bin am Ende.
Ich verstehe meine Frau nicht mehr.
Alles hat einmal so schön und so reich
angefangen zwischen uns.
Wir haben uns auseinandergelebt.
Wir haben uns auseinandergestritten.
Sie ist eigene Wege gegangen.
Wir erwarten nichts mehr voneinander.
Wir trauen uns alles Böses zu.
Die Kinder,
die Eltern und Schwiegereltern
sowie unsere Freunde
leiden mit darunter.
Aber niemand schafft es,
der uns heraushilft.
Gib, wenn es sein kann,
einen neuen Anfang.
Laß mich selber alles zurückstellen,
was ich an Kritik und Argwohn habe.
Laß mich mein eigenes Ungenügen erkennen,
meine Rechthaberei,
all meine Ungerechtigkeit.
Gib deinen Geist in unsere Herzen.
Laß nicht zu, daß das,
was in deinem Namen begonnen worden ist,
zerstört wird durch unseren Eigensinn
und alles andere, was uns hindert,
wieder zueinander zu kommen
und recht beieinander zu bleiben.
Laß uns nicht nur beten:
Vergib uns unsere Schuld,
wie wir vergeben unseren Schuldigern.
Laß uns Schuld vergeben
und alle Hoffnung darauf setzen,
daß du uns zusammen unsere Schuld vergibst
und wir so mit jedem kleinen Schritt aufeinanderzu
von neuem beginnen.

GOTT,
ich fange an zu glauben, daß es dich wirklich gibt.
Mir ist ganz sonderbar, ich kann es kaum fassen,
aber ich spüre, wie ich neue Kraft habe.
Ich sehe jetzt klarer und habe wieder Mut.
Ich war so verzweifelt,
als ich meinen Mann mit diesem netten
jungen Mädchen zusammen sah.
Er merkte es nicht,
aber in mir brach eine Welt zusammen.
Damals schrie ich:
„Wenn es einen Gott gibt,
dann muß er mir jetzt helfen!"
Aber nichts geschah. Es blieb alles beim alten.
Mein Mann wollte keine Scheidung,
er wollte beide – nebeneinander.
Und ich liebe meinen Mann,
– aber – ihn teilen?
Er sagte, daß auch er mich weiter liebhätte,
nur eben anders als die Jüngere.
Er sah nicht, wie ich darunter litt. –
Und ich bat dich um größere Liebe,
weil ich meinte,
ihn dadurch zurückzugewinnen.
Herr, es ist noch nichts anders geworden,
mein Leid ist nicht kleiner geworden,
mein Herz krampft sich zusammen an den Tagen,
wenn ich meinen Mann bei diesem Mädchen weiß. –
Aber es geht mir merkwürdig,
sie tut mir fast leid,
und ich spüre eine leise Zuneigung in mir für sie,
denn auch sie liebt ihn – auf ihre Weise.
Und, Herr, du hast mir geholfen,
meine Liebe zu meinem Mann ist anders geworden,
stärker und tiefer.
Fast bin ich dankbar für dieses Leid,
denn – ich fand dich, o mein Gott und Herr!

Herr,
ich bin ratlos.
Ich habe keinen Halt mehr.
Ich fühle, wie etwas in mir zerbricht.
Zwischen mir und meinem Mann steht eine andere Frau.
Ich weiß nicht, was ich tun soll.
Manchmal möchte ich ihn von mir stoßen.
Manchmal möchte ich ihn festhalten.
Ich möchte mit ihm sprechen,
aber ich fürchte,
daß er mich für immer zurückweist.
Oder sollte ich mit der anderen Frau sprechen?
Ich beneide sie um ihr junges Gesicht.
Ich komme mir alt und abgenutzt vor.
Ich fürchte, daß ich ihr nicht standhalten kann.

Nie hätte ich geahnt, daß sich mein Leben so verändert.
Ungewißheit quält mich.
Ich weiß nicht, wie es weitergeht.
Ich schäme mich vor den fragenden Blicken der Nachbarn.
Am liebsten möchte ich mich verkriechen.
Dabei sehne ich mich nach jemandem,
der mich in meiner Lage versteht.

Herr, es fällt mir schwer,
für die vergangenen Jahre zu danken.
Ich fühle mich hintergangen.
Womit habe ich das verdient?
Herr, es fällt mir schwer, mich zu fragen:
Was habe ich versäumt?
War ich oft zu gleichgültig?
Herr, wie kann ich an deine Liebe glauben?
Laß mich nicht verzweifeln!
Laß mich durchhalten!
Laß mich Menschen begegnen, denen ich vertrauen kann!
Laß mich ein paar klare Gedanken fassen!
Laß mich die nächsten Schritte erkennen!

HERR und GOTT,
wir erwarten unser Kind.
Wir möchten so gern,
daß es ein gesundes und fröhliches Kind wird.
Aber wir wollen es annehmen,
wie du es uns gibst.
Nun bitten wir dich:
schenke ihm deine Liebe.
Wir wollen es schützen, so gut wir können,
schon jetzt, da wir es erwarten.
Hilf in der Stunde der Geburt.
Wir wollen unser Kind aufnehmen in deinem Namen
und ihm den Weg zeigen,
auf dem es dich finden kann.
Schenke ihm ein erfülltes und glückliches Leben,
und laß es zum Segen werden für alle,
die ihm begegnen.
Nimm es allzeit in deinen Schutz.

LIEBER himmlischer Vater.
Ich danke Dir, daß Du mir Gnade verliehen hast,
Leben zu empfangen und Leben zu geben.
Laß mich reif werden für Dein Gnadengeschenk.
Bewahre die Frucht meines Leibes,
das Werk Deiner Hände.
Stehe mir bei in der schweren Stunde.
Hilf mir meine Schmerzen mit Geduld tragen
und überwinden
und schenke uns ein gesundes Kind.
Gib mir gute und reine Gedanken,
damit ich mein Kind nicht nur nähre mit meinem Blut,
sondern mit allem, was Du mir ins Herz gibst.
Nimm mein Kind an zu Deinem Kinde.
Du hast es mir gegeben, Dir soll es gehören.
Durch Jesum Christum, unsern Herrn.

HERR, Du Schöpfer alles Lebens,
niemand hat dir zugesehen,
als du die Welt und die Menschen schufst.
Aber nun willst du Menschen dabei haben,
wenn du neues Leben werden läßt.
Ich kann nur staunen und dir danken.
Ich freue mich auf unser Kind.
Erbarme dich über die Mütter,
die ihr Kind nicht wollen.
Gib ihnen trotz aller Bedenken Freude ins Herz.

Ich danke dir für alle Geborgenheit und Liebe,
die ich in diesen Monaten erfahre.
Ich bekenne dir aber auch meine Angst,
die ich vor Menschen nicht eingestehe,
die Angst vor den Schmerzen.
Nimm mir alle Wehleidigkeit und laß mich tapfer sein.
Angst habe ich auch vor einem mißgestalteten
oder geistesschwachen Kind.
Ich weiß nicht, ob ich es lieben könnte.
Nimm mir diese quälenden Gedanken
um meines Kindes willen.
Erbarme dich über die Mütter,
die ein behindertes Kind zur Welt bringen.
Gib ihnen Liebe zu ihrem Kind ins Herz.

Ich bitte dich für die vor mir liegenden Monate.
Laß, während mein Kind wächst,
mich auch wachsen zu einer rechten Mutter.
Hilf mir, mich selbst zu vergessen und für andere zu leben.
Bewahre mich vor egoistischer Mutterliebe und
mache mein Herz weit für mein Kind und für andere,
die mich brauchen.
Erbarme dich über die Kinder, die schlechte Eltern haben.
Mache andere willig, sich ihrer anzunehmen.

Dir sei Dank, daß du dich unser aller annimmst!

Nun ist es soweit –
der Arzt hat es bestätigt:
Ich erwarte ein Baby!
Dies ist dein Geschenk, o Herr,
und wir danken dir dafür.
Du läßt uns als Eltern teilhaben
am Wunder, wie ein Mensch entsteht.
Jetzt ist dieser neue Mensch noch ein süßes Geheimnis,
unser Geheimnis –
aber bald werden es viele wissen.
Ich sitze da und denke nach, Herr.
Ich sehe mich,
wie ich einen Kinderwagen schiebe,
Windeln wechsle,
einen Säugling liebkose,
an seiner Wiege bete.
Ich habe ein wenig Angst vor der Verantwortung,
darum brauche ich deine Hilfe, Herr Jesus.
Ein kostbares Leben ist meinen Händen anvertraut:
Ein Kind erziehen und beschützen,
sein Schicksal mitformen –
welch eine Aufgabe!
Ich will mein Bestes geben.
Dennoch werde ich Fehler machen.
Laß es nicht zu viele sein,
und ohne schwerwiegende Folgen.
Hilf mir, Herr,
mich in dieser Wartezeit
recht vorzubereiten auf die neuen,
großen Aufgaben.
Laß mich in Harmonie mit mir selbst
und mit anderen leben.
Vertreibe Furcht und Sorge.
Nimm alle Unsicherheit.
Du bist ja in gleichbleibender Liebe für uns da.
Danke, Herr,
daß ich dir vertrauen kann!

HEUTE morgen wurde es mir in die Arme gelegt,
unser erstgeborenes Kind, unser Geschenk von dir, Herr.
Darauf haben wir nun neun Monate gewartet,
auf dieses kleine, rote Gesichtchen,
auf diese feinen Händchen,
die bis ins kleinste Glied vollkommen sind.
Welch Glücksgefühl erfüllt mich!
Dies ist mein Kind, unser Kind,
ein Teil von mir und von meinem Mann.
Du, Herr, hast kleine Kinder in deine Arme genommen
und sie gesegnet.
Ich bringe schon heute mein Kind zu dir.
Ich lege es in deine Arme.
Nimm es an und segne mein Kind.
Danke, Herr, daß du es begleiten wirst.
Nun ist es nicht nur mein Kind, es gehört auch dir.
Das macht mich so froh und zuversichtlich:
Wir gehören zusammen dir!

UNSER lieber Vater,
wir danken dir für das Wunder dieses neuen Lebens,
das du uns in unserem Kinde geschenkt hast.
Laß uns dieser Gabe würdig werden.
Wie sollten wir die Sorge für die Entfaltung dieses kleinen geliebten Wesens allein tragen können?
Nun sind wir als eine Familie vor dir da.
Wir bitten dich,
laß uns Rechtes denken und Rechtes tun in unserem Kreis.
Laß uns nicht vergessen,
daß wir das Leben und Denken unseres Kindes
dir zuführen und nicht uns:
In dir, dem rechten Vater im Himmel und auf Erden,
wohnen währende Freude und Lebensmut.
Behüte und bewahre unser Leben in unserer Familie füreinander.

Herr,
wir werden ein Kind adoptieren.
Wir folgen unserem Herzen und unseren Wünschen.
Wir haben uns so entschieden und glauben,
darin deinem Willen zu folgen.
Unser Entschluß birgt viele Ungewißheiten.
Darum bitten wir dich, Herr,
um deine Hilfe
und deinen klärenden Geist.
mach unsere Liebe zueinander fest
und laß uns eine Familie werden,
in der dieses neue Leben aufwachsen kann.

In dieser Stunde
machen sich überall auf der Welt
Mütter und Väter
Gedanken über ihre Kinder
und sorgen sich um sie.
Wie mag es ihnen in der Schule gehen,
bei ihren Freunden,
bei der Arbeit?
Und nach der Schule in ihrer Freizeit?
Was werden sie tun?
Wie werden sie heranwachsen?
Was wird aus ihnen werden?
Was werden sie aus ihrem Leben machen?
Herr, du hast uns die Kinder geschenkt,
führe und erleuchte uns,
daß wir ihnen das Richtige sagen
und das Richtige für sie tun,
daß wir ihnen nahe sind,
wenn sie uns brauchen,
daß wir sie liebhaben,
was sie auch tun.
Herr, hilf uns!

HERR,
hilf uns,
daß wir Geduld haben mit unseren Kindern,
daß wir Zeit haben für sie,
wenn sie uns brauchen,
daß wir uns ihre Ansichten und Meinungen anhören,
wie sehr sie auch von den unsrigen abweichen.
Hilf uns in unseren gemeinsamen Gesprächen,
daß wir zueinander Vertrauen haben.
Und wenn unsere Kinder ihr Wissen erweitern wollen,
hilf uns,
daß wir mit ihnen lernen.

HERR,
mein Kind hat mir gesagt,
daß es nicht mehr beten kann.
Ich hatte mir schon lange ein paar gute Ratschläge
ausgedacht für solche Fälle.
Aber als es darauf ankam,
war alles ganz anders.
Mein Mund wurde trocken und mein Kopf leer.

Herr,
ich bitte dich,
offenbare dich selbst meinem Kind
in irgendeinem Satz,
einem Lächeln,
einem fruchtbaren Wort.
Bewahre mein Kind vor allzu langer Verlassenheit,
damit sein Ohr im Lärm dieser Welt
nicht taub wird für deine leise Stimme.

VATER im Himmel,
du hast uns unsere Kinder anvertraut.
Wir freuen uns,
daß wir sie haben.
Wir freuen uns
über alle guten Anlagen,
die wir an ihnen entdecken.

Wir freuen uns,
wenn sie gesund sind und heranwachsen.
Wir freuen uns,
wenn wir miterleben dürfen,
wie sie sich entfalten.

Herr,
wir danken dir für unsere Kinder.
Wir wollen ihnen helfen,
so zu werden,
wie du sie haben willst.
Wir wollen Geduld haben,
wenn sie uns Sorgen machen.
Darum bitten wir dich, Herr,
segne unsre Kinder.
Laß sie von Tag zu Tag mehr lernen,
ihr Leben selbst in die Hand zu nehmen.

Gib ihnen einen Glauben,
der ihr Denken und Tun durchdringt.
Führe sie einmal zu dem Beruf,
der ihnen Freude macht.
Schenke ihnen Freunde,
die sie verstehen und ihnen helfen.
Und wenn sie auf die falschen Wege geraten,
dann führe sie wieder zurück.
Bleib in unserer Familie;
wir alle brauchen dich.

LIEBER himmlischer Vater!
Wir danken dir,
daß du uns dies Kind geschenkt und anvertraut hast.
Du willst es durch uns erzogen wissen
und hast uns damit die große Aufgabe
unseres Lebens gegeben.
Du weißt, wieviel Sorge es uns macht.
Gib, daß wir richtig mit ihm umgehen.
Verleih uns den Mut zur Strenge, wo es nötig ist;
und die Bereitschaft zum Verzeihen,
wo Schuld unsere Gemeinschaft zerstört hat.
Bewahre uns vor dem Zorn, der das Herz verhärtet,
und vor der Gleichgültigkeit, die uns voneinander trennt.
Wir haben manches versäumt und falsch gemacht
in seiner Erziehung;
aber du weißt, daß wir immer das Beste gewollt haben.
Wir sollten Vorbild sein, aber wir haben versagt.
Unser Glaube ist schwach gewesen,
und wir haben dich vergessen.
Unsere Arbeit und unser Wohlergehen
standen im Mittelpunkt und nicht dein Wille.
Wenn unser Kind den Weg zu dir nicht gefunden hat,
dann ist das auch unsere Schuld.
Wir gestehn,
daß wir ihm oft nicht die Zeit gewidmet haben,
die es gebraucht hat.
Wenn unser Wort jetzt ungehört bleibt,
so wissen wir es doch in deiner Hut und deinen Händen.
Blicke du jetzt auf unser Kind,
wenn es Wege geht, die sich von uns entfernen.
Bewahre es vor der Versuchung und vor dem Bösen,
vor schlechtem Rat und falschen Freunden.
Laß uns gemeinsam einen neuen Anfang finden
und die Bitterkeit überwinden auf beiden Seiten.
Dazu verhilf uns durch den,
den du zum Boten der Versöhnung und des Friedens
gemacht hast, Jesus Christus, unsern Herrn.

HERR,
ich bitte dich für meinen Vater.
Behüte ihn.

Er ist manchmal so ernst.
Sicher hat er Sorgen,
von denen ich nichts weiß.

Erhalte ihn gesund
und gib,
daß Mutter ihn gut versteht.

Wenn er es einmal ganz schwer hat,
erinnere ihn daran,
daß du auch noch da bist.

MANCHMAL möchte ich
schon groß sein.
Dann kann man tun, was man will,
und sich hundert Wünsche erfüllen.

Aber vielleicht ist das gar nicht so.
Vielleicht haben auch die Erwachsenen
ihre Sorgen und Wünsche.
Bei Vater und Mutter merke ich es manchmal.

Eigentlich bin ich doch ganz gern
ein Kind.
Ich danke dir, Gott, daß du die Kinder
genau so lieb hast wie die Erwachsenen.

MEINE Eltern haben mich lieb.
Mutter hat den Vater lieb.
Vater hat die Mutter lieb.
Ich bin ihr Kind.
Sie geben mir zu essen und zu trinken.
Sie schenken mir Kleider.
Sie helfen mir.
Sie nehmen mich in die Arme.
Sie haben mich lieb.
Sie lachen,
singen und beten mit mir.
Lieber Gott,
beschützte Vater und Mutter!
Ich möchte,
daß sie immer bei mir sind.

ICH finde es nicht schön,
wenn einer beim Spielen immer gewinnen will,
Streit anfängt oder andere ärgert und auslacht.
Ich mag es nicht,
wenn einer immer nur für sich das Beste haben will.

Ich finde es nicht schön,
daß unsere Eltern den ganzen Tag über weg sind.
Mutter muß morgens ins Büro,
und Vater arbeitet irgendwo in der Fabrik.

Hilf uns,
daß wir uns besser vertragen,
und gib, daß die Eltern
auch einmal Zeit für uns haben.

HERR,
wir gehören zusammen.
Vater, Mutter,
die Geschwister und ich.
Wir sind eine Familie,
wir haben uns lieb.
Trotzdem zanken wir uns manchmal.
Dann will ich tun, was ich will,
nicht was die anderen möchten.

Hilf uns,
darauf zu achten,
was den anderen Freude macht.
Und wenn wir Streit haben,
hilf uns,
daß wir rasch wieder gut sind zueinander.

WIR sind eine Familie.
Ich habe Geschwister.
Ich habe auch Freunde.
Mit denen spiele ich draußen.
Auch Großmutter und Großvater,
Onkel und Tante habe ich.
Viele, viele Menschen,
die alle gut zu mir sind.
Mutter sagt:
Überall wohnen Menschen,
weiße, braune, gelbe, rote!
Alle Menschen sind eine große Familie!
Du, lieber Gott,
bist ihr Vater.
Ich habe viele Brüder und Schwestern.

LIEBER GOTT,
ich bin nicht allein,
du gabst mir die Eltern und Geschwister mein.
Hilf uns,
alles mitsammen teilen,
uns gern haben;
was weh tut, heilen.
Und wenn wir einst in den Himmel gehn,
laß dort uns wieder beisammenstehn.

WENN ich mit Vater schmusen kann,
haben wir beide riesigen Spaß.
Er kitzelt mich immer,
und ich pieke ihm mit dem Finger in den Bauch.
Da möchte ich gar nicht mehr aufhören.

Herr,
es ist prima, daß wir eine Familie sind.
Wir sorgen füreinander
und haben uns gern.
Das zeigen wir,
wenn wir uns einen Kuß geben
und uns streicheln.
Hilf,
daß wir immer Zeit füreinander haben.
Laß sich alle Eltern und Kinder
gut miteinander verstehen.
Und hilf auch den Kindern,
die keine Eltern mehr haben.

JESUS, du warst ein Kind – wie ich.

Du bist geboren – wie ich.
Du hattest Eltern
und Geschwister – wie ich.

Du hast gespielt und gelernt – wie ich.
Du hast sicher oft gelacht – wie ich.
Du hast sicher manchmal geweint – wie ich.

Du warst ein Kind – wie ich.

Du bist geworden wie ich.
Ach, laß mich werden wie du!

WENN Papa und Mama tagelang
nicht miteinander sprechen,
ist mir, als sei es
in unserem Haus dunkel und kalt.
Gib Mama einen Stoß,
daß sie wieder anfängt zu sprechen.
Wenn sie nicht will,
dann bringe Papa dahin,
daß er das erste Wort sagt.

HERR GOTT,
du hast mir die Eltern gegeben
und auch Geschwister.
Ich danke dir.
Herr gib, daß ich sie lieben kann,
damit Frieden bei uns ist.
Herr gib auch, daß ich sie verstehen kann
und daß sie mich verstehen.

LIEBER GOTT,
wir hatten heute Streit.
Vater und Mutter waren böse miteinander.
Schimpfen und Zanken tut uns allen weh,
aber wir fangen immer wieder damit an.
Vergib uns unsere Schuld,
wie auch wir vergeben unsern Schuldigern.

Gib uns den Willen,
schnell wieder gut zu sein.
Laß auch die andern wieder freundlich sein.
Wir brauchen den Frieden.
Hilf uns dabei.

GROSSER GOTT,
ich hätte so gern einen richtigen Vater.
Mein Vater kümmert sich nicht um mich,
er hat auch meine Mutter nicht lieb.
Er kommt nie nach uns schauen.
Wir sind ihm lästig, wir sind ihm zuviel.
Warum muß ich ohne Vater sein?
Ich brauche einen Vater,
mit dem ich basteln und spielen
und Fische fangen kann,
mit dem ich plaudern darf,
der mich lobt,
wenn ich fleißig war.
Mir gefällt es ohne Vater nicht.
Hilf mir, großer Gott,
daß wir einen Vater haben,
einen ganz richtigen Vater.

ICH kann nicht schlafen.
Es kommen immer wieder Gedanken,
die mich traurig machen.

Ich denke an die Zeit,
wenn ich groß bin
und nicht mehr zu Hause wohne.

Wie wird das sein?
Gibt es denn auch Menschen,
die mich liebhaben?

Lieber Gott,
wie gut, daß du alles weißt
und immer da bist, auch wenn ich groß bin.

HERR JESUS CHRISTUS,
auch du hast als Heranwachsender in einer Familie gelebt.
Sicher gab es auch damals Generationskonflikte,
doch heute scheinen sie schlimmer zu sein.
Wohlstand und Technik,
eine rasante Entwicklung
auch des menschlichen Bewußtseins
vergrößern die Verständnislosigkeit
zwischen der älteren und der jungen Generation.
Hilf uns,
ein wenig toleranter gegeneinander zu sein,
uns gegenseitig unseren Lebensstil zu lassen.

Herr, ich habe Freude am Glauben,
aber es bedrückt mich,
daß meine Familie so ganz anders denkt.
Sie machen es mir manchmal schwer,
unter ihnen als Christ zu leben.
Ich aber möchte so gern,
daß auch sie anfangen zu glauben
und etwas von dem erleben,
was mir so viel bedeutet.
Ich mache ihnen keinen Vorwurf,
aber ich liebe sie doch
und wünsche ihnen das Beste,
und das Beste ist doch,
daß man glauben kann.
Gib, daß ich nicht müde werde,
daß ich dich nicht verleugne,
sondern mich so zu dir bekenne,
daß sie es annehmen können.
Was wäre das für eine Freude,
wenn wir zusammen zur Kirche gehen könnten
oder sogar anfangen würden, bei Tisch zu beten!
Herr, du kannst helfen,
du kannst Wunder tun.
Hilf uns allen zum Glauben!

Herr,
ich fühle mich von meinen Eltern nicht mehr verstanden.
Alles, was ich anfange, stößt auf ihren Widerstand.
Ich habe mir meine eigene Welt eingerichtet,
und ich empfinde die Eingriffe meiner Eltern als störend.
Immer wieder enden die Gespräche damit,
daß sie mir ihre Lösungen aufzwingen wollen.
Ich möchte einmal richtig mit ihnen reden,
daß wir uns gegenseitig zuhören
und aufeinander eingehen.

HERR GOTT, –
die Ehe meiner Eltern
entspricht nicht in jedem Fall
meinen eigenen Vorstellungen von einer Ehe;
in vielen Fragen der Liebe und Kindererziehung
habe ich mit meinen Altersgenossen andere
und freimütigere Ansichten,
die wir für besser
und richtiger halten als
die Einstellung unserer Eltern.
Doch ich bitte dich,
Herr,
hilf mir,
meinen Eltern ohne Vorurteile offen
und aufrichtig zu begegnen
und immer wieder von neuem zu versuchen,
sie zu verstehen,
auch wenn sie anderer Meinung sind als ich.
Hilf mir,
nicht nur Ansprüche an sie zu stellen,
als wenn sie nur für mich da wären,
sondern rücksichtsvoll und hilfsbereit
auch ihre berechtigten Ansprüche
an mich anzuerkennen.
Gib mir Kraft und Einsicht,
selbst dazu beizutragen,
daß sie Zeit für sich finden,
damit ihre Liebe zueinander,
der ich mein Leben verdanke,
nicht erkalte durch meine Schuld.

GEBORGENHEIT, Liebe, Frieden, Freude erwarte ich.
Streit, Mißverständnis, Gleichgültigkeit,
Langeweile erlebe ich in meiner Familie.
Das bringt uns durcheinander und auseinander.
Laß uns miteinander Geduld haben
und füreinander Zeit finden.
Schenke uns Offenheit und Phantasie,
Wege zueinander zu finden.
Mißtrauen, Ehrgeiz, Selbstsucht und Kälte halte fern
– laß uns miteinander sprechen.
Vergib uns unsere Schuld –
doch hilf uns, zunächst einander zu vergeben
– laß mich beginnen.

HERR,
ich möchte frei und selbständig sein.
Du willst es so.
Wie sollte ich sonst Verantwortung übernehmen können.
Es kann sein, daß es dadurch manchmal
zu Konflikten in unserer Familie kommen wird.
Dabei will ich nie vergessen,
daß ich meinen Eltern viel verdanke,
mein Leben, mein Zuhause und Hilfe
in vielen Schwierigkeiten.
Ich brauche meine Eltern.
Laß mich ihre Sorgen und Nöte verstehen.
Ich will das Gespräch mit ihnen suchen
und hinhören auf ihre Ratschläge.
Ihren Argumenten will ich mich nicht verschließen
und ihre Autorität als Eltern achten.

Es war wirklich seine Schuld, Herr!
Er hat mich absichtlich auf die Palme gebracht.
Er weiß genau,
daß ich die grüne Krawatte nicht ausstehen kann.
Gerade deshalb band er sie um.
Und er sagte „Kindchen" zu mir,
nur um mich zu kränken.
Ich kochte vor Wut.
Ach, ich war nach einem schweren Arbeitstag
nervlich ziemlich am Ende.
Ich hätte Zuspruch gebraucht,
nicht Provokation.
Ich wollte von ihm in die Arme genommen werden.
Er sollte mir sagen,
wie sehr er mich liebt.
Statt dessen machte er sich über mich lustig.
Ich brauste auf und schrie zurück,
er solle allein ausgehen.
Ich fühle mich so elend, Herr,
und bin den Tränen nahe.
Es war wirklich seine Schuld –
oder wenigstens zum größten Teil.
Mindestens ist er mitschuldig.
Vielleicht war auch er nicht in der besten Verfassung.
Hilf mir, Herr,
meinen Stolz zu überwinden
und meinen Schmerz zu vergessen. –
Wahrscheinlich war es mehr meine Schuld.
Gib mir die Gnade, ihm das zu sagen.
Es fällt mir sehr schwer.
Aber mit deiner Hilfe will ich es tun!

HERR, mein Gott,
was ist geschehen?
Ich habe die Tür hinter mir zugeschlagen.
Die Kinder wachten auf und weinten,
weil wir uns stritten.
Ich habe meine Frau verlassen.
Herr, ich kann nicht mehr;
ich weiß nicht mehr, was werden soll.
Warum war sie früher so anders?
Warum soll ich so sein wie ihr Vater?
Du weißt, Herr,
wie ich mich um sie gemüht habe;
wieviel Geduld ich gehabt habe.
Ich hatte sie fast schon dort,
wo ich sie hinhaben wollte,
damit sie endlich eine Frau wird,
die ins Leben paßt.
Herr, war das falsch?
Wollte ich sie ändern,
damit ich mich nicht zu ändern brauche?
Habe ich sie nur dann lieb,
wenn sie so wird, wie ich es will?
Herr,
du hast uns lieb, so wie wir sind!
Du hältst uns fest,
obwohl wir wenig nach dir fragen.
Du hast Zeit für uns,
die wir keine Zeit für dich haben.
Herr,
gib mir die Kraft,
meine Frau und die Kinder so zu lieben,
wie sie sind.
Laß unsere Ehe reifen.
Herr,
du beginnst jeden Tag mit uns neu.
Hilf uns,
daß auch wir miteinander neu beginnen können.

Herr,
unsere Mutter ist immer noch krank.
Du weißt, wie sehr wir sie entbehren.
Wir flehen zu dir:
Gib sie uns bald gesund zurück.
Vergib uns,
wo wir ihre Mutterliebe gedankenlos hinnahmen
oder ihr gar widerstrebten.
Schaffe uns Hilfe,
unser Familienleben in der Zwischenzeit zu bewältigen.
Schließe uns durch diese Sorge
als Familie fester zusammen.
Herr,
wir warten auf deine Hilfe und vertrauen dir.

Lieber Gott!
Gib meinem Großvater ein langes Leben.
Und laß mich auch so werden wie er,
so groß, so stark und verständnisvoll.

Alt bin ich geworden, Herr,
aber nicht zu alt, um zu sehen,
was um mich herum geschieht.
Herr,
ich möchte von den Erfahrungen
meines Lebens weitergeben können.
Gib mir Mut und laß mich die Worte finden,
die die Kinder und Enkel verstehen.

HERR,
ich danke dir,
daß du mir die Enkel geschenkt hast.
Sie habe ich ersehnt,
und ich war voller Freude,
als sie ganz klein waren.

Nun aber machen sie mir mancherlei Sorgen.
Oft bin ich erschrocken, wenn ich sehe,
wie sie sich benehmen und was sie alles
als selbstverständlich begehren.
Ich habe Angst,
daß sie auf falsche Bahnen geraten.

Mit den Eltern gibt es immer wieder Zusammenstöße
wegen der Erziehung.
Ich weiß, daß sich die Zeiten geändert haben,
aber ist darum alles Altüberkommene falsch?

Herr,
bewahre mich vor nutzlosen Klagen
und zermürbender Sorge.
Du hast mir in meinem Leben
in so mancher Not geholfen.
Laß mich immer daran denken
und dann darauf vertrauen,
daß du deine Hand auch über meine Enkel hältst.
Herr,
ich hoffe auf dich;
gib mir ein getrostes Herz,
ich hoffe auf dich;
gib mir ein getrostes Herz
und laß deine Gnade auch über meinen Enkeln leuchten.

VATER im Himmel,
wir brauchen Trost;
darum kommen wir am Ende
dieses schweren Tages zu dir.
Wir haben unser Kind auf dem Friedhof
zurücklassen müssen.
Unser Herz sehnt sich und sucht nach ihm
und möchte es zurückholen.
Wir hören noch seine Stimme,
seine Schritte
und können die endgültige Trennung nicht begreifen.

Stille das quälende Fragen durch die Gewißheit:
Unser Kind lebt nun bei dir.
Schenke uns den Glauben,
daß du auch für unser Kind den Tod überwunden hast,
damit es in deiner Liebe geborgen sei.

Hab Dank, lieber Vater,
daß du uns dieses Kind für die kurze Erdenzeit
anvertraut hast.
Dank sei dir für alle Liebe,
die wir ihm geben konnten,
für alle Freude,
die wir täglich an ihm hatten.
Wir vertrauen dir,
daß du an unserem Kind vollenden wirst,
was wir versäumten
und was unvollendet blieb.
Hab Dank, daß du es ans Ziel gebracht hast.

Lieber Herr,
heute habe ich meinen Ehegefährten
zur letzten Ruhe geleitet.
Nun ist der Todeskampf überstanden
und das Ziel erreicht.

Du weißt, wie schwer mein Herz
über dieser unwiderruflichen Trennung ist.
Ich fürchte mich vor der leeren Wohnung,
vor der Stille der Abende und Nächte,
vor dem Erwachen in einen neuen, einsamen Tag.

Da sind auch viele anklagende Stimmen:
die Erinnerung an harte Worte, versäumte Liebe.
Herr, wie soll ich fertig werden mit Einsamkeit,
Erinnerung, Anklage?

Dir, Herr, darf ich dies jetzt und immer wieder sagen.
Hab Dank, daß ich bei dir Vergebung finde;
du bist ja für uns beide der Sünderheiland.

Ich danke dir für die schönen Erinnerungen,
für alle gegenseitige Liebe, für Freude und Leid,
durch die du uns hindurchgeführt hast.
Dir darf ich vertrauen.
Du wirst auch mich ans Ziel bringen.

Gott, unsere Oma ist gestorben.
Du weißt, daß wir traurig sind und geweint haben.
Tröste uns, denn Oma fehlt uns.
Wir haben sie so lieb gehabt.
Hilf uns, froh darüber zu werden,
daß sie nun keine Schmerzen mehr leiden muß,
daß sie bei dir ist und nie mehr traurig sein wird.
Hab Dank, daß wir eine so liebe Oma hatten.

In unserer Straße wohnen viele Menschen,
Haus an Haus.
Einige kenne ich sehr gut,
von anderen weiß ich noch nicht einmal den Namen.
Einige habe ich schon einmal in ihrer Wohnung besucht,
aber von den meisten weiß ich gar nicht,
was sie den ganzen Tag machen.
Gott, schütze alle Nachbarn.
Hilf, daß keiner krank wird.
Und laß uns eine gute Gemeinschaft sein.

Die Frau von nebenan kann keiner leiden.
Immer meckert sie an allem herum.
Und wenn wir Kinder kommen, schimpft sie gleich.
Dann sagen wir auch böse Worte.
Gott, du willst Frieden zwischen uns Menschen,
nicht Streit.
Gib uns mehr Verständnis füreinander
und hilf, daß wir uns vertragen.

Gott, segne unsere Nachbarn.
Hilf, daß wir Streit und Neid vermeiden.
Zeige uns immer Wege,
wie wir einander helfen können.
Laß uns so füreinander da sein.

HERR, wo du bist, da wird es hell.
Da vergeht uns Bitterkeit, Neid und Lustlosigkeit.
Wo wir von dir etwas verstehen,
da sehen wir auf einmal unseren Nachbarn,
der auch ein Mensch ist,
der auch Angst hat,
der auch zweifelt.
Mach unsere Augen hell.
Das macht uns geduldiger – und liebevoller.

HERR,
mit uns wohnen noch andere Menschen
in diesem großen Haus.
Wir wissen nur selten,
was unsere Nachbarn über,
neben oder unter uns denken und tun.
Sei auch ihnen nahe mit deiner Güte.
Mache uns ihnen zu solchen Nachbarn,
wie es sich für Christen gehört:
freundlich,
wenn wir ihnen begegnen;
rücksichtsvoll,
wie wir es von ihnen erhoffen;
hilfsbereit,
wo es nötig ist und erwartet wird;
klar im Bekenntnis zu deiner Gemeinde.

Hindere uns daran,
überheblich und lieblos
von ihnen zu denken oder gar zu reden.
Mache aus zufälliger Nachbarschaft
eine gute Hausgemeinschaft.
Wir vertrauen dabei auf dein Wirken unter uns.

Ach Herr,
wie soll das weitergehen?
Um alles gibt es Streit:
um die Miete, die Heizung,
die Kinder, den Garten,
das Fernsehen, die Treppenreinigung.
Wir haben kein gutes Wort mehr füreinander.
Wir gehen uns aus dem Wege und schreiben uns Briefe,
von Flur zu Flur.

Ich weiß, es ist unerträglich.
Die Kinder verlernen das Lachen.
Sie spüren den Haß und die Verachtung
unter den Erwachsenen.
Meine Frau ist verzweifelt –
und ich kann ihr nicht helfen.
Aber so kann es nicht bleiben.
Wir möchten hier weg,
endlich Ruhe finden und häuslichen Frieden.
Aber wo ist es besser?

Deshalb flehe ich dich an, lieber Herr:
Laß uns nicht bitter werden und ungerecht.
Du hast uns in dieses Haus geschickt,
damit wir versuchen,
versöhnlich zu leben und Frieden zu halten.
Du weißt,
wie schwer das ist.
Soll ich denn ständig nachgeben
und alles einstecken?
Wo ist die Grenze?

Gib uns den Mut,
auch die eigene Schuld zu sehen
und unser Versagen einzugestehen.
Gib uns die Kraft zum rechten Wort,
zur versöhnlichen Geste.

Gib uns Geduld füreinander und befreie uns
von dem endgültigen Urteil,
das wir alle übereinander haben.

Gib uns wieder offene Augen füreinander,
Ohren zum Hören aufeinander,
Herzen, in denen der andere wieder Platz hat.
Laß uns erfahren,
daß deine Liebe neues Leben schaffen kann.

IMMER weniger Freunde haben mit uns Verbindung,
weil wir die Verbindung nicht mehr halten.
Wir wollen uns beide nicht abschließen –
aber es kommt wie von selbst.
Darunter leiden wir, Herr.
Hilf du uns,
Bindungen wieder fester zu knüpfen.

FÜR die Freunde meiner Kinder danke ich dir, Herr.
Gute Freunde sind die Zusicherung
deiner lebendigen Liebe.
Ich kenne nicht alle Freunde meiner Kinder.
Halte deine Hand über sie.
Gib ihnen Gelegenheit, aufrichtig,
fröhlich und mutig zu sein.
Ich mag nicht alle,
die meine Kinder ihre Freunde nennen.
Für sie bitte ich besonders um deine Sorge
und den Beistand deines Geistes.
Vielleicht habe ich sie entmutigt und verletzt.
Meine Kinder und ihre Freunde wollen eine neue,
eine bessere, eine friedlichere Welt.
Laß sie ihnen gelingen, Herr, unser aller Freund.

Ich und die andern

Ich soll verzichten.
Die andern dürfen Bonbons essen
und abends noch aufbleiben
und Fernsehspiele anschauen.
Sie kriegen, was sie wollen.
Vater fragt: „Sind sie deshalb glücklich?"

Und er sagt:
„Wir sparen jetzt für die armen Kinder."
Mutter erzählt mir von Jesus.
Er hat auf alles Glück verzichtet
und immer nur an uns gedacht.
Was wir sparen, schenken wir armen Kindern.

LIEBER GOTT!
Du kennst meine kleinen
und meine großen Wünsche,
die Wünsche,
die ich gar nicht laut zu sagen wage,
und auch die Wünsche,
die mich nicht glücklich machen.
Hilf mir,
nicht nur an meine Wünsche zu denken,
sondern auch an die Wünsche der anderen.
Und laß mich nicht vergessen, zu fragen,
was du dir eigentlich von mir wünschst.

GIB uns eine leise Stimme und eine sanfte Hand.
Gib uns ein Lächeln und ein freundliches Wort.

LIEBER GOTT!
Alle reden.
Sie reden alle auf mich ein.
Ich möchte manchmal selber etwas sagen,
ich möchte selber auch erzählen dürfen,
was mir wichtig ist.
Gib, daß ich einen finde,
der mich einfach anhört,
einen, dem ich alles sagen kann.

LIEBER GOTT!
Manchmal ärgern mich ja andere Kinder schon sehr.
Denen würde ich am liebsten eine runterhauen.
Weil aber Jesus gesagt hat,
wir sollten auch die lieben,
die uns ärgern,
will ich mir Mühe geben,
dies nicht zu tun.
Vielleicht schaffe ich es,
nicht gleich draufzuhauen.
Ich will beten,
daß ich friedlich bleibe.

LIEBER GOTT!

Schwarze Menschen sind schön.
Braune Menschen sind schön.
Gelbe Menschen sind schön.
Weiße Menschen sind schön.
Alle Menschen sind schön!

LIEBER GOTT,
so viele Menschen streiten miteinander
und haben keinen Frieden.
Manchmal gibt es auch zu Hause Krach.
Vater und Mutter streiten sich
und sind böse aufeinander.
Auch wir Kinder zanken uns.
Einer ist böse auf den anderen.
Guter Gott, du willst,
daß wir uns vertragen und daß einer
auf den anderen Rücksicht nimmt.
Laß uns wieder gut zueinander sein!
Denn du bist da, wo Menschen einander lieben.
So sagt es uns Jesus. Und darüber sind wir sehr froh.

HERR, ich habe heute etwas falsch gemacht.
Als Christoph meinen Roller haben wollte,
habe ich es verboten und gesagt:
Nein, das ist mein Roller.

Er hat so geweint.

Das tut mir jetzt leid.
Morgen kann er Roller fahren,
so viel er will.

LIEBER GOTT!
Der Martin kann niemals rennen so wie wir.
Auch wenn er erwachsen ist.
Laß ihn einen berühmten Maler werden
oder einen tollen Musiker,
damit er etwas Großes kann,
was wir nicht können.

ICH kann meine Mutter nicht sehen,
ich bin blind.
Auch dich kann ich nicht sehen, Gott.
Die Mutter sagt:
sie kann dich auch nicht sehen.
Keiner kann dich sehen.
Aber ich weiß, daß du da bist.
Das ist gut.
Ich weiß, daß meine Mutter da ist. Amen.

MANCHMAL möchte ich Mama sagen:
„Ich hab dich so lieb“
oder
„Ich bin so traurig“.
Manchmal möchte ich
so vielen Menschen
so vieles sagen,
aber einmal fehlt mir der Mut,
ein andermal fehlt mir
das richtige Wort.
Mach du mir Mut,
die Worte will
ich dann selber finden.

HERR, sieh die Kinder, die krank sind,
sieh alle, die heute weinen,
sieh alle, die heute zornig sind,
sieh alle, die davonlaufen wollen,
sieh alle, die nicht weiterwissen.
Laß sie merken, daß du da bist.
Laß sie nicht allein.

HERR,
ich muß mit dir reden – jetzt gleich.
Der junge Mann, dem ich gestern begegnet bin,
hat bei mir wie Dynamit eingeschlagen!
So etwas habe ich noch nie erlebt.
Ein unsichtbares Band
schien mich mit ihm zu verbinden,
und als unsere Augen sich trafen,
kam es mir vor,
als ob elektrischer Strom mich durchfließe.
Ich hätte gerne gewußt,
ob er das gleiche empfand.
Als er kurz danach gehen mußte,
fühlte ich in mir eine große Leere.
Meine Freunde unterhielten sich wie zuvor,
Mir aber war das Gespräch gleichgültig,
denn meine Gedanken waren woanders.
Ist das Liebe, Herr?
Dieses plötzliche Interesse an einem Fremden,
diese Beschleunigung meines Herzschlags?
Kann es sein,
daß das nur einer spürt
und der andere nicht?
Ich weiß von ihm außer seinem Namen fast nichts –
nur das eine:
daß er mein Innerstes zum Schwingen brachte.
Ich bin so froh, Herr,
daß ich dir mein Herz öffnen kann;
denn mit wem sonst sollte ich darüber sprechen?
Ich will nichts ohne dich machen,
nichts gegen deinen Willen haben.
Nur warte ich, Herr,
auf deine Antwort.

HERR, ich finde es ungerecht!
Manche Leute kommen schon artig auf die Welt.
Sie sind höflich, ruhig und gelassen
von der Kindheit bis ins hohe Alter.
Wenn ich an sie denke,
bekomme ich manchmal Minderwertigkeitsgefühle!
Warum müssen dagegen andere wie ich
wie ein Wirbelwind sein,
der alles durcheinanderbringt?
Ist es die eigene Schuld?
Liegt es an der Erbmasse?
Was auch immer die Ursache sein mag, Herr,
was kann mir helfen, zurechtzukommen?
Ich glaube, dich sagen zu hören:
„Friede sei mit dir!"
Darum will ich still werden und auf das hören,
was du mir zu sagen hast:
„Du mußt von neuem geboren werden –
durch den Heiligen Geist."
Ist dies das Geheimnis eines christlichen Lebens?
Nicht strenge Selbstbeherrschung
oder tägliche Willensanstrengung?
Nicht qualvolle Zerknirschung,
wenn die Selbstkontrolle versagt,
sondern ein neuer Herr im Haus,
ein lenkender Geist?
Dann habe ich Hoffnung für mich, Herr.
Ich übergebe mich dir und deinem Geist.
Nimm du die Zügel meines Lebens in deine Hände.
Führe mich durch jeden Tag.
Verändere mich, schaffe mein Inneres neu
durch deine heilende Gegenwart.

HERR, sie machen mir Mühe,
alle die Menschen,
so, wie sie sind.
Manchmal möcht' ich auf und davon –
weit fort,
um ihnen zu entgehen,
denn sie ermüden mich sehr,
so, wie sie sind.

Herr – – –
welche Anmaßung!

Du liebst sie alle,
so, wie sie sind:
die Feinen, die Groben,
die Klugen, die Dummen,
die Tapferen, die Feigen,
die Fröhlichen, die Traurigen,
alle, alle – – –
Herr, laß mich nie vergessen,
daß Du Dich
hinter jedem Antlitz birgst.
Laß mich sie lieben
alle, alle,
so, wie sie sind!

VON allen Namen,
die man dir,
Gott,
gibt,
ist mir dieser
der liebste:
Gott der Zärtlichkeit.

NICHT wie in Liebesromanen
oder seichten Filmen,
nicht wie im Märchen
oder siebten Himmel,
nein,
ich kannte sie kaum,
dann lernte ich sie kennen,
jetzt kenne ich sie,
bekenne mich zu ihr . . .

Ganz anders also:
ein Mensch,
einer von vielen,
ausgewählt, angenommen –
und umgekehrt.

Wie ist
mit der Freude,
mit der Hoffnung,
mit dem Glück
fertig zu werden?

Gott,
du hast uns Menschen
Dimensionen gegeben,
die uns erschrecken
wegen ihrer
unauslotbaren Tiefe,
du hast uns Menschen
Ziele gesetzt,
die uns verwirren
wegen ihrer
Unerreichbarkeit.

Gut,
daß du Zeichen
gesetzt hast.

WIRD unsere Liebe so stark bleiben,
wie wir sie heute fühlen?
Wird sie stärker sein als Egoismus oder Gewohnheit?
Herr, gib, daß sie nicht verkümmert.

HERR, wir sind glücklich,
weil wir zusammengehören.
Laß uns zusammenbleiben,
auch wenn andere uns trennen wollen.

HERR, oft habe ich keinen Menschen,
dem ich mich anvertrauen kann.
Es sind so viele um mich her,
und doch bin ich allein.
Laß mich nicht an dem vorbeigehen,
der auf mich wartet.
Laß mich andere wichtig nehmen,
damit ich nicht nur um mich selbst kreise.

HERR, diese Freundschaft ist zu Ende.
Ich bin traurig und enttäuscht.
Habe ich zuviel erwartet?
Wie kann ich damit fertig werden?
Hilf du mir dabei!

Ich brauche einen Menschen,
der wirklich ein Partner ist,
der mich so mag, wie ich ihn.
Ich brauche einen Menschen,
auf den ich mich verlassen kann,
gleich, was kommt,
der zu mir hält,
auch wenn es mir mies geht.
Ich brauche einen Menschen,
der mich tröstet,
wenn ich nicht mehr weiter weiß,
der mit mir lacht,
und sich von meiner Freude anstecken läßt,
der zuhört,
gleich was ich ihm zu erzählen habe.
Ich brauche einen Menschen,
der mich nicht enttäuscht,
der Geduld hat mit mir,
der mir verzeiht,
wenn ich Mist gebaut habe.

Ich brauche einen Freund.

Danke für Menschen, die zu mir halten,
die Freunde sind.
Natürlich gibt es keinen Freund,
der perfekt ist,
der nicht auch mal etwas falsch macht.
Aber doch spüre ich immer wieder,
wie andere meine Freunde sind.
Danke dafür.

Laß mich auch selbst ein guter Freund sein,
laß mich verzeihen und Geduld haben.
Laß mich Freude und Glück schenken,
Geborgenheit und Trost.
Mach uns zu echten Freunden.

LIEBER GOTT, ich bin glücklich.
Es gibt einen Menschen, der mich liebt.
Er kommt mir entgegen.
Er sieht mich an.
Er nimmt mich in die Arme.
Er hört mir zu.
Er antwortet mir.
Er spricht zu mir.

Lieber Gott, ich bin glücklich.
Es gibt einen Menschen, den ich liebe.
Langsam ersteht sein Bild vor mir,
mit Licht und Schatten.
Ich habe viele Namen für ihn.
Ich vertraue ihm,
ich fühle mich bei ihm geborgen,
ich überlasse mich ihm.

Lieber Gott, ich bin glücklich.
Es gibt einen Menschen, den ich liebe.
Ich möchte ihm Gutes tun.
Ich möchte ihm nie weh tun.
Ich möchte, um seiner selbst willen,
daß er in seiner Liebe frei
und selbstbewußt und wahrhaftig ist.

Lieber Gott, ich danke,
daß wir miteinander glücklich sind.
Ich bitte dich,
laß uns in unserer Liebe nicht allein.
Wir können nur unbeschwert glücklich sein,
wenn die Verantwortung für uns bei dir liegt.
Bewahre du uns.

Der Mensch legt großen Wert
auf die Schönheit seines Körpers.
Aber nicht alle sind wohlgestaltet.
Viele haben ein Gebrechen,
an dem sie leiden und schwer tragen.

Herr, gib mir Verständnis,
wenn ich solchen Menschen begegne.
Gib mir Liebe,
daß ich sie unbefangen behandle wie jeden anderen auch.

Hilf mir,
hinter der äußeren Gestalt die innere Tiefe
und Schönheit der Seele zu sehen.

Laß mich erkennen,
daß die Behinderung meiner Mitmenschen
mir zur Aufgabe wird
und daß ich dir einen Dienst erweise,
wenn ich ihr Kreuz mittragen helfe.
Auch du hast die Armen,
Behinderten,
Kranken und Leidenden geliebt.
Laß mich in ihnen dir begegnen.

LIEBER Herr Jesus!
Ich soll mich selbst lieben?
Verzeih, aber das ist unmöglich!
Blind und taub bin ich in tonleere Schwärze eingemauert,
wie in ein lichtloses Gefängnis.
Nichts sehe ich, kein liebes Angesicht,
keine Blume, keinen Abendhimmel, nichts.
Ich höre kein Liebesgeflüster,
keine Vogelstimme,
keinen Flötenton,
kein Meeresrauschen. –
Dazu kann ich nicht „ja" sagen!
Das ist zu viel verlangt.
Was habe ich denn vom Leben?
Eine Hand, die mir über's Gesicht streichelt?
O, wie ich das hasse!
Oder den Löffel, der mir in den Mund geschoben wird?
Welche Erniedrigung!
Als ob ich nicht richtig im Kopf wäre!
Ich bin nicht nur blind und taub,
sondern mein Verstand, ja,
meine Persönlichkeit werden mir angezweifelt.

Jesus, ich bin fertig mit allem, auch mit dir!
Und doch – ich kann's nicht hindern,
daß du, mein Jesus, mir ein und alles bist,
mein letzter Halt und Rettungsanker.
Ich klammere mich an dich wie der sinkende Petrus.

Und im Schreien nach dir spüre ich deine Nähe
als beglückenden Trost,
die mich umschützt und hineinsenkt
in wundersame Geborgenheit und Frieden –
und die tonleere Nacht wandelt sich in tönendes Schauen.
Ich danke dir, mein Jesus –
auch für die Hand, die mich streichelte.
Ich erkenne, sie ist Zeichen deiner Liebe.

DAS ist ungerecht, Gott – Schöpfer der Dinge und der Menschen! Ich bin zu klein gewachsen, kleiner als die meisten anderen. Die Leute schauen über mich hinweg, wenn sie mich nicht kennen. Und wer mich kennt, muß sich höflich herabbeugen, um mit mir zu sprechen. Auch wenn es keiner sagt und wenn ich nicht immer daran denke: Sie sind oben, und ich bin unten!

Das ist ungerecht, mein Gott – Schöpfer der Dinge und der Menschen! In meinem Büro fühle ich mich wohl. Meine Kollegen akzeptieren mich. Was sie nicht wissen, ist, daß ich daneben immer wieder ein besonderes Gefühl habe. Es ist das Gefühl, noch tüchtiger sein zu müssen. Weil ich doch klein bin! Weil ich mich beweisen muß! Ich strenge mich mehr an als die Größeren.

Das ist ungerecht, du, mein Gott – Schöpfer der Dinge und der Menschen! Meine Frau hat mich dennoch lieb, sagt sie. Meinen Kindern ist es selbstverständlich, daß Mutter einen halben Kopf größer ist als Vater. Sie erleben mich dennoch als energischer und bestimmender. Warum dennoch? Eben immer wieder „dennoch"!

Das ist ungerecht, du, mein Gott und Vater – Schöpfer der Dinge und der Menschen! Herrgott, mein Schöpfer – laß mich zu mir selbst stehen und laß mich die Gegebenheiten, die Dinge, die Unterschiede zwischen uns Menschen bewußt erleben. Laß mich dabei selbstbewußter werden, selbstbewußt mit deiner Hilfe.

Hilf mir, meiner Familie, meinen Freunden, den Kollegen mit weniger innerer Spannung zu begegnen. Hilf mir, dir mit weniger Vorwurf zu begegnen. – Hilf mir, darüber zu lachen und mich daran zu freuen, daß Zachäus auf einen Baum steigen mußte. Er war auch so klein. Er wollte Jesus dennoch sehen können. Und dieser kehrte dann ausgerechnet bei ihm ein. – Hilf mir, mein guter Schöpfer und mein Erhalter in dieser Welt durch alle oberflächliche Ungerechtigkeit hindurch etwas von deiner hintergründigen Gerechtigkeit zu erspüren. – Hilf mir, an deine besondere Zuwendung für mich – so wie ich bin – zu glauben.

ICH möchte gerne frei sein von meiner Angst,
gegen den Strom zu schwimmen,
damit ich tun kann, was recht ist.

Ich möchte gerne frei sein von dem Zwang,
immer nur an mich selber zu denken,
damit ich auch den anderen sehe.

Ich möchte gerne frei sein von meiner Art,
den bequemsten Weg zu gehen,
damit ich mich mit gutem Gewissen freuen kann
über das Erreichte.

Ich möchte gerne frei sein von der Lieblosigkeit
anderen gegenüber, die mir nicht liegen,
damit es mir nachher nicht leid tut.

Ich möchte gerne frei sein von meinem Neid auf jeden,
der etwas ist oder hat;
denn Neid macht nicht fröhlich.

Ich möchte gerne frei sein von meiner Schuld,
die mich immer wieder bedrückt,
damit ich neu anfangen kann.

HERR,
andere Menschen warten auf mich,
auf mein Wort und meinen Rat,
auf einen Besuch oder einen Brief.
Bewahre mich vor Ausreden.

MEIN GOTT –
ich möchte beten;
aber du bist so weit weg wie meine Kindertage.
Ich sehe dich in der Krippe
und habe Angst vor dieser Armut.
Ich sehe dich am Kreuz,
verlassen,
und leide an meiner Einsamkeit.
Aber du kamst in unser Leben
und bist den Menschen nahe,
die dich nötig haben.
Vielleicht warten auch auf mich Menschen.
Hilf mir,
freundlich mit den lärmenden Kindern
in diesem großen Hause
und in der Nachbarschaft umzugehen.
Gib mir Mut, zu denen zu gehen,
die ich lieber nicht sehen möchte.
Schenk mir das rechte Wort,
damit wir wieder miteinander sprechen können.
Du gingst zu den Kranken.
Ich weiß nicht einmal,
wer in diesem Hause
und von meinen Kollegen krank ist.
Geh mit mir zu den Einsamen,
den Zugezogenen und Fremden und gib mir Geduld,
zuzuhören.
Gib mir das Wort, das Brücken schlägt.
Ob du mir so fern bist,
weil ich so für mich allein lebe?
Laß mich täglich an dich denken,
wie dein Wort uns sucht.
Gib mir wieder Menschen, die auf mich warten,
sich auf mein Kommen freuen,
Vertrauen zu mir haben,
und denen ich vertrauen kann.
Dazu hilf mir, mein Vater.

LIEBER HERR, ich danke dir,
daß du unter den vielen Menschen auch mich siehst.
Ich danke dir,
daß du auch für mich da bist und mir täglich begegnest:
in dem Kind,
das mich auf der Treppe so freundlich anlacht,
in der Nachbarin,
die manchmal nach meinem Kind sieht,
in der älteren Frau,
die mir etwas vom Kaufmann mitbringt,
in dem alten Mann,
der mir neulich den Kinderwagen mit in den Bus hob,
in der Frau von nebenan,
die so lustig lachen kann und gern zuhört.

Herr, öffne mir die Augen,
daß ich dich täglich erfahre und dir dankbar werde.
Gib auch mir Geduld mit denen im Haus,
die es mir schwer machen:
mit dem alten Graubart, der immer schimpft,
wenn die Kinder im Haus Krach machen,
mit dem jungen Paar unter uns,
die ihr Radio immer noch so spät laufen lassen,
mit der griesgrämigen Frau,
die so gern hinter uns her klatscht.

Hilf mir, daß ich mich nicht ärgere,
schimpfe oder tratsche.
Laß mich erkennen,
daß die anderen nicht bösartig,
sondern vielleicht nur unglücklich,
oft wohl nur gedankenlos und müde sind.
Laß mich schnell vergessen,
wer mir Unrecht getan hat.
Schenke mir einen Menschen,
der es mir ein wenig leichter macht,
zu leben und zu hoffen.

Laß mich spüren die Angst, Sorge,
Einsamkeit und Verzweiflung,
die sich hinter den verschlossenen Türen
und Gesichtern häuft.
Öffne mir die Augen dafür,
wie sehr die anderen auf mich warten:
auf meinen freundlichen Gruß,
mein teilnehmendes Wort,
mein Hilfsangebot,
mein wortloses Zupacken,
meinen versöhnenden Anfang.

Gib mir ein wenig Mut und Schlagfertigkeit,
daß ich im gegebenen Augenblick das rechte Wort finde,
durch das du dich gegenwärtig machst.

Lieber Herr, ich danke dir,
daß du auch heute mit mir gehst.

O HERR, hilf mir,
in das Herz meiner Mitmenschen
zu schauen.
Laß mich ihre Nöte und Ängste,
ihre Hoffnungen und Kümmernisse,
den Grund ihrer Ruhelosigkeit erfahren.
Hilf mir herauszufinden,
was sie sein könnten durch dich,
wenn ich sie verstehen
und ermutigen will.
Herr Jesus,
schenke du mir den richtigen Blick,
daß ich wirklich sehe,
damit ich verstehen und mitempfinden,
damit ich lieben und trösten kann.

HERR, mein Gott,
du weißt, daß ich mich ständig
zwischen Anpassung und Widerstand
entscheiden muß.
Gib mir Maßstäbe, die mir helfen,
meine Gedanken zu ordnen!

Gib mir den Mut, ein Außenseiter zu sein,
wenn es nötig ist.
Laß mich kritisch sein gegen mich selbst,
wenn ich mich überhebe
und die Rolle des Außenseiters genieße.

Wecke mich auf,
wenn ich müde geworden bin
und mich treiben lasse wie ein Stück Holz,
das die Strömung des Flusses mit sich zieht.

Du kennst mich und weißt,
daß viele Strömungen an mir reißen.
Gib mir Kraft,
der zu bleiben,
zu dem du mich gemacht hast!

Manchmal spüre ich es, Herr,
daß ich unangenehm auffalle,
wenn ich mich für einen Menschen einsetze,
den man längst abgeschrieben hat oder
– was noch schlimmer ist –
überlegen belächelt.

Manchmal spüre ich die Versuchung,
meine Worte zu sieben.
Verschwommene Redewendungen bleiben übrig.
Deine Wahrheit ist einfach und klar;
laß mich in einfachen und klaren Worten
vor ihr sprechen!

EINE Woche ist vergangen.
Ich schüttle mir den Staub von den Kleidern.
Nicht alle Erwartungen haben sich erfüllt.
Ich habe auf einen Brief gewartet;
er kam nicht.
Ich habe gehofft, sie redet wieder mit mir;
sie tat es nicht.
Ich wollte mit ihr sprechen;
ich habe es nicht gewagt.
Ich habe versucht meine Aufgabe zu erfüllen;
es gelang nicht.
Ich wollte einen Besuch machen;
ich fand keine Zeit.
Ich wollte eine Frage stellen;
ich traute mich nicht.
Laß mich die Träume nicht vergessen,
Gott,
die Wünsche nicht verschweigen,
die Erwartungen nicht aufgeben,
den Willen nicht verlieren –
auch wenn wieder Staub auf die Kleider fällt.

HERR,
ich bin erdrückt von meiner Sorge und Angst um ihn.
Ich weiß nicht, was werden wird.
Du weißt, ich habe ihn lieb.
Laß mich vertrauen können,
daß deine Liebe größer ist.
Lehre mich,
aus der Liebe heraus für ihn richtig zu handeln.
Hilf, daß ich nicht meine Ängste und Vorstellungen
zum Maßstab für ihn nehme,
sondern deine freilassende Liebe.
Du bist bei ihm, Herr,
und du bist der Weg.

HERR, ich danke dir,
daß wir zu zweit unser Leben führen dürfen.
Ich bin nicht allein.
Du gabst mir einen Menschen,
der mich liebt, wie ich bin,
der mit mir leidet,
der mich tröstet und aufrichtet,
der sich mit mir freut,
der auf mich wartet
und für mich da ist Tag und Nacht.
Herr, ich danke dir für das Gespräch miteinander,
für das immer neue Gespräch.
Ich danke dir, daß wir aufeinander hören können,
daß wir uns korrigieren können,
daß wir einander vertrauen dürfen.
Ich danke dir für die immer neue Liebe,
für das ständige Tragen,
für das gemeinsame Gebet.
Herr, ich danke dir,
daß du uns ein gemeinsames Ziel gegeben hast:
dich selbst.

HERR CHRISTUS,
sie reden soviel von den Problemen der Ehe,
aber mir ist das Alleinsein schwer,
unerträglich schwer.
Ich sehe glückliche Paare um mich her.
Sie ahnen nichts von den Dunkelheiten der Einsamen,
sie leben an mir vorbei.
Ich sehe andere Einsame –
wir vermögen uns nicht zu helfen.
Dir, Herr, kann ich alles sagen, auch dies.
Ich bin voller Sehnsucht und Entbehren und verzage oft.
Doch jedem hast du Leben und volles Genüge zugesagt;
ich nehme dich beim Wort.

ICH kann es schwer verstehen,
wenn andere sich in der Ehe einsam fühlen.
Herr, ich suche noch den Menschen,
der zu mir paßt.
Wenn meine Freunde über ihre Ehe klagen,
und die Kinder als Last empfinden,
denke ich:
Herr, ich möchte nicht mehr allein sein.

DU
läßt uns jeden Tag wieder anfangen.
Du
gibst uns stündlich eine neue Chance,
um zu lieben.
Der seidene Faden unseres Glückes
hängt hinfällig an unseren schwachen Fingern
wie eine Frucht.
Lehr uns die Kunst, verliebt zu sein
in das Glück der anderen.

HERR,
ich weiß, daß ich eine Schwäche dafür habe,
andere Menschen auszunutzen,
und sogar solche Menschen,
um die ich sehr bemüht bin.
Hilf mir,
daß ich den Mitmenschen nicht übersehe.
Hilf mir,
daß ich allen, denen ich heute begegne,
wenigstens etwas Liebe und Freundschaft schenke.
Herr, hilf mir!

Herr des Lebens,
hilf mir, ein Freund zu sein,
ein Freund, dem man vertrauen kann,
der den anderen in Schutz nimmt,
wenn man über ihn redet oder ihn kritisiert.
Niemand hat größere Liebe,
als wenn er sein Leben hingibt
für seine Freunde.
Ich dagegen bin manchmal nicht einmal fähig,
fünf Minuten für die Menschen übrig zu haben,
die meine Zeit dringend brauchen.
Herr, hilf mir,
daß ich beides erkenne:
Freundschaft als Geschenk
und Freundschaft als Verantwortung.
Herr, hilf mir!

Nur wenn wir dir gleich werden
sind wir das beste aus uns selbst,
hingegeben an die anderen,
weinend mit den Traurigen,
Leid und Sorge mit ihnen teilend,
fröhlich mit denen, die sich freuen,
ihr Glück an das unsere bindend.

WIE oft gehe ich doch mit den
alten Menschen um,
als wären sie Kinder.
Zu Weihnachten beschenke ich sie,
sonst aber bin ich höchst ungeduldig
über ihre Gebrechlichkeit,
über ihren langsamen Schritt,
ihre Schwerhörigkeit,
ihre schmerzenden Glieder.
Sie kommen mir vor wie Helden
mit ihrem Hörrohr und dem Spazierstock,
mit dem Geruch der Tabakpfeife,
gänzlich verloren in den Erinnerungen
an die Vergangenheit.
Dabei sind es Menschen,
die sich für mich eingesetzt haben.
Sie haben für mich gelitten und geweint,
sie haben mich groß gezogen und geliebt.
Wie bringe ich es nur fertig,
eine Frau,
die für ihre Umgebung vielleicht mehr getan hat,
als ich mir je vorzustellen vermag,
eine „alberne alte Schachtel" zu nennen?
Und den übelnehmerischen,
paffenden Kauz
wie einen schlotternden,
alten Trottel zu behandeln?
Herr, vergib mir!

KAUM einer von uns, der keine Feinde hat –
Menschen, von denen er sich mißverstanden,
bedroht und gekränkt fühlt.
Wir können das ruhig zugeben.
Wir bringen unsere Angst, unseren Haß,
unsere dunklen Gedanken vor Gott
und bitten ihn um Erbarmen!
Jesus sagt: Liebt eure Feinde;
segnet, die euch fluchen;
tut wohl denen, die euch hassen;
bittet für die, die euch beleidigen und verfolgen,
damit ihr Kinder seid eures Vaters im Himmel.

HERR JESUS CHRISTUS,
der du uns geboten hast,
nicht Böses mit Bösem zu vergelten,
sondern für die zu beten, die uns hassen und beneiden,
mach, daß wir durch das Beispiel des Heiligen Geistes
unsere Feinde lieben und insbesondere für sie beten.
Mach, o Christus, Sohn Gottes,
daß unser Gebet für die aufrichtig sei,
von denen du weißt,
daß sie uns Böses angetan haben.
Wenn wir in irgendeiner Weise
der Grund gewesen sind für die Beleidigungen,
die sie uns angetan haben,
dann bessere uns und ebne uns den Weg
zu einer heiligen Versöhnung.
Mach, daß ihr Zorn nicht immer weiter gegen uns glühe,
sondern befreie sie und uns
von der bösen Gewalt des Hasses,
auf daß wir bereit sind,
die Vergehen auf beiden Seiten wiedergutzumachen.
Mach, daß der Friede Gottes unser Herz
und unseren Verstand lenke, jetzt und in alle Ewigkeit.

HERR, die Schöpfung ist noch nicht zu Ende.
Du schaffst die Welt, du schaffst die Menschen,
du schaffst die Brüderlichkeit unter den Menschen.

Segne die Menschen,
die anderen Schwester und Bruder sind.
Segne die Eltern, die Lehrer, die Ärzte,
die Menschen in der Fabrik, die Menschen im Büro.

Segne das Wasser, das wir trinken und reichen,
segne das Essen, das wir uns und anderen bereiten,
segne die Straßen und die Wälder,
segne die Sportler und die Zuschauer,
segne die Menschen, die Einsamen und die Massen.

Dein Segen schafft Brüderlichkeit.
Segne auch mich.

WIE ernst nehme ich dich wirklich, Herr?
Wie ernst nehme ich dich in meinen Mitmenschen?
Nur in ihnen kann ich dich erkennen.
Nur in ihnen dir dienen.
Wie oft verachte ich Menschen.
Wie oft laß ich es an Liebe fehlen.
Wie oft denke ich nur an mich.

Herr, ich muß umdenken, umkehren.
Denn du sagst,
wer seinen Nächsten beschimpft, verfällt dem Gericht.
Und wie oft rede ich abfällig über andere.

Herr, laß mich dein Wort ganz ernst nehmen.
Ich will versuchen,
gleich den nächsten Menschen zu lieben.
Herr, hilf mir. –

O Herr,
mache mich zum Werkzeug deines Friedens,
daß ich Liebe übe da, wo man sich haßt;
daß ich verzeihe da, wo man sich beleidigt;
daß ich verbinde da, wo Streit ist;
daß ich Hoffnung erwecke, wo Verzweiflung quält;
daß ich ein Licht anzünde, wo die Finsternis regiert;
daß ich Freude bringe, wo der Kummer wohnt.
Ach Herr, laß du mich trachten,
nicht daß ich getröstet werde,
sondern daß ich tröste;
nicht daß ich verstanden werde,
sondern daß ich verstehe;
nicht daß ich geliebt werde,
sondern daß ich liebe.
Denn wer da hingibt, der empfängt;
wer sich selbst vergißt, der findet;
wer verzeiht, dem wird verziehen;
und wer da stirbt,
der erwacht zum ewigen Leben.

Bitten wir Gott, den Herrn,
um Vergebung für das Leid,
das wir einander antun;
daß wir einander vernachlässigen und vergessen;
daß wir einander nicht verstehen und nicht ertragen;
daß wir Böses reden und oft von Groll
und Bitterkeit erfüllt sind;
daß wir nicht vergessen können.
Lasset uns beten um Verzeihung für alle Sünden,
die die Menschen in ihrer Ohnmacht
gegeneinander begehen.

EWIGES Wort, eingeborener Sohn Gottes,
lehre mich die wahre Großmut.
Lehre mich dir dienen, wie du es verdienst,
geben, ohne zu zählen,
kämpfen, ohne meiner Wunden zu achten,
arbeiten, ohne Ruhe zu suchen, mich einsetzen,
ohne einen andern Lohn zu erwarten als das Bewußtsein,
deinen heiligen Willen erfüllt zu haben.

VIELLEICHT wäre es gut, Herr,
uns würde die Zunge schwellen,
wenn wir die Gabe der Sprache mißbrauchen,
und wir bekämen Blasen auf unsere Lippen,
wenn wir lügen oder andere verleumden.
Dann würde uns gleich bewußt,
wie sehr wir gesündigt haben.
Wir kämen nicht so leicht davon!
Mit einem Lächeln im Gesicht verbreiten wir Gift
und feuern gleichgültig mit einer Unterstellung
einen wohlgezielten Schuß ab, der als Widerhall
eine Fülle von Verdächtigungen auslösen kann.
Warum sind wir oft so grausam mit unsern Worten?
Spott oder Kritik sind schnell ausgesprochen –
aber welch brennende Wunden hinterlassen sie!
Sie brechen Freundschaften, säen Zwietracht,
schaffen Spaltungen und Rivalitäten.
Vom Sprecher oft längst vergessen,
nagen und fressen sie im Hörer weiter.
Vergib mir meine vielen Redesünden, Herr,
und wenn meine Zunge nicht wehtut, dann triff
mein Gewissen hart genug, daß es mich schmerzt,
wenn ich jemanden durch meine Worte verletze.
Kontrolliere meine Zunge, Herr.
Reinige mich durch und durch, damit nur heilsame Worte
aus meinem Mund kommen.

Niemals wieder will ich
eines Menschen Antlitz verlachen.
Niemals wieder will ich
eines Menschen Wesen richten.
Wohl gibt es Kannibalen-Stirnen.
Wohl gibt es Kuppler-Augen.
Wohl gibt es Vielfraß-Lippen.

Aber plötzlich
aus der dumpfen Rede
der leichthin Gerichteten,
aus einem hilflosen Schulterzucken
wehte mir zarter Lindenduft
unserer fernen seligen Heimat,
und ich bereute gerissenes Urteil.

Noch im schlammigsten Antlitz
harret das Gott-Licht seiner Entfaltung.
Die gierigen Herzen greifen nach Kot –
aber in jedem geborenen Menschen
ist mir die Heimkunft des Heilands verheißen.

Wie sind wir alle Fremde doch!
Wie unterm letzten Hemde noch
die Schattengreise im Spital
sich hassen bis zum letztenmal
und jeder, eh' er ostwärts mündet,
allein sein Abendlicht entzündet.

So sind wir eitel eingespannt
und hocken bös an unserm Rand
und morden uns an jedem Tisch.
Komm, Heiliger Geist, Du schöpferisch,
aus uns empor mit tausend Flügen!
Zerbrich das Eis in unsern Zügen! . . .

Krankheit

Der Tag ist vorbei.
Laß mich nun ruhig schlafen,
lieber Gott.
Nimm die Schmerzen weg
und laß alles über Nacht heilen.
Bleibe bei mir.
Dann habe ich keine Angst.

LIEBER GOTT,
ich bin krank und liege im Bett.
Gib, daß es nichts Schlimmes ist
und ich bald wieder gesund werde.
Ich danke dir,
daß meine Mutter für mich sorgt.
Wie gut,
daß es Medizin gibt, die hilft.
Ich bitte dich,
behüte alle kranken Kinder,
zu Hause und im Krankenhaus.
Hilf ihnen, daß sie gesund werden.

ES geht mir besser.
Heute darf ich aufstehen.
Ich danke dir, Gott.
Ich danke dir von Herzen.
Du hast mir geholfen
und die Krankheit vertrieben.
Ich weiß jetzt wieder,
wie schön es ist, gesund zu sein.

VATER im Himmel,
ich bin krank.
Mein Kopf tut so weh.
Ich habe Fieber und Durst.
Bitte, laß mich heute nacht gut schlafen,
damit es morgen besser ist.

ICH muß jetzt
im Krankenhaus sein,
wo Schwestern und Ärzte mir helfen
und mich wieder gesund machen wollen.
Ich würde viel lieber
draußen spielen.
Hilf mir,
bald gesund zu werden,
und bleib bei mir
damit es mir leichter fällt,
nicht zu Hause zu sein.

MEIN Kopf ist heiß.
Ich friere und schwitze.
Immer muß ich husten,
und mein Hals tut weh.
Nachts wache ich auf.
Der Doktor war da.
Ich bekomme Medizin.
Die wird mir helfen.
Könnte ich doch jetzt spielen
und bei den andern Kindern sein!
Bitte, lieber Gott,
mach mich wieder gesund!

Lieber Gott, mir geht es gut.
Ich kann laufen und springen,
ich kann spielen und lustig sein.
Ich bin gesund und kann zur Schule gehen.
Dafür danke ich dir.
Es gibt aber auch Menschen in unserer Stadt,
die krank und allein sind.
Ihnen geht es viel schlechter als mir.
Manche haben Schmerzen
und dürfen wochenlang nicht aufstehen.
Andere haben Angst und wissen nicht warum.
Vielleicht brauchen sie von jemandem
ein tröstendes Wort oder sonst eine Hilfe.
Schicke ihnen Menschen, die gut zu ihnen sind!

Ich bin traurig.
Ich möchte gern gesund sein.
Ich kann nicht laufen und toben wie meine Freunde.
Ich muß immer nur zuschauen.
Großer Gott, mach mich gesund.

Du allmächtiger Gott und Vater!
Alle Morgen ist deine Güte und Treue neu,
mit der du uns Menschen umfangen willst.
So hilf mir,
daß ich auch diesen Tag getrost
aus deiner Hand nehmen und es fassen kann,
daß deine Treue auch über meiner Krankheit steht.
Hab Dank,
daß ich davon in diesen Tagen schon viel
erfahren durfte.

Herr,
warum muß gerade ich als junger Mensch krank sein?
Ich beneide die anderen,
die gesund sind
und oft gar nicht zu wissen scheinen,
wie glücklich sie darüber sein können.

Verzeih mir, Herr,
wenn mich mein eigenes Leiden ungerecht
und blind für die Leiden anderer macht.

Herr, ich weiß,
es gibt auch viele,
die Schlimmeres erleiden als ich:
die vielen,
die ihr Leiden von Geburt an tragen müssen,
– die vielen,
die ein Unglück oder Unfall getroffen hat,
– die vielen,
die Opfer eines grauenhaften Krieges geworden sind,
– die vielen,
deren Gesundheit vom Hunger zerstört wird.

Hilf mir, Herr,
meine Krankheit zu ertragen und stärke meinen Willen
und meine Hoffnung, gesund zu werden,
soweit es möglich ist,
ich bitte dich,
laß mich mit Freuden meinen Mitmenschen dienen,
auch heute, wo ich noch krank bin.

Hab Dank für die schmerzfreien Stunden,
Hab Dank für die Hilfe der Schwestern,
Hab Dank für alles Gute,
das ich auch jetzt erlebe.

Herr,
wir haben unseren Jungen lieb.
Er ist krank.
Er muß viel Schmerzen und viel Kummer ertragen.
Wir versuchen, ihm Freude zu machen,
so gut wir können.
Aber manchmal ist es zuviel.
Wir möchten geduldig sein,
wir möchten ihn noch fester liebhaben,
wir möchten nicht ärgerlich werden.
Wir möchten gut zu ihm sein.
Hilf uns, du unser Gott und Herr.

Nun bin ich allein, Herr,
und kann allen Krampf und alle
gespielte Haltung ablegen.
Ich habe Angst.
Vor mir ist nur Dunkelheit.
In diese Dunkelheit werde ich versinken
mit der ersten Spritze.
Ich sehne mich danach,
in Bewußtlosigkeit zu versinken,
nur um die Angst loszuwerden.
Aber werde ich wieder aufwachen?
Und wenn ich aufwache,
wer werde ich sein? Verstümmelt?
Dem Leben nicht mehr gewachsen?
Herr, ich verlange kein Wunder für mich allein –
dieses Haus ist ja voll Leidender.
Doch ich bitte dich:
Bleibe bei mir und laß mich
deine Gegenwart auch spüren.
Du bist ja schon da, wenn ich zu dir rufe.
Laß mich – so oder so – bei dir erwachen.

Herr, ich möchte noch nicht sterben. Deine Welt ist schön. Sie ist nicht nur ein Jammertal, sondern auch ein blühender Garten. Ich liebe meine Frau. Ich freue mich an meinen Kindern, auch wenn sie mir manche Sorgen machen. Sie brauchen mich noch, und ich brauche sie. Ich möchte noch ein wenig leben.

Auch für die Aufgabe, an der ich stehe. Ich bin noch nicht fertig. Wenn ich jetzt sterben müßte, bliebe vieles unvollendet. Ich habe noch so viele Pläne. Soll alles Denken und Vorbereiten umsonst gewesen sein? Darf ich die Lebenserfahrungen vieler Jahre nicht mehr auswerten – auch für andere? Auch darum möchte ich noch nicht sterben, Herr.

Aber vielleicht ist es nur die Angst vor meinem Tod, die mich so reden läßt. Denn ich bin ja gar nicht unersetzbar. Manchem stehe ich im Wege. Ich merke oft gar nicht, wie sehr ich Last für andere bin. Du allein weißt, wie sehr ich versagt habe. Herr, ich brauche deine Gnade dringender als alles andere, damit ich besser weiterleben kann, wenn ich noch einmal darf. Mit einem neuen Anfang. Dankbarer als bisher. Als besserer Vater; aufmerksamer in der Ehe. Sachlicher im Beruf und barmherziger im Umgang mit den Mitmenschen. Laß mich in deiner Gnade noch einmal eine anvertraute Zeit besser auskaufen.

Im anderen Fall – wenn ich bald sterben soll, laß mich nicht aus deiner Hand fallen, Herr Jesus Christus. Freilich habe ich keinen Anspruch darauf, obwohl ich in meinem Leben treu sein wollte. Aber mein Versagen überwiegt. Das weiß ich. Größer jedoch ist deine Liebe. In sie bette ich meine Angst und meine Zukunft. Und meine Lieben. Herr, du bleibst und willst, daß wir auch bleiben – in dir. Dein Wille geschehe.

Herr, ich bitte dich,
verbiete mir Selbstmitleid und Wehleidigkeit.
Laß mich tapfer sein,
denn hier im Krankenhaus geht es vielen
noch schlechter als mir.
Herr, du weißt, wer dich braucht,
wer dich ruft, wer dir flucht.
Du weißt, was Leiden ist.
Erbarme dich über dieses gehäufte Elend!

Ich danke dir,
daß du Menschen willig machst,
Kranke zu pflegen.
Hilf den Schwestern und Pflegern,
daß nicht Ekel sie ergreift
vor unseren zerstörten Körpern
und angeschlagenen Seelen.
Laß sie nicht abstumpfen durch den
täglichen Umgang mit dem Leiden.

Ich danke dir für alles,
was die Ärzte zur Heilung
und zur Linderung der Schmerzen tun.
Stärke sie für ihren schweren Dienst
und laß sie verantwortlich mit den Kranken umgehen,
in Verantwortung vor dir.

Schließe dieses ganze Haus,
Kranke und Gesunde,
ein in deine väterliche Liebe.

Nun bin ich allein
und brauche mich nicht mehr zusammenzunehmen.
Ich habe Angst. Was wird nach der Operation?
Herr, bleibe bei mir, was immer kommen wird.

Herr Gott!
In meiner Not wende ich mich an dich.
Es geht mir schlecht. Meine Kräfte lassen nach.
Ich habe Schmerzen.
Die Medikamente, die ich bekomme,
wirken nicht so, wie ich gehofft hatte.
Mein Arzt weicht meinen Fragen aus.
Er redet mir gut zu, aber es klingt nicht überzeugend.
Meine Angehörigen wissen mit mir nichts anzufangen.
Sie sprechen mit mir nur über Gleichgültiges.
Ich fühle mich isoliert.
Es ist niemand da, mit dem man reden kann.
Ich wünsche mir jemanden,
der meinen Fragen standhält.
Einen Menschen,
mit dem man alles durchsprechen kann,
ehe es zu spät ist.
Ich habe nie an mein eigenes Sterben gedacht,
aber jetzt kommen solche Gedanken über mich.
Ich würde jetzt gern auch über die Möglichkeit
des Sterbens sprechen.
Ich habe aber niemanden,
dem ich ein solches Gespräch zumuten kann.
Sie haben alle Angst vor dem Sterben.
Herr Gott, an dich wende ich mich,
weil ich glaube,
daß du da bist und mir nicht ausweichst.
Dein Sohn Jesus Christus ist durch den Tod gegangen,
auch für mich.
Er wird wissen, wie mir's zumute ist.
Laß mich seine Nähe spüren.
Ich muß meine Situation klar erkenne,
denn es ist noch manches ungeklärt an meinem Leben.
Ich habe vieles versäumt.
Es müssen noch Entschlüsse gefaßt werden.
Ich bitte dich, sprich du mit mir.
Ich traue auf dich.

Himmlischer Vater,
ich habe mir oft gewünscht,
das Leben und das Leiden mögen
zu Ende sein.
Jetzt, wo es vielleicht bald wirklich so weit ist,
fällt mir der Abschied schwer.
Das Leben war doch schön.
Ich habe Schmerzen,
aber ich will nicht sterben.
Ich mache mir Sorgen um meine Kinder
und um das Haus.
Was werden sie tun, was wird geschehen,
wenn ich nicht mehr da bin?
Mir geht so vieles durch den Kopf.
Aber ich kann doch nicht für alles
verantwortlich sein.
Nimm mir die Sorgen ab.
Gib mir Ruhe und Entspannung.

Gesund, Herr Gott, ich bin gesund!
Wie preiset dich mein Herz und Mund!
Ins Leben kehr ich wieder her;
dein Lob und Ehr'
will ich künden immer mehr.

Wie es auch geh', dein ist mein Herz,
bis einst mich rafft des Todes Schmerz.
Wohl muß ich einmal ihn bestehen,
mit schwerern Weh'n
vielleicht, als jetzo wär' gescheh'n.

Doch trag' ich Feindes Hohn und Trutz
getrost, Herr, unter deinem Schutz.
Du hast die Kraft mir angefacht,
dein ist die Macht,
und ohne dich wird nichts vollbracht!

HERR,
warum komme ich ins Krankenhaus?
Soll das ein Platz zum Ausruhen sein?

Ich will da nicht hineingehen.
Ich bin schon verstört,
wenn ich es nur sehe.
Ich mag die bitteren Pillen nicht,
Nicht das fade Essen.
Ich kann das Stöhnen der Sterbenden nicht hören.
Ich habe keine Zeit zum Kranksein.
Ich muß noch so viel schaffen,
Ich will da nicht hinein.

Mein Kind,
an diesem Ort sollst du ganz Mensch werden.
Hier bin ich dir nahe in meinen leidenden Brüdern.
Hier nimmst du teil an meiner Todesangst.

Sei ruhig und still.
Ich weiß, du bedarfst jetzt der Ruhe.
Du mußt erfahren, wie bitter Tränen sind.
Und ausruhen kannst du,
wenn du zuvor geschwitzt hast.

Bleib eine Weile im Krankenhaus.
Spüre, wie dicht ich an deinem Bett stehe.
Du brauchst es nicht eilig zu haben herauszukommen.
Dies Krankenhaus, an dem du mit gebaut hast,
Ist jetzt deine Heimat.
Du mußt wissen, wie es drinnen ist.
Weigere dich nicht,
die bitteren Pillen zu nehmen;
Süß werden sie, wenn ich durch sie heile.
Und das Essen wäre fad?
Dann denke dabei an die Hungernden,
Jene Millionen, die nicht einmal dies haben.

Und laß dich mahnen,
deinen Wohlstand zu teilen.
Wenn Sterbende stöhnen –
Ich schrie laut am Kreuz.
Stöhnen und Schreien bringt dich
Näher zur Quelle geistlichen Segens.
Wenn du die Sterbenden stöhnen hörst,
Wirst du geheiligt.

Dann nimm dein Bett und gehe heim.
Sag weiter, was du gesehen,
gehört und geschmeckt hast.
Du bist mein Zeuge in der gottfernen Welt.

Gebete für alte Menschen

Wie wäre es mir ergangen,
wenn du mich schon vor einigen Jahrzehnten
aus dieser Welt abberufen hättest?
Damals stand ich in der Blüte des Lebens,
im Drang der Geschäfte,
im Sturm der Leidenschaften,
unter der Herrschaft mancher Gewohnheiten.

Du hast mir viele Jahre geschenkt
und damit Zeit gegeben,
Versäumtes nachzuholen,
Verfehltes wieder gut zu machen
und Ungeordnetes zu ordnen.
Dafür danke ich dir alle Tage meines Lebens.

WENN ich auch nichts Großes leisten kann,
so opfere ich dir doch alles auf,
was mir so ein Tag bringt:
die kleinen Arbeiten und Mühen,
die Schwierigkeiten und Opfer.
Wenn man nichts Besonderes mehr zu tun hat,
ist vieles langweilig.
Man fühlt sich einsam und verlassen
und spürt stärker die kleinen Leiden
und die Härten des Lebens.
Dies alles aber will ich dir aufopfern.
Was mir zu tun geblieben ist,
will ich gerne tun und meine Kraft einsetzen,
um zu helfen und Freude zu bereiten.
Hilf mir dabei!

Herr, mein Gott,
die Tage meines Jahres sind vergangen,
und die Stunden meines Lebens vorübergeflossen.
Auf den grauen Strom der Zeit
habe ich die Rosen geworfen,
auf den unsichtbaren Fluß der Minuten
habe ich die Disteln gelegt;
vergangen sind sie nun,
fortgetragen vom Wehen des Atems,
hinuntergeflossen den Abhang der Zeit.

Zu oft habe ich versucht,
Rechenschaft abzulegen
über mein Leben vor dir.

Aber die Antwort kommt aus der Ferne
in den allermeisten Augenblicken,
und nur ganz selten einmal
kommt sie von sehr nahe,
wenn einer mich bittet,
als bäte er dich.

Die Überlieferung deiner großen Taten
ist untergegangen im Rauschen
der Wasserfälle verflossener Jahrhunderte,
geblieben ist nur das Rinnsal meines Lebens.

Gott, unser Vater,
du hast uns ins Leben gerufen
und bis heute freundlich geleitet,
wir bitten dich:
Bleibe bei uns, wenn wir alt werden.
Auf dich hoffen wir bis in den Tod.
Durch Jesus, deinen Sohn,
unseren Bruder.

Herr,
ich gehöre zu den Menschen,
die man alt nennt.
Ich lebe im Abend. Bald wird es Nacht sein.
Laß mich nicht allein bei den letzten Schritten.

Mein Leben hatte einmal Wert und Sinn.
Ich habe gearbeitet, gelitten und gewirkt.
Was ich getan habe, rückt in die Ferne.
Ich bitte dich,
mich vor Bitterkeit zu bewahren,
vor der Sucht,
mein Wissen und Können zu beweisen,
vor der Gefahr,
zu behaupten, es sei alles richtig gewesen.
Ich möchte loslassen lernen.
Ich möchte mich auf nichts verlassen als auf deine Güte.

Mein Gott, wie bin ich alt geworden,
wo sind die Jahre hin?
Ganz fern die Kindheit,
kaum das Bild der Eltern vor mir,
das Haus, die Stube und der Ofen – ganz fern.
Mein Gott, wie bin ich alt geworden,
wo ist die Kraft der Jugend hin?
Die Haut ist straff gewesen, die Hände
waren glatt und ohne Runzel, und stark.
Mein Gott, bin ich so alt geworden?
Die Kinder kamen gestern – mit den Kindern,
ich spürte, wie sie drängten, vorwärts, weiter,
gar nicht lieblos, sondern ganz natürlich.
Mein Gott, ich bin ein alter Mensch,
und ich vergesse alles,
ich bin nicht mehr genau, ich nehme Abstand –
nur ganz nah bist du, mein Gott.

O Herr,
bitter ist das Brot des Alters und hart.
Wie erschien ich mir früher reich –
wie arm bin ich nun,
arm und einsam, und so hilflos.
Wozu tauge ich noch auf Erden?
Schmerzen plagen mich Tag und Nacht,
träge rinnen die Stunden
meiner schlaflosen Nächte dahin,
ich bin nur noch ein Schatten dessen,
der ich einmal war.
Ich falle den anderen zur Last,
Herr, laß es genug sein.
Wann wird die Nacht enden
und der lichte Tag aufgehen?
Hilf mir, geduldig zu sein.
Zeig mir dein Antlitz,
je mehr mir alles andere entschwindet.
Laß mich den Atem der Ewigkeit verspüren,
nun, da mir aufhört die Zeit.
Auf dich, o Herr, habe ich gehofft;
laß mich nicht zuschanden werden in Ewigkeit.

Wir fürchten uns vor dem Alter,
vor dem Nachlassen der Kräfte,
vor dem Alleinsein, dem Tod.
Wir bitten Gott um Erbarmen!

Fürchtet euch nicht, spricht der Herr,
ich will euch tragen, bis ihr grau werdet,
ich will heben und tragen und erretten.
Darum loben wir ihn!

Herr, bin ich nur ein halber Mensch,
weil ich alt geworden bin?
Muß ich mir das bieten lassen,
daß sie so dümmlich herablassend mit mir umgehen,
daß sie mit mir reden wie mit einem Vorschulkind?
Was Geist und Nachdenken betrifft,
stecke ich sie dreimal in die Tasche,
die mich heute gekränkt haben.
Und ebenso die anderen,
die mitleidig lächeln und meinen:
„unangenehm, so alt zu sein!"
Ich möchte ihnen zeigen,
daß es durchaus nicht nur unangenehm ist.
Wieviele Lebenszusammenhänge durchschaue ich heute;
wieviel deutlicher sind meine Maßstäbe geworden,
wieviel schneller werde ich mir klar
über Menschen und ihre Absichten;
wieviel mehr Zeit und Ruhe kann ich in das Lesen
und Denken investieren.
Ich brauche kein mitleidiges Lächeln,
sondern ich brauche,
daß man mich als einen ganzen Menschen
auf der Lebensstufe des Alters achtet
und akzeptiert.
Hilf du ihnen, Herr,
daß sie ihre Vorurteile abbauen.
Hilf mir,
daß ich nicht mißtrauisch oder empfindlich werde.
Schenk mir Humor!
Ich danke dir,
daß du mich siehst als den,
der ich bin – nein, als den,
für den du deinen Sohn gesandt hast,
daß ich dir soviel wert bin.
Hilf mir zu lieben, Herr.

HERR, mein Gott!
Ich werde alt, und ich fürchte mich. Lange Zeit habe ich diese Furcht verdrängt, aber das geht nun nicht mehr. Das Alter tritt jeden Tag auf mich zu wie ein Gespenst, und es ängstigt mich. Hilf mir, Gott, diese Angst zu überwinden!

Herr Jesus Christus, du hast verheißen, daß du an der Seite eines jeden von uns sein willst. Aber ich spüre, daß ich einsamer werde mit jedem Tag. Ich verliere die Fähigkeit, Freude zu empfinden und Freude zu geben, darum meiden mich die Menschen. Es ist so schwer, nicht zu erlahmen, wenn Leib und Seele anfangen, müde zu werden. Nimm diese Müdigkeit von mir, Herr, diese Traurigkeit des Alters.

Laß micht trotz allem nicht verzagen! Hilf mir erkennen, was an meinem Leben falsch war, und laß mich an dieser Erkenntnis reifen. Ich sage es mir täglich vor, daß die Spur deiner Freundlichkeit auch aus meinem Leben nicht geschwunden ist; nun laß mich dies auch mit der Seele fassen und bejahen. Zeige du mir, daß auf dem Grund meines ganzen Lebens die Liebe gewaltet hat, daß sie noch immer darin waltet, auch wenn ich ihr Wirken nicht mehr deutlich erkennen kann. Vor allem anderen bitte ich dich, Herr: Laß mich nicht aufhören zu lieben. Und zeige mir die Menschen, die auf meine Liebe warten. Hilf mir auch, ruhiger an den Tod zu denken, mein Gott! Stärke in mir die Gewissheit, daß der Tod nicht das Ende ist, sondern der Eingang zur wahren Gemeinschaft mit dir. Und so laß mich denn Abstand gewinnen zu allen Lasten des Alters. Ich bitte dich von Herzen, Herr Christus, was immer kommen mag heute und morgen – sei du die Stimme, die mich durch den Abend meines Lebens begleitet.

HERR,
du hast mein Leben reich gesegnet.
Du hast mir Freude und Leid geschickt
– dafür danke ich dir, Herr.

Du hast mir einen guten Mann gegeben
und Kinder, die mich lieben, wie ich sie liebe
– dafür danke ich dir, Herr.

Aber nun ist es still geworden in unserem Haus,
die fröhliche Betriebsamkeit ist verstummt
– das klage ich dir, Herr.

Meine Kräfte haben nachgelassen, ich werde älter;
nicht nur das Haus, auch das Herz ist leerer geworden
– das klage ich dir, Herr.

Du, mein Gott, hast Himmel und Erde geschaffen,
du kennst auch mich und meine Sorgen
– das glaube ich, Herr.

Du bestimmst die Wege für Sonne und Sterne,
du bestimmst auch meinen Lebensweg
– das glaube ich, Herr.

So gib meinem Leben wieder einen neuen Sinn,
damit ich nicht untätig beiseite stehe
– darum bitte ich, Herr.

Zeige mir Menschen, denen ich helfen kann.
Gib mir Aufgaben, die ich lösen soll
– darum bitte ich, Herr.

Herr,
ich spüre, daß ich älter werde;
ich ahne, daß ich sehr bald zu den Alten gehöre.
Du weißt das auch.

Bewahre mich vor allem,
was die Alten so unbeliebt macht.
Behüte mich vor Geschwätzigkeit.
Laß mich nicht meinen,
ich müsse bei jeder Gelegenheit mich zu allem äußern.
Gib mir die Einsicht,
daß ich zuweilen unrecht haben kann.
Befreie mich von dem eitlen Verlangen,
jedermanns Angelegenheit
in Ordnung bringen zu wollen.
Halte mich frei davon,
den anderen alle Einzelheiten
meines Alltags aufzudrängen.
Schenke mir Geduld,
wenn andere mir ihre Leiden klagen;
aber versiegle meine Lippen,
wenn ich meine eigenen zunehmenden Schmerzen
und Gebrechen ausbreiten möchte.
Und wenn ich doch darüber spreche,
dann laß es mich so tun,
daß deine Güte dadurch nicht verdunkelt wird.
Mach mich hilfsbereit, aber nicht geschäftig;
fürsorglich, aber nicht herrsüchtig.

Am Ende aber laß mich nicht einsam sein.
Ich brauche dann ein paar Freunde,
lieber Herr, gute Freunde.
Aber das weißt du auch.

Herr,
ich habe Angst vor dem Tod.
Ich will nicht sterben.
Nicht der plötzliche Tod,
der mich unvorbereitet fällt,
erschreckt mich,
sondern jener Andere,
der in mir arbeitet, seit ich lebe.
Der Tod hockt in mir.
Jahr für Jahr
schwillt er größer an
und arbeitet sich stetig nach draußen.
Ich sehe aus wie ein lebender Mensch,
doch von innen her
frißt mich langsam der Tod auf.
Ich weiß,
daß alle Menschen sterben müssen.
Aber das tröstet mich nicht.
Ich will,
daß der schwellende Tod aus mir herausgerissen wird
wie ein böses Geschwür.
Meine Angst ist sehr groß.
Wenn es geht,
Bruder Christus,
befreie mich von der Angst.
Ich glaube manchmal,
daß hinter der Angst
der Tod des Todes beginnt.
Befreie mich von der Angst.
Und sage du selber,
da ich es nicht kann,
das Amen.

HERR, ich kann es nicht in Worte fassen:
Angst lauert in den dunklen Nischen meines Innern.
Niemand außer dir sieht es.
Du weißt, wovor ich mich fürchte:
Daß mein Geist nachläßt, ehe mein Körper am Ende ist.
Es gibt ein Wort dafür, aber ich wage nicht,
es auszusprechen, auch nicht vor dir.
Du, Herr, hast nicht lange genug gelebt,
um diesem Problem zu begegnen.
Dein Leben war bedroht vom Kreuz,
dem grausamen Tod für uns –
und das in der Blüte deiner Mannesjahre.
Heute erreichen viele Menschen ein hohes Alter.
Der Weg kann für mich nicht mehr lang sein,
aber gegen Ende sehr mühselig werden.
Die wir die Beschwerden des Alters kennenlernen –
wenn Gebrechlichkeit die frühere Kraft verdrängt,
wenn das Gedächtnis nachläßt,
wenn Gehör und Sehvermögen abnehmen –
welches Wort hast du für uns, o Herr?
Unsere äußere Hülle mag einem Briefumschlag
gleichen, in dem unser Inneres wie ein Brief ruht.
Auf der Reise durch dieses Leben
wird der Umschlag alt, abgenutzt und fleckig,
aber der Brief darin ist sicher, vollständig
und gut lesbar.
Er wird sein Ziel erreichen,
ohne daß eine einzige Zeile fehlt.
Danke, Herr, du bringst mich hindurch.

HERR, ich traue auf dich,
laß mich nimmermehr zuschanden werden.
Neige deine Ohren zu mir und hilf mir.
Sei ein starker Hort,
zu dem ich immer fliehen kann,
der du zugesagt hast, mir zu helfen.

Du bist meine Zuversicht, Herr, mein Gott,
meine Hoffnung von meiner Jugend an.
Laß meinen Mund deines Ruhmes und deines Preises
voll sein täglich.

Verwirf mich nicht in meinem Alter;
verlaß mich nicht, wenn ich schwach werde.
Gott, sei nicht ferne von mir;
mein Gott, eile, mir zu helfen!

Gott, du hast mich von Jugend auf gelehrt,
und doch jetzt verkündige ich deine Wunder.
Auch im Alter, Gott, verlaß mich nicht,
und wenn ich grau werde,
bis ich deine Macht verkündige Kindeskindern
und deine Kraft allen, die noch kommen sollen.

Du läßt mich erfahren viele und große Angst
und machst mich wieder lebendig
und holst mich wieder heraus aus den Tiefen.

So will auch ich dir danken mit Saitenspiel
für deine Treue, mein Gott.
Meine Lippen und meine Seele, die du erlöst hast,
sollen fröhlich sein und dir lobsingen.

Gebete im Angesicht des Todes

Das Leben der Menschen ist verschieden.
Der eine wird sehr alt,
der andere muß früh sterben.

Vielleicht hat er eine schwere Krankheit
oder ein Unfall passiert.

Lieber Gott, gib,
daß die Ärzte etwas gegen die Krankheiten tun können
und daß die Menschen auf der Straße
aufpassen und aufeinander achthaben.

Ich wünschte,
alle Menschen
hätten ein langes und schönes Leben.

WENN die Menschen alt geworden sind,
achtzig Jahre oder vielleicht älter,
sterben sie eines Tages.

Das hast du so eingerichtet.

Manche haben keine Lust mehr zu leben.
Manche fürchten sich vor dem Tod
und möchten gern noch länger leben.

Hilf ihnen und zeig ihnen,
daß sie mit ihrer Angst nicht allein sind.

Auch die Toten sind in deiner Hand.

Lieber Gott!

Ein Mensch ist gestorben.
Er ist nicht mehr bei uns.
Laß ihn ganz bei dir sein.
Laß ihn bei dir ganz glücklich sein.
Laß uns einmal mit ihm zusammen bei dir leben.

Ich bin noch klein.
Wenn ich alt bin, muß ich sterben.
Alle Menschen haben Angst vor dem Tod.
Auf dem Friedhof
sind auch Gräber von Kindern.
Vater hat mich vor ein Kindergrab geführt:
Er sagte: Hab keine Angst!
Jesus hat uns lieb,
er geht nie von uns weg.

Ich danke Dir, Heiland,
daß Du mich einmal
zu Dir in den Himmel nimmst.
Niemand kann sich vorstellen,
wie gut es dort sein wird,
bei Dir.

Ich habe einen Toten gesehen.
Ich wollte mit ihm sprechen,
aber er konnte nicht.
Sprich du mit ihm,
damit er nicht
so allein ist.

HERR, gib unseren Toten die ewige Ruhe,
und das ewige Licht leuchte ihnen.
Herr, laß sie ruhen im Frieden!

LIEBER Gott,
meine Großmutter ist tot.
Darüber bin ich sehr traurig.
Ich kann nun nicht mehr bei ihr sein.
Ich kann sie nicht mehr sehen,
nicht mehr hören,
nicht mehr rufen und
nicht mehr in den Arm nehmen.
Warum mußte sie nur sterben?
Ich habe sie sehr gern gehabt.
Für jeden Tag,
den ich mit ihr zusammensein durfte,
danke ich dir.
Bitte, guter Gott,
schenke ihr jetzt die ewige Freude bei dir!
Du hast sie doch genauso lieb wie ich.

DU läßt uns leben,
aber läßt uns auch sterben.
Der Drang zu leben
und die Angst vor dem Tod
sind nicht ohne dich.
Lehr uns das Leben auf eine solche Weise zu lieben,
daß wir in Stunden verständlicher Betrübnis
in dir den Sinn und die Kraft des Daseins aus Liebe
finden können.

Herr,
ich verstehe den Tod nicht,
auch nicht beim Anblick eines Toten.
Ich weiß,
auch ich werde sterben
irgendwann
oder demnächst . . .
Aber dieser Gedanke läßt mich kalt,
denn er ist noch ohne Inhalt für mich.
Und doch fürchte ich mich vor dem Begreifen. –
Dein Wort verheißt ewiges Leben,
denen, die auf dich hoffen.
Auch das verstehe ich nicht.
Aber ich möchte hoffen,
ich möchte vertrauen,
ich möchte glauben,
ich möchte leben! –
Herr, dein Wille geschehe.

Je näher ich dem Ende komme,
um so mehr weite mir den Blick und das Herz,
daß ich auch vorbereitet bin für den großen Augenblick,
wo du mich aufnimmst in das größere Leben
und mir eine Ewigkeit hindurch
Glück und Freude schenken wirst.

Ich danke dir,
daß ich an meinem Ende dich finden werde
und bei dir bleiben darf.

KURZGEBETE (Stoßgebete)

Was kann uns scheiden von der Liebe Christi? (Röm 8,35)

Ob wir leben oder ob wir sterben,
wir gehören dem Herrn. (Röm 14,8)

Wir haben ein ewiges Haus im Himmel. (2 Kor 5,1)

Wir werden immer beim Herrn sein. (1 Thess 4,17)

Wir werden Gott sehen, wie er ist. (1 Joh 3,2)

Wir sind aus dem Tod in das Leben hinübergegangen,
weil wir die Brüder lieben (1 Joh 3,14)

Zu dir, Herr, erhebe ich meine Seele. (Ps 25,1)

Der Herr ist mein Licht und mein Heil. (Ps 27,1)

Ich bin gewiß, zu schauen die Güte des Herrn
im Lande der Lebenden. (Ps 27,13)

Meine Seele dürstet nach dem lebendigen Gott.
(Ps 42,3)

Muß ich auch wandern in finsterer Schlucht,
ich fürchte kein Unheil;
denn du bist bei mir. (Ps 23,4)

So spricht der Herr:
Kommt her, die ihr von meinem Vater gesegnet seid,
nehmt das Reich in Besitz,
das für euch geschaffen worden ist. (Mt 25,34)

Amen, ich sage dir:
Heute noch wirst du mit mir im Paradiese sein. (Lk 23,43)

Im Haus meines Vaters sind viele Wohnungen. (Joh. 14,2)

Ich gehe hin, um euch einen Platz zu bereiten,
und ich werde euch zu mir holen. (Joh 14,2–3)

Ich will, daß alle dort bei mir sind, wo ich bin.
(Joh 17,24)

Alle, die an den Sohn glauben, haben das ewige Leben.
(Joh 6,40)

Herr, in deine Hände
leg' ich voll Vertrauen meinen Geist. (Ps 30,6a)

Herr Jesus, nimm meinen Geist auf. (Apg 7,59)

Heilige Maria, bitte für mich.

Heiliger Josef, bitte für mich.

O Gott, mit deiner starken Macht,
sei unser Helfer Tag und Nacht.

Jesus, Maria, Josef, steht mir bei im letzten Kampfe.

OFT habe ich schon Abschied nehmen müssen,
von Menschen, die mir nahestanden.
Nun bin ich ganz verlassen und allein,
Laß mich deine Nähe spüren.

MITTEN wir im Leben sind
mit dem Tod umfangen.
Wer ist, der uns Hilfe bringt,
daß wir Gnad' erlangen?
Das bist du, Herr, alleine.
Uns reuet unsre Missetat,
die dich, Herr, erzürnet hat.
Heiliger Herre Gott,
heiliger starker Gott,
heiliger barmherziger Heiland,
du ewiger Gott,
laß uns nicht versinken
in des bittern Todes Not.
Kyrieleison.

O HERR,
heute bin ich mit knapper Not dem Tod entgangen.
Ich danke dir,
daß du mich im letzten Augenblick zurückgerissen hast.
Was wäre aus mir geworden,
wenn ich jetzt vor deinem Angesicht stünde?
Erhöre mich, wenn ich zu dir rufe:
Laß mich nicht versinken in des bittern Todes Not.
Laß mich nicht verzagen vor der tiefen Hölle Glut.
Laß mich nicht entfallen von des rechten Glaubens Trost.
Erbarm dich meiner!

GOTT, unser Kind ist krank. Es liegt im Sterben.
Wir sind sehr traurig. Es gehört zu uns.
Großer Gott, nimm du unser Kind auf,
wenn es von uns gehen muß.
Vergiß es nicht und hab es lieb,
wie du uns alle immer liebgehabt hast.

LIEBER Vater im Himmel,
du weißt um die große Not, die unser Herz bedrängt.
Du weißt auch, was das Leben
und die Nähe unserer Eltern für uns bedeutet.
Wir schulden ihnen so viel Dank
für alle Liebe und Treue,
mit der sie uns aufgezogen und umgeben haben.
Wie gern würden wir diesen Dank ihnen
in ihrem Alter noch abstatten,
bevor sie für immer gehen!

Doch unsere Gedanken sind nicht deine Gedanken,
und deine Wege sind nicht unsere Wege.
Auch wenn wir nicht begreifen können,
warum unsere Eltern auf so schreckliche Weise
in Todesgefahr geraten sind,
so legen wir alles in deine Hände.
Du kannst vom Tode retten,
und wir vertrauen darauf,
daß du es tun wirst, wenn es dein Wille ist.
Hast du es aber anders beschlossen,
so mache unser Herz still im Aufblick zu dir
und gib uns Kraft, das Leiden zu tragen,
das du uns auferlegst.
Wir danken dir,
daß wir mit allen unseren Sorgen und Ängsten
zu dir kommen dürfen.
Du willst durch alles, was uns widerfährt,
uns näher zu dir ziehen.
Gib, daß wir es recht begreifen
und im Glauben an deine Liebe nicht irre werden.
Erhöre uns, lieber Herr und Gott!

Du weißt es, Herr.
Der Arzt weiß es. Meine Angehörigen wissen es.
Und nun weiß ich es auch.
Ich muß sterben.
Nicht heute und nicht morgen, aber in kurzer Zeit.
Es gibt für mich keine Hilfe mehr auf Erden.

Wie habe ich mich vor dieser Gewißheit gefürchtet!
Nacht für Nacht habe ich gebetet,
die Krankheit möge nicht zum Tode führen.
Mein Leben war eine einzige Ruhelosigkeit und Qual.
Auch das weißt du, Herr.

Aber jetzt, nachdem die Entscheidung gefallen ist,
bin ich ganz ruhig. Das ist merkwürdig.
Ich wundere mich darüber, denn ich muß ja sterben.
Oder bin ich durch den Schlag,
den die Gewißheit mir versetzt hat, nur betäubt?
Herr, ich bitte dich, erhalte mir die Ruhe!
Wenn du in deinem Sohn Jesus Christus bei mir bist,
kann ich ruhig sein.
Der Tod ist schrecklich, aber er ist nicht das Letzte.
Du bist es.
Du bist der Erste und der Letzte.
Und wo du bist,
da ist das Leben und die Wahrheit.
Das hat der Auferstandene uns gesagt.

Herr, ich möchte so gern, daß die Menschen,
die in diesen Tagen um mich sind,
etwas von der Getrostheit spüren, die du mir schenkst.
Laß doch mein Sterben zu einem Zeichen
für deine Gegenwart werden,
zu einem Zeichen für deine Liebe,
deine Treue, dein Erbarmen.

Herr, hab Erbarmen mit uns allen!

HERR, mein Gott, hier und in Ewigkeit.
Zuflucht bist du mir in meiner Wirrnis und Not.
Tröste mich in meiner Trauer.
Ich fühle mich so leer und verlassen.
Seit ich den Menschen verlor, der mein Leben war,
kenne ich die Freude nicht mehr.
O diese Wand des Schweigens,
dieses Fragen und Grübeln.
Warum nur, warum?
Ich bitte dich,
richte mein Herz auf dich allein
in meiner echolosen Einsamkeit.
Du allein bist die Freude.
Nimm mir den Schmerz und die Pein,
die mir das Leben verdunkeln.
Gib mir den Mut und die Kraft zum Trauern.
Laß es mich durchstehen.
Laß mich die Wand des Schweigens durchbrechen!
Schenk mir Geduld,
denn ich will warten
auf den glorreichen Tag,
da mir die Fülle deiner Liebe
für immer zuteil wird
durch Jesus Christus, meinen Herrn.

HERR, unser Gott,
du bist allen nahe, die zu dir rufen.
Auch wir rufen zu dir aus Not und Leid.
Laß uns nicht versinken
in Mutlosigkeit und Verzweiflung,
sondern tröste uns durch deine Gegenwart.
Gib uns die Kraft deiner Liebe,
die stärker ist als der Tod.
Mit unseren Verstorbenen führe auch uns zum neuen
und ewigen Leben.

HERR, ein anderes ist's,
in guter Stunde zu sprechen:
„Ich bin bereit zu allem, was Gott will“,
und ein anderes, auch wirklich bereit zu sein,
wenn das Kreuz kommt.
Da ist das Herz oft schlaff und furchtsam,
und alle gute Bereitschaft ist vergessen.
So hilf mir, fest zu stehen, wenn es gilt.
Vielleicht ist das Kreuz schon da oder ganz nahe.
Es mag kommen, wann immer:
Ich will bereit sein.
Mach mich stark und großmütig,
daß ich nicht jammere
und mich vor dem, was sein muß, nicht sträube.
Ich will es tapfer ins Auge fassen
und den Ruf des Vaters darin erkennen.

DER TOD, dein Diener, steht vor meiner Tür.
Er hat die unbekannte See durchfahren
und deinen Ruf zu mir gebracht.

Dunkel ist die Nacht und mein Herz voller Furcht,
doch ich will die Lampe aufnehmen,
meine Tür öffnen und ihm Willkommen bieten.
Dein Bote ist es, der vor meiner Tür steht.

Ich will ihn mit gefalteten Händen verehren und mit Tränen
Ich will ihn ehren und meinen Schatz
zu seinen Füßen niederlegen.

Er wird gehen, wenn er deine Botschaft überbracht hat,
und einen Schatten über meinen Morgen werfen.
Und in meinem leeren Haus
wird mein verlassenes Ich bleiben
als meine letzte Gabe für dich.

HEILIGER, lebendiger Gott!
Mit unseren Gedanken können wir dich nicht fassen.
Doch du neigst dich zu den Geängsteten und Verstörten.
Du nimmst dich derer an,
die mit ihrem Können am Ende sind
und nach Hilfe rufen.
Deine Macht dient deinem Erbarmen.
Das wissen wir,
aber unsere Herzen sind verschreckt
unter dem Einbruch des Todes in unserer Mitte.
Unsere Gedanken fragen nach dem Warum,
und wir haben keine Antwort.
Hilf uns zum ganzen Vertrauen auf dich.
Du hast uns
aus der gedankenlosen Sicherheit aufgeschreckt.
Laß uns nicht in der Verwirrung hängenbleiben,
sondern hilf uns zum Glauben,
der sich mitten in der Angst und Sorge an dich hält.
Laß uns mit wachen Sinnen
durch die Zeit gehen als Menschen,
die in dir ihre Stärke und ihr beständiges Leben
gefunden haben.
Deine Treue bewahre uns jetzt und in Ewigkeit.

HERR, wie du willst, so laß mich sterben.
Herr, wie du willst, so laß mich sein!
Gib mir Gefüge oder Scherben,
Triff mich mit Kuß, triff mich mit Stein!

Hilf mir nur zu auf meiner Stelle!
Wo du mich hin willst, ist mir gut.
Stell mich in Feuer oder Welle,
Stell mich in Blüte oder Blut!

Herr Jesus Christus, du unser Heiland!
Du hast uns bei unserem Namen gerufen und sagst,
daß wir dir gehören.
Wir sind in deinem Namen getauft;
darum dürfen wir dich immer anrufen.

So rufe ich dich jetzt in meiner Not an:
„Herr Jesu, dir leb ich;
Herr Jesu, dir sterb ich;
Herr Jesu, dein bin ich, tot und lebendig;
Mache mich selig, o Jesu!"

Du hast den Deinen zugesagt,
daß niemand sie aus deiner
und deines Vaters Hand reißen kann.
Niemand und nichts,
auch die Krankheit nicht,
auch der Tod nicht,
auch die Sünde nicht!
Darum laß mich in deinen barmherzigen
und rettenden Händen geborgen sein!

Mache du an mir in meiner
Krankheits- und Todesnot wahr,
was ich in gesunden Tagen gesungen habe:
„Stark ist meines Jesu Hand,
und er wird mich ewig fassen,
mein Erbarmer läßt mich nicht.
Das ist meine Zuversicht."

Herr Jesus, mein Erbarmer und Erlöser,
bleibe du bei mir und laß mich
in deinem Frieden bleiben! Amen.

Wenn ich einmal soll scheiden,
so scheide nicht von mir;
wenn ich den Tod soll leiden,
so tritt du dann herfür.
Wenn mir am allerbängsten
wird um das Herze sein,
so reiß mich aus den Ängsten
kraft deiner Angst und Pein!

Erscheine mir zum Schilde,
zum Trost in meinem Tod,
und laß mich sehn dein Bilde
in deiner Kreuzesnot.
Da will ich nach dir blicken,
da will ich glaubensvoll
dich fest an mein Herz drücken:
wer so stirbt, der stirbt wohl.

Und reichst du uns den schweren Kelch, den bittern,
des Leids, gefüllt bis an den höchsten Rand,
so nehmen wir ihn dankbar ohne Zittern
aus deiner guten und geliebten Hand.

Doch willst du uns noch einmal Freude schenken
an dieser Welt und ihrer Sonne Glanz,
dann wolln wir des Vergangenen gedenken,
und dann gehört dir unser Leben ganz.

Gebete für Jahreslauf und Kirchenjahr

Lieber Gott,
heute darf ich bis zwölf Uhr aufbleiben.
Um Mitternacht gibt es das große Feuerwerk.
Ich darf schon ein wenig mittun.
Wie sehr ich mich freue.
Gott, ein neues Jahr beginnt,
das alte ist zu Ende.
Danke für alles Schöne im alten Jahr.
Laß das neue Jahr gut werden.
Hilf, daß wir gesund und glücklich zusammen leben
und viel Freude miteinander haben.

In diesem Morgenlicht
bitte ich um den Mut,
daß ich dir dieses Jahr darbringe mit allem,
was damit zusammenhängt:
Dinge, an denen ich mich erfreue
und an denen ich leide,
die Stunden, in denen ich von dir gebraucht werde
oder auch nicht gebraucht werde.
Ich will von heute an
mein ganzes Leben in deine Hände legen:
Siege und Niederlagen,
Lachen und Weinen,
all dies stelle ich dir zur Verfügung.
Laß mich von nun an
nicht länger mein eigen,
laß mich dein eigen sein.
Herr des Morgens, hilf mir!

HERR, du wunderbarer Quell unserer Zeit,
du hast das neue Jahr ausgestattet
mit einer Menge von Geschenken,
leiblicher und seelischer Art,
– ich will sie mit Wachheit wahrnehmen!
mit Herausforderungen aller meiner Kräfte,
als bindest du das Glück der Welt an meine Entscheidung
– ich will mich stellen!
mit Hilfeschreien aus der Ferne und der Nähe,
sie sind gräßlich, und ich halte mir die Ohren zu
– und jetzt will ich sie hören!
Ich will!
Ich will!
Und schon weiß ich, wie brüchig mein Wille ist.

Ich brauche dich,
daß mich einer auffängt in meinem Scheitern.
Ich brauche dich,
damit ich etwas fertig bringe,
etwas Gutes,
vielleicht etwas ganz Segensreiches.
Ich bin ehrgeizig geworden durch dich.
Auch weil ich deine Erwartung bin,
deine Hoffnung für dieses Jahr.
Wenn Christus dein Handgelenk ist,
bin ich die äußerste Fingerkuppe,
die Wunde der Welt zu berühren.
Ich lobe dich für das neue Jahr,
was immer es bringe!

DIE STERNE ziehen ihre Bahn,
es flieht dahin die Zeit,
das alte Jahr, es schickt sich an
zum Gang zur Ewigkeit.

Vom Kirchturm schlägt zu Mitternacht
die zwölfte Stunde nieder,
das Neue Jahr ist nun erwacht
und bringt uns Hoffnung wieder.

Noch ist des Schicksals Wechselspiel
in seinem Schoß verborgen,
was es uns alles bringen will
an Freude und an Sorgen.

Beschirme, Herr, auch dieses Jahr
Hof, Haus und unsere Lieben,
wohl ist, was uns an Nöten war,
bis heute noch geblieben.

Nimm uns darob in deine Hut,
Herr, führ sie recht zu Ende,
das Herze hofft's mit neuem Mut
am Tag der Jahreswende.

Überall haben sie Dich gesucht!
Überall haben sie nach Dir gefragt.
So lang war der Weg.
Aber der Stern war immer da.
Er zeigte den Weg.
Und sie kehrten nicht um.
Bei Herodes in Jerusalem
waren sie auch.
Dann haben sie Dich in Bethlehem gefunden.
Sie knieten froh vor Dir nieder
und beteten Dich an.
Sie schenkten Dir schöne Sachen.
Ich will Dir auch etwas schenken
und Dich immer liebhaben.

O heilger Morgenstern, wir preisen
dich heute hoch mit frohen Weisen,
du leuchtest vielen nah und fern,
so leucht auch uns, Herr Christ, du Morgenstern.

Heute ziehen die Sternsinger durch die Straßen.
Sie singen von Jesus.
Sie sagen: Er ist wie ein Licht für unsere Welt,
wie ein leuchtender Stern.
Gott, hilf uns,
daß auch wir Licht sind für andere.
Laß uns so leben,
daß andere Menschen dich finden können.

HERR, unser Gott,
Vater unseres Herrn Jesus Christus!
Wir preisen dich und danken dir,
daß du uns deinen lieben Sohn
zum Heiland der Welt gesandt hast.
Wir beten dich an, daß du seine Herrlichkeit,
den Namen, der über alle Namen ist,
den Völkern geoffenbart hast.
Wir bitten dich,
laß ihnen dein helles Licht leuchten.

Erwecke dir Boten zum Dienst der Mission,
auch an Israel und dem Islam.
Erfülle deine ganze Gemeinde auf Erden
mit dem Feuer der heiligen Liebe,
mit dem Geist des Glaubens und des Gebetes.

Herr Jesus Christus,
laß uns darüber froh werden,
daß du auf unsere Erde gekommen bist.
Erhalte uns in allen Anfechtungen
und Leiden die Gewißheit,
daß du deiner Gemeinde nahe bist
und auch als Herr der Geschichte
über die Völker regierst.
Wir preisen dein herrliches Evangelium,
dein Wort und deine Wunder,
denn sie verbürgen uns deinen Sieg,
bis du kommst und wir dich
von Angesicht zu Angesicht sehen werden.

Wer von uns hätte
nicht irgendwann einmal
deine Zärtlichkeit
gespürt?
Dein Herz sprach
zu unserem Herzen –
Das ist mehr als eine
flüchtige Erinnerung.

Laß uns, Herr, begreifen,
daß die tote
graue Asche
auf einmal wieder
auflodern und
ein Feuer der Freude
werden kann,
das unser Leben
erleuchtet.
Sende uns deinen Heiligen Geist
und sein Feuer.
Wir bitten dich darum
im Namen dessen,
der uns diesen Geist
verheißen hat:
Jesus,
dein Sohn,
unser Herr.

LIEBER JESUS,
du hast kein leichtes Leben gehabt.

Als kleines Kind
hast du in der Futterkrippe gelegen.
Und als du ein Mann warst,
haben dich die Menschen ans Kreuz gehängt.

Viele haben dich gehaßt und ungerecht behandelt.
Aber du hast sie trotzdem geliebt
und ihnen vergeben.

Am Kreuz hattest du Angst und viele Schmerzen.
Aber du hast Gott vertraut.

Du hast den Tod besiegt,
weil deine Liebe stärker war als alles Böse.

Ich danke dir.

WIR danken dir, Herr Jesus Christ,
daß du für uns gestorben bist.
Laß dein Blut und deine Pein
an uns doch nicht verloren sein.

HERR, Jesus Christus,
wir sehen dein Kreuz.
Du hast am Kreuz gelitten
und bist für uns gestorben.
Du hast große Schmerzen gehabt.
Die Menschen haben dir viel Böses getan.
Doch deine Liebe war stärker als das Böse,
größer als der Tod.

JESUS Christus, du Lamm Gottes,
der du trägst die Sünde der Welt,
erbarm dich unser!
Du trugst den Zorn des Vaters, der uns gelten müßte.
Du trugst die Strafe, die wir abbüßen müßten.
Du littest das ganze Weh,
das wir täglich dem Himmel antun.
Unter deinem Kreuz müssen wir uns so tief schämen,
daß wir uns selbst fast nicht mehr ertragen.

Und siehe, du erträgst uns,
du öffnest uns dein Herz
und das Herz des Vaters.
Ach, wir wissen ja nicht, was wir tun,
was wir dir antun Tag für Tag.
Wir wissen nicht, wie sehr wir dich nötig haben.
Öffne uns die Augen dafür.
Laß uns die Brüder mitnehmen unter dein Kreuz.
Reinige uns die Lippen, die Hände, die Herzen,
damit sie dich kindlich loben dafür,
daß du so viel für uns getan hast.

Wahrhaftig, du hast zuviel für uns getan,
als daß uns bei dir nicht ganz geholfen wäre.
Du hast es vollbracht, das Große, das Ganze,
hilf uns, unser kleines Teil vollbringen:
Dich zu loben für dein Kreuz,
niemals zu vergessen – niemals –,
was du uns Gutes getan hast.
Du Lamm Gottes, der du trägst die Sünde der Welt,
erbarm dich unser!

Lieber Jesus,
ich danke dir,
daß du lebst
und nicht tot bist.

Ich merke es,
wenn ich dein Wort höre
oder mit dir rede.
Besonders wenn ich tue, was dich freut.

Alle Menschen sollen erfahren,
daß Ostern ist
und dich als Sieger
loben und preisen.

Heute ist Ostern!
Die Sonne bricht durch.
Du kommst aus dem Grab.
Du bist wieder lebendig.
Du kommst durch verschlossene Türen.
Nichts kann Dich hindern.
Wo Du eintrittst, ist Frieden!
Jesus,
wie freue ich mich!

Lieber Gott,
ich durfte zum erstenmal mit in die Osternachtsfeier.
Es war ganz schön lang,
aber trotzdem spannend:
das Osterfeuer vorher auf dem Platz,
dann die dunkle Kirche
und auf einmal überall die vielen Kerzen.
Da haben wir richtig gespürt,
daß Jesus wie Licht für unsere Welt ist.
Hilf, daß wir immer ganz fest an Jesus glauben.

Wir danken dir, Herr Jesus Christ,
daß du vom Tod erstanden bist.
Du hast zerstört des Todes Macht
und uns das Leben neu gebracht.

Heute ist Ostern.
Das ist ein schönes Fest, lieber Gott.
Überall sind bunte Blumen und kleine grüne Blätter.
Heute früh haben wir im Garten
die bunten Ostereier gesucht.
Aber wichtiger als all das ist:
Jesus ist an Ostern von den Toten auferstanden.
Du, Gott, hast ihm neues Leben geschenkt.
Darüber freuen wir uns sehr.
Danke, lieber Gott, du bist gut zu uns.

Guter Gott,
dein Sohn Jesus ist für uns am Kreuz gestorben.
Doch du hast ihn nicht im Grab gelassen,
sondern ihn von den Toten auferweckt.
Deshalb brauchen wir auch keine Angst
vor dem Tod und dem Sterben zu haben.
Du schenkst auch uns einmal neues Leben
in deinem Reich durch Jesus, deinen Sohn.

Lieber Gott,
heute feiern wir das Osterfest.
Jesus war tot,
und du hast ihn zum Leben auferweckt.
So lautet die frohe Botschaft.
Wir freuen uns darüber,
daß Jesus lebt und nie mehr sterben wird.
Wir bitten dich,
daß wir von jetzt an mit Jesus leben!
Laß ihn immer bei uns sein,
damit wir etwas von deiner Liebe und Macht
verstehen lernen!
Wir danken dir,
du großer und gewaltiger Herr der Welt.

Der Tod hat Macht über uns,
nicht erst, wenn wir sterben.
Mitten im Leben sind wir vom Tod umfangen.
Bei Gott suchen wir Hilfe.

Jesus Christus spricht:
Ich bin die Auferstehung und das Leben.
Wer an mich glaubt, wird leben, auch wenn er stirbt.
In ihm hat Gott uns geholfen.

Es ist unsre Freude, Herr,
Gott der Güte und der Zärtlichkeit,
Gott der Wahrheit und der Herrlichkeit,
dir Dank zu sagen
und die übergroße Freude auszudrücken,
die uns erfüllt,
weil der Glanz vom Antlitz
des auferstandenen Jesus uns erleuchtet hat.

Nacht ohne Finsternis,
Nacht, die voll ist von
der jugendlichen Stärke unseres Gottes.
Nacht, voll des Lichtes
und voll der Wunder unseres Herrn.

In dieser Nacht
hören wir das Alleluja
des Schweigens und des Wortes Gottes.
In dieser Nacht vernehmen wir
das Alleluja des Brotes, welches
das Leben gibt, und das Alleluja
des Weines, der das Fest ankündigt.
In dieser Nacht spüren wir,
wie das neue Herz zu schlagen anfängt,
und wir begreifen, daß alles wieder gut ist.
Diese Nacht ist wie ein erster Morgen,
den deine Hand geschaffen hat.

In dieser Nacht empfange den Dank all derer,
die durch die Taufe zum Leben
in Jesus Christus geboren sind
und kosten, wie gut der Herr ist.
Deshalb preisen wir dich
und stimmen den Lobgesang
des neuen Menschen an,
indem wir singen:
Heilig! Heilig! Heilig!

Lass mich erwachen, Herr,
daß ich dein Wesen fühle,
aus todesdunklem Schlaf,
aus winterstarren Träumen.

Daß ich in lauer Luft
der Erde Atem spüre,
den festlich holden Glanz,
der rings erfüllt die Welt.

Auf daß erblüh mein Herz,
wie unterm Heckendorne
die blaue Anemone,
still leuchtend wie ein Stern.

Aus todesdunklem Schlaf,
aus winterstarren Träumen
laß mich erwachen, Herr,
und laß mich auferstehen!

Der Himmel ist überall.
Über meinem Fenster, aus dem ich gucke,
über dem Fabrikgelände,
über der Liegewiese in der Badeanstalt,
über dem Auto, das ins Krankenhaus fährt.
Noch über den Bergen in der Ferne
wölbt sich der Himmel.

Manchmal ist er blau und sonnig,
manchmal bewölkt.
Aber immer ist es derselbe Himmel.

Lieber Herr Jesus Christus,
so wie der Himmel überall um uns ist,
so bist du immer bei uns.

Herr Jesus Christus,
du hast uns nicht verlassen,
als du nach deiner Auferstehung zum Vater gingst.
Du bist uns trotzdem nahe
und bleibst unser Freund.
Wir sagen:
Du bist im Himmel.
Wir meinen:
Du bist ganz glücklich bei Gott.
Hilf, daß auch wir einmal in den Himmel kommen
und ganz glücklich bei Gott sind.

Wir danken Dir, Herr Jesus Christ,
daß Du erhöht im Himmel bist!
Dort ist auch uns ein Ort bereit,
bei Dir zu sein in Ewigkeit.

Heiland, überall bist Du.
Wer Dich kennt, darf überall mit Dir gehn!
Du segnest die Menschen, die Straßen, die Häuser,
die Tiere, die Blumen, unsere Spielsachen,
die ganze Welt.
Nun können wir überall beten:
„Unser Vater im Himmel!"
Auch wenn wir Dich nicht sehn, bist Du da.
So nah hältst Du Himmel und Erde zusammen.
Auf der Erde loben wir Dich,
auf Deinen Himmel freuen wir uns!

Zeuch uns nach dir,
so kommen wir
mit herzlichem Verlangen
hin, da du bist, Herr Jesu Christ,
aus dieser Welt gegangen.

Zeuch uns nach dir
nur für und für
und gib, daß wir nachfahren
dir in dein Reich
und mach uns gleich
den auserwählten Scharen.

Herr Jesus, du bist uns nicht entschwunden, als du unsere Erde verließest. In der Herrlichkeit deines Vaters bist und bleibst du der Menschensohn. Wir danken dir, daß du vor Gott für uns eintrittst. Keine Gewissensnot darf uns ängstigen, keine Schuld kann uns verklagen. Denn du bist unser Fürsprecher, unser Erlöser. Durch dich ist der Thron Gottes für uns ein Ort der Gnade, an dem wir Heil und Frieden empfangen. Dafür loben und preisen wir dich.

GOTT, unser Vater,
wenn wir zu dir beten,
blicken wir zum Himmel.

Laß uns den Blick zurückwenden
zur Erde, auf der Jesus, dein Sohn,
uns gesagt hat, wenn zwei oder drei
in seienem Namen versammelt seien,
da sei er mitten unter ihnen.
Es gibt nicht mehr nur die Nachbarn,
alle Menschen sind unsere Brüder,
die einander in Liebe anschaun
und sagen: „Hast du deinen Bruder gesehen,
so hast du deinen Herrn gesehen":
Jesus, der mitten unter uns ist
und der uns, mit dir und dem Geist,
in die ewige Freude führen will.

GUTER Gott,
am Fronleichnamstag denken wir besonders an Jesus.
Er ist in Brotgestalt unter uns.
Wir tragen das heilige Brot durch die Straßen
und beten dabei.
Jesus, unser Herr, ist unter uns.
Er ist bei uns auf allen unseren Wegen.
Er bleibt unser Freund, gleich, was geschieht.

Am Pfingsttag kam der Heilige Geist.
Er kam zu den Jüngern,
als sie ratlos waren und warteten.

Dann verstanden sie alles,
was Jesus gesagt und getan hatte.
Sie erzählten allen Menschen:
Gott hat uns erlöst!

Der Heilige Geist ist bei uns geblieben.
Ich kann ihn nicht sehen.
Er ist Gottes Geist.
Weil er da ist,
kann ich Jesus lieben.

Er gibt mir Mut,
gibt gute Gedanken.
Er hilft uns, Gott zu verstehen
und gut zu sein.

Danke, Heiland!
Du hast uns nicht allein gelassen.

Komm, Schöpfer Gott,
kehr bei uns ein,
besuch das Herz
der Kinder Dein!

Erfüll uns all
mit Deiner Gnad',
die Deine Macht
erschaffen hat!

DU heilger Geist, bereite
ein Pfingstfest nah und fern;
mit deiner Kraft begleite
das Zeugnis von dem Herrn.
O öffne du die Herzen
der Welt und uns den Mund,
daß wir in Freud und Schmerzen
das Heil ihr machen kund.

DU heilige Dreifaltigkeit,
du seist gelobt in Ewigkeit.
O treuer Gott, am letzten End
nimm unsre Seel in deine Händ.

SEI mit uns Heilige Dreifaltigkeit,
du voll Glanz und Herrlichkeit,
die du bist ganz ohne Ende,
aller Dinge Anfang und Wende.
Dich betet an die Himmelsheerschar,
dich lobt und preist
und rühmt die ganze Welt,
alles, was dreifach sie geteilt enthält.

KOMM, Heiliger Geist, kehr bei uns ein,
besuch das Herz der Kinder dein.
Den Feind aus unserer Mitte treib,
mit deinem Frieden bei uns bleib.
Und führe uns mit deinem Licht,
daß wir in Sünden fallen nicht.
Laß uns durch dich recht lernen wohl,
wie man Gott loben und ehren soll.

NUN bitten wir den Heiligen Geist
Um den rechten Glauben allermeist,
Daß er uns behüte an unserm Ende,
Wenn wir heimfahren aus diesem Elende.
Kyrieleis!

GOTTES guter Geist,
ich brauche dich.
Mach mich fröhlich, wenn ich traurig bin.
Mach mich mutig, wenn ich Angst habe.
Mach mich freundlich, wenn ich wütend bin.
Mach mich hilfsbereit, wenn ich nur an mich denke.
Gottes guter Geist,
ich brauche dich.
Komm in mein Leben,
so wie Jesus es uns versprochen hat.

GEIST der Hoffnung,
mache neu unsere Welt.
Geist der Liebe,
laß uns zu Freunden werden.
Geist des Friedens,
versöhne uns untereinander.
Geist der Freude,
führe uns zum Vater.

Ich glaube an den Heiligen Geist.
Ich glaube,
daß er meine Vorurteile abbauen kann.
ich glaube,
daß er meine Gleichgültigkeit überwinden kann.
Ich glaube,
daß er mir Phantasie zur Liebe geben kann.
Ich glaube,
daß er mir Warnung vor dem Bösen geben kann.
Ich glaube,
daß er mir Mut für das Gute geben kann.
Ich glaube,
daß er meine Traurigkeit besiegen kann.
Ich glaube,
daß er mir Liebe zu Gottes Wort geben kann.
Ich glaube,
daß er mir Minderwertigkeitsgefühle nehmen kann.
Ich glaube,
daß er mir Kraft in meinem Leben geben kann.
Ich glaube,
daß er mir einen Bruder an die Seite geben kann.
Ich glaube,
daß er mein Wesen durchdringen kann.

Atme in mir, du Heiliger Geist,
daß ich Heiliges denke.
Treibe mich, du Heiliger Geist,
daß ich Heiliges tue.
Locke mich, du Heiliger Geist,
daß ich Heiliges liebe.
Stärke mich, du Heiliger Geist,
daß ich Heiliges hüte.
Hüte mich, du Heiliger Geist,
daß ich das Heilige nimmer verliere.

KOMM, Heiliger Geist,
erleuchte uns:
die Glaubenden und die Nichtglaubenden,
die Armen und die Reichen,
die Herrschenden und die Untertanen
im politischen, im kirchlichen Bereich.

Daß wir wieder lernen,
Wichtiges vom Unwichtigen zu trennen,
Gutes und Böses zu scheiden,
den Untertanengeist zu überwinden
und Argumente gelten zu lassen.

Denn allzu leicht trotten wir einher,
lassen die anderen für uns entscheiden,
leben, wie „man" so lebt,
nehmen hin, was getan wird.

Doch die Verwirrung ist groß,
Begriffe und Maßstäbe stehen kopf
in Politik und Gesellschaft.
Napalm und Tod nennt „man" staatsnotwendig,
Laster – Privatsache,
Lügen gehören zur Reklame,
der Erfolg im Geschäft ist alles,
Dummheit und Untertanengeist nennt „man"
Merkmale der Christen.

Gib, Heiliger Geist, die Gabe der Unterscheidung,
damit „man" versteht, was recht ist,
und daß wir das Erkannte auch tun.

Gott, du bist unsichtbar.
Aber wenn ich an Jesus denke,
weiß ich, wer du bist
und wie du es mit mir meinst,
Herr und Schöpfer der Welt,
lieber Vater.

Jesus, du hast vor zweitausend Jahren gelebt.
Aber wenn ich dein Wort höre,
weiß ich, daß du da bist
und mich lieb hast.
Herr und Heiland der Welt,
lieber Gottessohn.

Heiliger Geist, du machst,
daß wir Menschen Gott und Jesus nicht vergessen.
Wir brauchen dich.
Du erinnerst uns
an unser wirkliches Heil und Glück.
Laß uns miteinander
im Geist Jesu leben.

Gott Vater,
Gott Sohn,
Gott Heiliger Geist,
ich bete dich an,
ich lobe dich.

Mutter Gottes,
schau doch wieder
hier auf Deine
Kinder nieder.
Weil Du unsre
Mutter bist,
dich ein jedes
Kindlein grüßt.
Mutter, gib uns
Deinen Segen,
schütze uns
auf allen Wegen.

Maria, du bist die Mutter des Herrn,
Maria, ich bete zu dir gern,
Maria, du bist auch die Mutter mein,
laß mich dir anbefohlen sein.

Unter deinen Schutz und Schirm fliehen wir,
heilige Gottesmutter.
Verschmähe nicht unser Gebet
in unseren Nöten,
sondern errette uns jederzeit aus allen Gefahren,
o du glorwürdige und gebenedeite Jungfrau,
unsere Frau,
unsere Mittlerin,
unsere Fürsprecherin.
Führe uns zu deinem Sohne,
empfiehl uns deinem Sohne,
stelle uns vor deinem Sohne.

LASS mich dich preisen, heiligste Jungfrau.
Laß mich dich preisen mit all meiner Kraft.
Laß mich für dich – und nur für dich –
leben, arbeiten, leiden,
für dich mich selbst verzehren und sterben.
Laß mich mit beitragen zur Vermehrung deiner Ehre.
Laß mich dir soviel Ehre erweisen, wie dir
noch niemand erwiesen hat.
Laß andere mich im Eifer für deine Ehre übertreffen
und mich dann – wie in einem edlen Wettstreit –
immer eindrucksvoller und öfter deine Ehre
weiterverkünden,
immer mehr, so wie der es will, der dich
so unaussprechlich hoch über alle andere Wesen
erhoben hat.

MANCHE kennen nicht einmal deinen Namen, o Unbefleckte. Andere stecken im Sumpf der Unmoral und wagen es nicht, die Augen zu dir zu erheben. Wiederum andere glauben, sie bräuchten dich nicht, um ihre Lebensziele zu erreichen, und es gibt sogar solche, denen der Teufel, der dich selbst als seine Königin nicht anerkennen wollte und deshalb vom Engel zum Satan wurde, verbietet, vor dir ihre Knie zu beugen. Viele lieben dich, aber wenige sind bereit, für deine Liebe alles zu wagen und jede Arbeit, jedes Leiden, ja sogar das Opfer des Lebens auf sich zu nehmen.

Wann, o Herrin, wirst du in allen Herzen herrschen?
Wann werden alle Erdenbewohner dich als ihre Mutter und den Vater im Himmel als ihren Vater anerkennen, um sich so dann als Brüder zu fühlen?

DU hast zu Gott ja gesagt,
Maria.
Darum wollten sie aus allen Frauen
Jasagerinnen machen.

Du hast geweint,
Maria.
Darum sagten sie:

Frauen sollen ruhig weinen.

Du hast Lieder gesungen,
Maria.
Darum meinten sie,
alle Frauen haben Grund zur Freude.

So haben sie deinen Namen mißbraucht,
Maria.
Bald werden sie nach deinem Lied
die Sprache verlieren.

HERRLICHE Mutter des himmlischen Heiles,
du hast durch deinen heiligen Sohn Salböl ausgegossen
in die erbärmlichen Todeswunden,
die Eva zur Qual der Seelen geschlagen hat.
Du hast den Tod vernichtet
und das Leben auferbaut.
Bitt für uns bei deinem Sohne,
Stern des Meeres,
Maria!
O lebendige Mittlerin,
heitere Zier und Inbegriff alles Köstlichen,
das in dir nie versiegen kann:
bitt für uns bei deinem Sohne,
Stern des Meeres, Maria!

FÜRWAHR, es ist unsere Freude,
dich zu preisen und dir Dank zu sagen,
Herr, unser Vater, unser Gott.
Denn Marias Lächeln
hat zu deiner Liebe ja gesagt,
und sogleich hat sie betont, sie sei eine
Dienerin des Herrn.
In demselben Augenblick trat der,
welcher selber nichts als ein Diener
sein wollte, in die Welt
der Menschen ein.

Deshalb singen wir mit allen,
die bitten, ein jedes geschehe nach deinem Wort,
mit den Engeln, den Armen und den Heiligen,
und mit der ganzen Erde den Hochgesang
auf deine Herrlichkeit und unsere Freude!

MARIA, breit den Mantel aus,
mach uns ein Schirm und Schild daraus,
laß uns darunter sicher stehn,
bis alle Stürm vorübergehn.
Patronin voller Güte, uns allezeit behüte!

Dein Mantel ist sehr weit und breit,
er deckt die ganze Christenheit,
er deckt die ganze weite Welt,
ist aller Zuflucht und Gezelt!
Patronin voller Güte, uns allezeit behüte!

Maria, hilf der Christenheit,
zeig deine Hilf uns allezeit;
mit deiner Gnade bei uns bleib,
bewahre uns an Seel und Leib.
Patronin voller Güte, uns allezeit behüte.

MARIA!
Alle Gebete
gingen durch deine Seele.
Alle Sehnsucht
flammte durch dich.
Alle Schmerzen der Menschen
hast du empfunden.
Alle Leiden Gottes
littest du mit.
Alle Mütter
schauen aus deinen Augen.
Alle Tränen
hast du geweint.
Alle Geschenke
trägst du in deinen Händen.
Alle Kerzen
aller Jahrhunderte
brannten vor dir.

SEI gegrüßt, o Königin,
Mutter der Barmherzigkeit,
unser Leben, unsere Wonnen und unsere Hoffnung,
sei gegrüßt!
Zu dir rufen wir verbannte Kinder Evas;
zu dir seufzen wir trauernd und weinend in
diesem Tale der Tränen.
Wohlan denn, unsere Fürsprecherin,
wende deine barmherzigen Augen zu uns,
und nach diesem Elende zeige uns Jesus,
die gebenedeite Frucht deines Leibes.
O gütige,
o milde,
o süße Jungfrau Maria.

GOTT, heute danken wir dir besonders
für die Früchte der Erde,
die du uns durch die Arbeit des Menschen schenkst.
Wir danken dir für alle Lebensmittel,
für jede gute Gabe
und für alle Freude, die wir haben.
Hilf, daß wir diese Gaben richtig gebrauchen.
Und laß uns nicht nur an uns selber denken,
sondern auch an die Armen der Welt.

SO viele Früchte haben wir gepflückt!
Erdbeeren im Garten,
Johannisbeeren vom Nachbarn,
Mutter kocht Obst ein.
Wie das duftet!
Auf dem Markt
sind noch viel mehr Früchte.
Wir müssen nie hungern. Immer haben wir
Brot und frische Milch.
Gott hat unserm Vater Arbeit gegeben,
daß er genug verdient.

Vater hat von hungernden Kindern erzählt.
Er hat uns ihre Bilder gezeigt.
Die Kinder sind ganz mager.

Zu Hause und in der Schule
tun wir Geld in eine Kasse
für die hungrigen Kinder.
Lieber Gott, laß sie auch satt werden!

VATER, wir möchten dir danken, daß du für uns sorgst. Wir danken dir für Gesundheit, für Essen und Trinken, für das Zuhause, für die Gemeinschaft mit anderen in Familie und Freundschaft, für alles, was unser Leben erfreut und hell macht, für allen technischen Fortschritt, der unser Leben erleichtert, für die Möglichkeit, am Geschehen in aller Welt teilzunehmen, auch für den geistigen Austausch untereinander und die geistlichen Erfahrungen mit dir.
Herr, laß uns all diese Gaben und Möglichkeiten so nutzen, daß sie uns zum Segen werden und nicht zum Fluch. Wir wissen: Du kannst uns das, was wir haben, auch wieder nehmen.

Wir bekennen dir: Wir haben gearbeitet und dabei oft nur an unseren Profit, an unser Weiterkommen gedacht. Wir haben die Konjunktur der Wirtschaft angeheizt und die Kräfte der Natur für unsere Ziele mißbraucht. Du läßt uns die Folgen unseres eigenmächtigen Tuns erfahren. Laß uns unsere Maßlosigkeit nicht zum Verderben werden. Zeige du uns das rechte Maß in allen Dingen. Gib uns den Mut, Verzicht zu üben, Opfer zu bringen, Nachteile in Kauf zu nehmen.

Wir bitten dich für alle Verantwortlichen in Politik und Wirtschaft, daß sie Wege suchen, alle Menschen an dem Reichtum der Erde teilhaben zu lassen. Schärfe unser Gewissen, daß wir angesichts der Ungerechtigkeiten in der Welt nicht schweigen, daß wir eintreten für die Hungernden, Unterdrückten und Entrechteten.

Laß uns dir danken, indem wir verantwortlich mit deinen Gaben umgehen.
Laß uns dir danken, indem wir der Hetze absagen und die Stille vor dir suchen.
Laß uns dir danken, indem wir über den materiellen Gütern die geistlichen Gaben deines Wortes und deines Mahles nicht vergessen.
Vollende deine Schöpfung, gebrauche uns dabei.
Mache uns, deine Gemeinde, zu einem Zeichen deiner kommenden neuen Welt.

ICH lege alles, was ich hab
an Früchten, hin auf den Altar
und dank dem Herrgott, der sie gab,
für seinen Segen in dem Jahr.

Nicht meine Müh, die Kraft der Hände,
hat Frucht auf Feld und Baum gebracht;
durch Fleiß allein kein Grashalm stände
und keine Ähr wär heimgebracht.

Hätt Gott uns nicht den Wind geschickt,
daß Ähr und Ähre sich vermählt,
die Erde nicht mit Sonn beglückt,
wir hätten uns umsonst gequält.

Wär der Regen nicht gekommen,
der kühle Tau zur Morgenstund,
hätt die Biene nicht besonnen
die Blüt geküßt mit ihrem Mund,

wär Feld und Garten, Wies und Strauch,
wär alles, alles, öd und leer,
trotz der Arbeit und dem Fleiß – auch
Brot am Tisch gäb's nimmermehr.

Alles hat uns Gott gegeben,
alles kam durch seine Macht,
alles wuchs durch seinen Segen,
alles hat er reif gemacht.

Drum leg ich alles, was ich hab
an Früchten, hin auf den Altar
und dank dem Herrgott, der sie gab,
für seinen Segen in dem Jahr.

JEDER Mensch hat seine Fehler.
Ich auch.
Keiner macht alles richtig.
Ich auch nicht.
Vielleicht ist das gar nicht so schlimm.
Du weißt es ja und erwartest es auch nicht anders.
Das Traurige ist aber,
daß ich oft so lebe, als wenn es dich gar nicht gäbe.
Ich denke manchmal an dich und rede mit dir,
aber was ich sonst tue,
hat wenig Ähnlichkeit mit deinem Willen.
Das vergib mir.
Da hilf mir.

IHR Freunde Gottes allzugleich,
verherrlicht hoch im Himmelreich,
erfleht am Throne allezeit
uns Gnade und Barmherzigkeit!

GOTTES Familie ist groß.
Wer den Christusnamen trägt
und Jesus liebt, gehört dazu.
In Gottes Familie
komme ich immer wieder auf den rechten Weg.
Gottes Kinder
hören auf sein Wort und tun, was er sagt.
Die Schar der Heiligen
hat eine große Hoffnung.
Keiner geht verloren.
Der Tag, an dem sie sterben,
ist ihr Geburtstag für den Himmel.
In der Familie Gottes
gehören alle zusammen.

HERR, erbarme dich unsrer Verstorbenen
und aller, die in deinem Frieden entschlafen sind.
Nimm sie auf in deine Herrlichkeit.

Herr, gib den Verstorbenen die ewige Ruhe.
Und das ewige Licht leuchte ihnen.
Laß sie ruhen in Frieden.

GOTT,
den Monat November finde ich nicht schön.
Alles ist so düster und dunkel.
Meistens regnet es auch noch.
Und wenn wir dann an die Toten denken,
werden wir traurig und bedrückt.
Gott,
zeige uns, daß der Tod nicht das Ende ist.
Schenke unseren Verstorbenen
und auch uns einmal ewiges Leben bei dir.

Herr, gib ihnen die ewige Ruhe.
Und das ewige Licht leuchte ihnen.
Herr, laß sie ruhen in Frieden.

LIEBER Gott,
wenn ich einmal sterbe,
möchte ich zu dir kommen
und mit dir leben.
Tot sein
gefällt mir nicht.
Ich danke dir,
daß du mir ein Leben
schenken willst,
das nie aufhört.

ACH Herr, vor einem Jahr war mir dieser Sonntag lediglich der letzte im Kirchenjahr. Jetzt aber gehöre ich zur Schar derer, die regelmäßig zum Friedhof gehen. Dort stehe ich am Grab und frage dich mit traurigem Herzen immer wieder: Warum hast du es so kommen lassen? Ich will mich aber in deinem Willen fügen; denn ich weiß: es ist gut, auch wenn ich manches nicht fasse.

Ich danke dir, daß ich um das Ziel unseres Lebens weiß. Es ist nicht Ende und Untergang, sondern Auferstehung und Seligkeit. Wir können uns die von dir verheißene Vollendung nicht vorstellen. Wir wissen nur, daß du, Herr Jesus Christus, den Tod entmachtet hast. Nun scheint das Licht der Ostersonne auch mir und nimmt die Traurigkeit aus meinem Herzen weg und tröstet mich.

Zugleich erkenne ich, wie das ewige Leben schon jetzt wirksam ist; denn du bist beides, Herr der Ewigkeit und Herr der Zeit, und in beidem wirkst du Leben. Daher bitte ich dich: Belebe mich durch deinen Heiligen Geist. Laß mich und alle, die wie ich an Gräbern stehen, wegblicken auf dich als den Anfänger und Vollender des Glaubens, der Liebe und der Hoffnung. Laß unsere Namen nicht nur auf dem Grabstein stehen, sondern eingeschrieben bleiben in deinem Buch des ewigen Lebens.

WIR denken zurück.
Trauernd, noch immer trauernd,
hilflos, oft auch bitter
denken wir an die Menschen, die wir verloren haben.
In unserer Trauer brauchen wir Hoffnung.
Wir bitten Gott um Erbarmen!

Wir denken voraus.
Hoffend, immer wieder hoffend
trotz aller Fragen und Zweifel
denken wir an die großen Verheißungen:

Die Erlösten des Herrn werden wiederkommen
und nach Zion kommen und Jauchzen,
ewige Freude wird über ihrem Haupte sein.
Mit allen, die uns im Glauben vorangegangen sind,
loben wir Gott.

WIR trauern
um die Opfer des Hasses und der Gewalt
bei uns überall in der Welt;
über die schrecklichen Folgen des Krieges
und seine ebenso schrecklichen Ursachen.
Wir bitten Gott um Erbaremen!

Jesus sagt: Selig die Trauernden;
sie sollen getröstet werden.
Im Glauben an ihn ist unser Herz voll Hoffnung
und Vertrauen!

HERR, in deinen Händen liegt
das Schicksal der Welt.
Den Menschen hast du anvertraut,
über Frieden und Krieg zu entscheiden,
Gerechtigkeit zu üben
und in Freiheit miteinander umzugehen.

Wir danken dir
für das Vertrauen,
das du uns erweist.

Herr, wir danken dir
für die friedlichen Zeiten,
die wir erleben dürfen.

Wir danken dir
für alle und mit allen,
die den großen Krieg Europas
überlebt haben.
Hilf, daß ihre Leiden
nicht vergeblich waren,
sondern für alle Zeiten
eine Mahnung sind,
die sie selber nicht vergessen,
die wir alle nicht überhören.

Wir bitten dich, Herr:
Erhöre unser Gebet.

Herr, du willst Frieden.
Gib uns die Kraft,
dafür einzutreten und ihn zu sichern.

Viele gibt es unter uns,
die die Grenzen überschreiten,
die ihnen gesetzt sind.
So kommt es zu Unfrieden.

Wir bitten dich, Herr:
Erhöre unser Gebet.

Uns allen hilf,
über unseren Gaben
dich als den Geber
nicht zu vergessen.

In dir ist Friede.
Du bist der Friede.

Gib uns Frieden –
mit dir und unter dir.
Mach uns zu Friedensstiftern
dort, wo wir leben.

HERR GOTT, ich vermag den Sinn dieses Tages nicht recht zu erfassen. Das Gedenken der Älteren an die Gefallenen bleibt mir fremd. Ihre Gesichter auf den Fotografien sagen mir nichts. Freilich – sie tragen eine Uniform wie ich. Würde mein Leben anders verlaufen, wenn sie noch lebten? Manche der Älteren sähen nicht so vergrämt aus, wenn sie noch lebten. Die Lücke, die ein Mensch hinterläßt, kann kein anderer füllen, und schon gar kein jüngerer.

Herr Gott, mich peinigen die Schreckensbilder aus der Gegenwart. Immer sind Menschen daran beteiligt, die Waffen tragen – auch wie ich. Ich kann mir nicht vorstellen, wie man in so etwas hineingerät. Aber das haben sie vielleicht auch gedacht, vor denen wir uns heute entsetzen. Wenn ich daran denke, möchte ich dich bitten: „Bewahre mich nicht nur vor den Gefahren des menschlichen Lebens, sondern noch mehr vor dem Unheil des menschlichen Lebens."

Wir sehen die vielfache Not der Welt
und das vielfache Versagen der Kirche.
Wir klagen uns an,
daß wir nicht fröhlicher geglaubt,
nicht mutiger geredet
und nicht geduldiger gearbeitet haben.
Wir bekennen unsere Schuld,
jeder für sich und alle gemeinsam.

So spricht Gott, der Herr:
Ich will meinen großen Namen,
den ihr unter den Völkern entheiligt habt,
wieder heilig machen.
Ich will euch ein neues Herz
und einen neuen Geist in euch geben.
Ihr sollt mein Volk sein,
und ich will euer Gott sein.
Wir danken Gott mit allen,
die sich an sein Wort halten.

Es ist wieder Advent.
Wir zünden Kerzen an
und freuen uns.

Licht macht hell
und wärmt.
Licht macht
das Dunkel schön.

Du bist das Licht der Welt,
Jesus Christus.
Mach es hell und warm in der Welt.
Auch in unserer Familie. Auch in mir.

Lieber Gott, bald feiern wir ein großes Fest: den Geburtstag Jesu. Darüber freuen wir uns sehr. Wir danken dir, daß Jesus auf die Welt gekommen ist. Er hat uns viel von dir erzählt, vor allem, daß du unser guter Vater im Himmel bist, daß du für uns sorgst und uns alle gern hast, Er hat uns auch versprochen, daß eines Tages dein Reich kommt. Hilf uns, daß wir das verstehen und nie vergessen!

Gott,
an unserem Adventskranz brennen die Kerzen.
Wir freuen uns,
wenn wir die Lampen ausschalten
und nur bei Kerzenschein am Tisch sitzen.
Das Licht der Kerzen ist schön und wärmt.
Laß uns in dieser Zeit oft an Jesus denken,
der Licht ist für die Welt.

ES ist wieder Advent.
Wir freuen uns schon auf Weihnachten.
Wir basteln und backen.
Jeden Tag machen wir ein Türchen im Kalender auf.
Lieber Gott, laß uns nicht nur an die Geschenke
und an das Fest denken,
sondern auch an deinen Sohn Jesus,
unseren Bruder.

WERDEN wir in dieser unserer Nacht
bemerken,
wann die Morgenröte kommt?
Werden wir in diesem unserem Leben
wissen,
wo das Heil zu finden ist?

Gib uns, Herr, jene wunderbare Geduld,
die nötig ist,
um die Ankunft deiner Verheißung zu
erkennen
und die Liebe Christi zu betrachten,
des eingeborenen Sohnes Gottes,
unseres Bruders von Ewigkeit
zu Ewigkeit.

Werden wir in dieser unserer Nacht
bemerken,
wann die Morgenröte kommt?
Werden wir in diesem unserem Leben
wissen,
wo das Heil zu finden ist?

HERR, du bist der Kommende; wir sind die Gehenden. Wir danken dir, daß du deinen Advent bei uns halten willst. Hilf, daß wir uns rüsten, dich glaubend zu empfangen. Wir bitten dich für die Prediger und die Hörer deines Wortes: Mache sie zu lobenden und dankenden Menschen. Erfülle sie mit deiner Klarheit, die ihre Dunkelheit erhellt.

Erscheine über unserem Land, über seiner Zertrennung, und stifte ihm den Frieden, der von dir stammt. Gedenke derer, die diese Sonntage vor deinem heiligen Fest in großer Unruhe begehen müssen. Wir bitten dich für alle, die heute arbeiten. Bringe das adventliche Wort auch zu ihnen.

Wir befehlen dir alle Leidenden. Sei den Gefangenen nahe, auch denen, die schuldig gefangen sind. Stehe den Kranken bei. Geleite die Sterbenden. Tröste die Einsamen.

Wenn die Heilige Nacht erscheint, dann laß uns dir lobsingen. Auch unsere letzte Nacht wird erleuchtet werden von dir, denn du bist bei uns. Dein sind wir in Zeit und Ewigkeit. Dir sei die Ehre!

ACH mache du mich Armen
zu dieser heilgen Zeit
aus Güte und Erbarmen,
Herr Jesus, selbst bereit.
Zeuch in mein Herz hinein
vom Stall und von der Krippen,
so werden Herz und Lippen
dir allzeit dankbar sein.

GNADE sei mit euch und Friede
von dem, der da ist und der da war
und der da kommt.

Komm, Herr Jesus! –
bitten wir bei Tisch, in unseren Häusern,
bitten wir hier in der Kirche,
besonders im Advent.

Und wenn er kommt –
wie trifft er uns an:
offen oder verschlossen,
voller Angst oder voller Vertrauen?

Nimm von uns Gott, unsere Angst,
und gib, daß wir offen bleiben
für den, der kommt, um uns zu erlösen:
Jesus Christus, deinen Sohn, unseren Herrn.

GOTT, unser Vater,
mitten im Nebel, mitten
in der Nacht ist jemand
unterwegs zu uns.

Zerstreue die Finsternis, Herr!
Gib, daß wir den erkennen,
welcher kommt:
es ist dein eigener Sohn.
Er kommt, um uns zu retten
und unser Herz zu wärmen.
Er will uns zu dir führen
in die Herrlichkeit seiner
Wiederkehr und in die
Herrlichkeit des ewigen Lebens.

Wann ist endlich Weihnachten?
Ich freue mich schon.
Aber so lange warten
ist nicht schön.

Ich habe gehört:
Früher mußten die Menschen
viele hundert Jahre lang
auf den Heiland warten.

Immer haben sie gesagt:
Wir sind allein,
wir sehnen uns nach Dir.
Komm, Heiland, komm!

Ich muß nicht so lange warten.
Du bist immer bei uns,
jeden Tag, jede Nacht.
Wer Dich liebt hat, weiß das.

Einmal werde ich Dich richtig sehen,
nicht in der Krippe,
nicht auf Bildern.
Wenn ich im Himmel ganz bei Dir bin.

Macht hoch die Tür,
die Tor macht weit,
es kommt der Herr der Herrlichkeit,
ein König aller Königreich,
ein Heiland aller Welt zugleich,
der Heil und Leben mit sich bringt;
derhalben jauchzt, mit Freuden singt.
Gelobet sei mein Gott,
mein Schöpfer reich an Rat.

DANKE, lieber Gott, für Weihnachten.
Danke für die Freude am Heiligabend,
danke für die Geschenke, für das gute Essen
und für all die Freude, die wir haben.
Danke für unsere Familie
und für die Menschen, die uns gut sind.
Danke besonders für Jesus, deinen Sohn.
Er will alle Menschen glücklich machen.
Er ist für alle da.
Darüber freuen wir uns.

LIEBER Herr Jesus, heute denken wir an deine Geburt in Bethlehem. Seitdem du geboren bist, wissen wir, wie wichtig der Frieden ist. Wir wollen anfangen, deinen Willen zu tun. Wie gut, daß du durch deine Geburt für alle auf dieser Erde da bist. Darüber freue ich mich.

WIR danken dir, daß du uns soviel Schönes
schenkst in der Weihnachtszeit:
für den Spaß, wenn wir die Geschenke öffnen,
für die Weihnachtsbäume und die glitzernden Kerzen,
für die Spiele, für das gute Essen,
für die Süßigkeiten – danke, Gott.

Wir danken dir, daß du alle Menschen glücklich
machen willst in der Weihnachtszeit:
dafür, daß du uns Jesus geschenkt hast;
dafür, daß er als Kind geboren wurde;
dafür, daß wir seinen Geburtstag
feiern können – danke, Gott.

O Du liebes Jesuskind!
In der Kripp, im Stalle,
wehte gar so kalt der Wind,
littest für uns alle.
Aber jetzt sollst warm Du liegen,
jetzt soll unser Herz Dich wiegen,
komm in unsre Herzen.

Wir knien vor der Krippe.
Maria und Josef sind bei Dir.
Da sind die Hirten.
Alle sind da.
Und Du bist in der Mitte.
Jetzt sind wir eine Familie.
Gott ist unser Vater.
Du hast uns lieb.
Wir haben Dich lieb.
„Der Heiland ist geboren!
Freu dich, o Christenheit! . . .“

Ich steh an deiner Krippen hier,
o Jesus du mein Leben,
ich komme, bring und schenke dir,
was du mir hast gegeben.
Nimm hin, es ist mein Geist und Sinn,
Herz, Seel und Mut, nimm alles hin
und laß dirs wohlgefallen.

O komm, mein Heiland Jesus Christ,
meins Herzens Tür dir offen ist.
Ach zieh mit deiner Gnade ein,
dein' Freundlichkeit auch uns erschein'.
Dein Heiliger Geist uns führ' und leit'
den Weg zur ewigen Seligkeit.
Dem Namen dein, o Herr,
sei ewig Preis und Ehr.

LIEBER Jesus,
ich bin froh,
daß du in die Welt gekommen bist.

Ich bitte dich,
komm auch zu mir.
Ich warte darauf.

Einmal
kommt deine Ewigkeit.
Dann möchte ich ganz zu dir gehören.

ICH steh an deiner Krippe hier,
o Jesu, du mein Leben;
ich komme, bring und schenke dir,
was du mir hast gegeben-
Nimm hin, es ist mein Geist und Sinn,
Herz, Seel und Mut, nimm alles hin
und laß dir's wohlgefallen.

JESUS,
als du vor zweitausend Jahren auf die Erde kamst,
haben dich die Menschen nicht aufgenommen.
Im armen Stall wurdest du geboren.
Hilf, daß wir uns gut vorbereiten
und dich besser empfangen.
Komm in unsere Mitte
und gib uns ein waches Herz.

LIEBER Gott, viele Kinder haben es zu Weihnachten nicht so gut wie wir. Manche haben keine Eltern mehr und wohnen in einem Heim. Andere sind vielleicht krank, wieder andere haben keine Wohnung. Wir wollen diese Kinder nicht vergessen, sondern uns überlegen, wie wir sie etwas froher und glücklicher machen können. Es gibt ja viele Möglichkeiten. Wir können sie zum Beispiel an den Weihnachtsfeiertagen zu uns nach Hause einladen. Wir können ihnen von unserem Spielzeug abgeben. Wir können etwas für sie basteln . . .

Hilf uns, lieber Gott, daß wir den armen und traurigen Kindern Gutes tun! Wir wollen immer an das denken, was Jesus einmal gesagt hat: Was ihr einem armen Menschen tut, das tut ihr mir. Wer ein armes Kind aufnimmt, der nimmt mich auf!

LIEBER Herr Jesus,
du bist ganz arm in einem Stall zur Welt gekommen.
Deshalb bitten wir heute besonders für die Armen,
für alle, die Not leiden,
für alle, die krank und allein sind.
Sei du bei ihnen und stärke sie.
Und schicke ihnen Menschen,
die zur Hilfe bereit sind.

Wer kann mir sagen, wo Jesus Christus geboren ist?
Dort ist Christus geboren,
wo Menschen beginnen, menschlich zu handeln
und sich besinnen, die Welt zu verwandeln.
Dort ist Christus geboren.

Wer kann mir sagen, wann Jesus Christus geboren ist?
Dann ist Christus geboren,
wenn Menschen beginnen, menschlich zu handeln
und sich besinnen, die Welt zu verwandeln.
Dann ist Christus geboren.

Wer kann mir sagen, wozu Jesus Christus geboren ist?
Dazu ist Christus geboren,
daß Menschen beginnen, menschlich zu handeln
und sich besinnen, die Welt zu verwandeln.
Dazu ist Christus geboren.

Gelobet seist du, Jesu Christ,
Daß du Mensch geboren bist
Von einer Jungfrau, das ist wahr,
Des freuet sich der Engel Schar.
Kyrieleis!

Des ewgen Vaters einig Kind
Jetzt man in der Krippe findt;
In unser armes Fleisch und Blut
Verkleidet sich das ewge Gut.
Kyrieleis!

Den aller Welt Kreis nie beschloß,
Der liegt in Marien Schoß;
Er ist ein Kindlein worden klein,
Der alle Ding erhält allein.
Kyrieleis!

MITTEN in der Nacht
ertönt ein Lied.
Es singt von deiner Verheißung.
Ein Kind ist uns geboren,
ein Sohn ist uns geschenkt!
Was sollen wir dir sagen, Herr?
Laß uns in dieser Nacht der Freude
stille werden und den Frieden suchen,
damit wir dir ein Lächeln schenken können,
das wie Kinderlächeln ist
und das Heil verkündet, das uns
bereitet ist von Ewigkeit.

WAS Wunder ist geschehen zu dieser Nacht,
da uns die Jungfrau den Christ hat bracht!
Ein Jauchzen dringet vom Himmel her;
Englein tun singen: Gott sei die Ehr!

Es kniet Maria wohl auf dem Stroh
und ist der erfüllten Botschaft froh.
Hält's Kindl voll Lieb wohl in dem Arm
und singet: Nun schlaf, mein Söhnlein, warm.

Ihr Mann, der Josef, das Bettlein aufmacht
in der Krippen, darein er ein Strohbund hat bracht.
Ein Ochs und ein Eslein, die wehren der Kält'
und halten fein warm den Erlöser der Welt.

Viel Engel fliegen durchs nächtliche Tal,
besingen das Kindlein in Bethlehems Stall.
Frohlockend des Wunders der Heiligen Nacht,
da Jerichos Rose das Blümlein hat bracht.

Ja, es ist würdig und recht,
daß wir die, Herr Gott, danken,
Vater voll der Zärtlichkeit
und immerfort treu.

Denn Jesus Christus,
das Licht der Welt,
ist Mensch geworden.
Seit Jahrhunderten schon angekündigt,
ist er heute endlich unter uns erschienen.
Und wir haben seine Herrlichkeit
und seine Liebe geschaut.

Ja, heute ist uns
der Unzugängliche ganz nahe,
der Einzigartige macht sich zu unserem Bruder
und Gefährten.
Du, Gott, erweist dich als ein treuer Gott
in Jesus, deinem Sohn, der aus Maria geboren wurde.

Laßt uns einstimmen
in den Gesang der Engel und der Hirten damals
und in den Lobgesang der Menschen heute,
um zu bezeugen, daß deine Güte,
deinem Treuewort gemäß,
zu uns herabgekommen ist:
Laßt uns also singen:
Heilig! Heilig! Heilig!

Es ist Weihnachten,
wenn alle bereit sind für das Fest.
Weihnachten heißt:
mit Hoffnung leben.
Wenn sich Menschen die Hände
zur Versöhnung reichen,
wenn der Fremde aufgenommen,
wenn einer dem anderen hilft,
das Böse zu meiden und das Gute zu tun,
dann ist Weihnachten.

Weihnachten heißt:
die Tränen trocknen,
das, was du hast, mit den anderen zu teilen;
jedesmal, wenn die Not eines Unglücklichen
gemildert ist, wird Weihnachten.

Jeder Tag ist Weihnachten auf der Erde,
jedesmal, wenn einer dem andern Liebe schenkt;
wenn Herzen zufrieden und glücklich sind,
ist Weihnachten,
dann steigt Gott wieder vom Himmel herab
und bringt das Licht.

Alles, was zu Ende geht,
kommt in deine Hand.

Das Jahr,
unser Leben, die ganze Welt.

Alles, was in deine Hand kommt,
erhält einen neuen Anfang.

Das Jahr,
unser Leben, die ganze Welt.

Lieber Gott,
heute ist der letzte Tag im alten Jahr.

Nachher um zwölf läuten die Glocken,
und die bunten Leuchtkugeln schießen in den Himmel.

Vater und Mutter wecken mich auf.
Wir stehen zusammen am Fenster.

Silvester sieht vieles so lustig aus.
Die Leute knallen und feiern und lachen.

Das alte Jahr ist vorbei.

Was wird das neue Jahr uns bringen?

Geh du mit uns ins neue Jahr
und halte uns fest an deiner Hand.

DAS alte Jahr vergangen ist,
wir danken dir, Herr Jesu Christ,
daß du uns hast in aller G'fahr
so gnädiglich behüt' dies Jahr.

Wir bitten dich, den ew'gen Sohn
des Vaters in dem höchsten Thron:
du wollest deine Christenheit
bewahren ferner allezeit.

Wir loben und wir preisen dich
mit allen Engeln ewiglich!
O Gott, zu deines Namens Ehr
den Glauben und die Lieb uns mehr!

WIEDER ist ein Jahr vorbei, und das erschreckt mich. Denn du, Herr, fragst mich, ob es mich näher zu dir gebracht hat. Ich weiß es nicht. Es waren Zeiten darin, da bin ich allein gelaufen oder habe mich treiben lassen, ohne mich nach dir auszurichten.

Doch so möchte ich nicht weitermachen, Herr. Vielleicht ist dazu dieser Einschnitt gut. Dein Wort sagt mir, daß mein Leben nicht sinnlos sein soll, daß du etwas mit mir vorhast. Aber das ist oft schwer zu glauben. Hilf du selbst, daß ich deiner Führung vertraue. Anders will ich nicht ins neue Jahr gehen.

Aber, Herr, wie soll ich es machen, daß ich mich von dir führen lasse? Ich kann so schwer sehen, was du willst, und ich habe Angst vor dem, was noch dunkel und ungewiß vor mir liegt. Weil ich um Entscheidungen nicht herumkommen werde, darum bitte ich dich: Laß mich erfahren, daß du meinen Weg überblickst und mich sicher führst. Ich will nicht eigene Wege gehen. Weise mir, Herr, deinen Weg!

Vater im Himmel, am Altjahrstag bin ich hin- und hergerissen von zwei Gefühlen.

Einmal bewundere ich aufrichtig deine ungeheure Geduld. Wenn ich denke, daß du lebst, Herr, du heiliger und liebender Gott, und all das siehst, was wir alle tun –, welch ein Zuwarten und Zugeben und Geduldigsein deinerseits!

Du Gott des langen Atems
und der geheimen Pläne,
ich sinke in die Knie vor dir.
Und dann das andere Gefühl: mich packen Ungeduld und Ärger an dir.
Auch tiefe Zweifel. Auf die Zeit der heiligen Geburt deines Sohnes gab es Erdbeben, und in Indien sind dreihundert Bergleute in ihren Gruben ertrunken. Auch das geschah vor deinen Augen und durch deine Hand. Warum? Wozu?

Herr, ich will alle meine Unzufriedenheit mit dir untergehen lassen in einer zagen Hoffnung:
daß alles, aber auch alles, noch gut werde!
Daß – wie die Tage enteilen – alles seinen Lauf habe,
seinen ungestümen, unbeirrbaren Lauf zu dir.
Nirgend woanders hin als zu dir.
Du wirst alles retten und vollenden.
Gelobt und geliebt seist du!
Ich danke dir sehr,
daß ich Teil bin deiner Pläne.
Wie alles es ist; ich aber bin Person deiner Pläne.
Vergib meine Besserwisserei,
vergib alles.

Gebete für Kirche und Gemeinde

Die Kirche ist ein großes Haus.
Da finden wir Dich,
wenn wir Dich einmal verloren haben.
Danke, daß wir Dich immer besuchen dürfen.

In der Kirche singen wir.
Wir hören Deine Stimme, Jesus,
Deine Worte.
Wir betrachten Dich.
Wir werden still.

Du gibst uns sogar zu essen.
Das Brot bist Du selbst.

In Deinem Haus sind wir geborgen.

DER Pfarrer ist Dein Helfer.
Wir brauchen ihn.
Er tauft die Kinder,
er teilt Dein Mahl aus.
Er sagt uns, daß Du uns verzeihst,
wenn wir böse waren und uns bessern wollen.
Er ist bei uns in der Schule.
Er besucht die Kranken und Sterbenden.
Er tut alles, weil Du es willst.
Hilf ihm,
daß ihm die Arbeit leichter wird.
Ich danke Dir,
daß ich dem Pfarrer vertrauen darf.

HERR, unser Heiland!
Ich danke dir, daß es in dieser Welt eine Kirche gibt. Oft muß ich daran denken: „Gäbe es keine Bibel, kein Gebet, keine Lobgesänge – wie sähe es dann in unserer Welt aus!“

Ach Herr, ich klage vor dir über die Langweiligkeit, Feigheit und Heuchelei in deiner Kirche. Wie oft machen wir deinen heiligen Namen lächerlich und unglaubwürdig vor den Leuten. Es wundert mich nicht, daß sich viele von deiner Kirche abwenden. Wundern kann ich mich nur über das Wunder, daß du deine Kirche bis heute lebendig erhalten hast.

Laß uns treuer werden in der Bezeugung deiner Wahrheit, auch wenn sie den Leuten nicht paßt. Gib uns mehr Tapferkeit, für die Leidenden einzutreten – für die Stummen, die keinen Anwalt haben, für die Unterdrückten, die kein Recht bekommen. Gib uns mehr Opferbereitschaft für die Hungernden und mehr Liebe für die Hassenden.

Geleite uns zur Ruhe der Nacht und vollende dein Werk an uns in Ewigkeit.

WIR danken dir, Herr Jesus Christus,
daß du uns heute wieder zurückgerufen hast zu dir,
zur Anbetung vor deinem Angesicht,
zum Lobpreis alles dessen,
was du für uns getan hast.
Herr, räume in uns alles weg,
was dem Dank gegen dich widerstrebt,
und lehre uns, unser Leben im Dank für dich
und aus Dank zu dir zu leben.
Wehre aller Vergeßlichkeit unseres Geistes
und erinnere uns durch deinen Geist,
täglich deiner zu gedenken.
Laß den Dank auch aus unserem Leben aufsteigen,
darum bitten wir dich in dieser Stunde.

HEILIGER und barmherziger Gott! Wie groß ist deine Güte, daß du uns auch diesen Tag erleben lässest und uns hier zusammenbringst, um dich anzurufen und dein tröstliches und mahnendes Wort zu hören.

Was sind wir Menschen vor dir? Wieviel Einbildung, Härte und Lüge ist in unseren Gedanken, Worten und Taten! Und darum hier und auf der ganzen Erde wieviel Verirrung und Verwirrung, wieviel Leid und Not!

Aber über dem Allen ist dein väterliches Herz offen für uns und bleibt deine Hand stark, uns zu halten, zu führen, zu befreien. Du vergissest und verstößest keinen von uns. Du bist uns Allen nahe. Du rufst nach uns Allen.

Laß uns das auch an diesem Sonntagmorgen merken! Sieh du selbst zum Rechten, daß, was wir hier tun mit Beten und Singen, Predigen und Hören, nicht umsonst geschehe, sondern dir zur Ehre und zu unser Aller Erweckung, Erleuchtung und Erhebung – um Jesu Christi willen.

WAS bringen wir mit in diesen
Gottesdienst:
Dank, Klagen, Sorgen, Hoffnungen?
Wir wollen uns das – jeder für sich –
einen Augenblick überlegen!

Nimm von uns, Gott, was uns belastet,
und gib, daß wir mit freiem Herzen
dir dienen und dich preisen
durch Jesus Christus, unseren Herrn.

Herr, gib uns jetzt dein Wort,
wie du uns das tägliche Brot gibst.
Gib es uns so, daß es uns verwandelt,
daß es uns nicht ärgert, wenn es uns trifft,
daß es uns nicht freut, wenn es andere trifft,
daß es mich nicht langweilt,
wenn du mit meinem Nächsten redest –
und daß ich es nicht überhöre,
wenn du mit mir selber sprichst.
Gib es uns so, daß wir es nicht mehr vergessen,
wenn das Geschwätz und der Lärm wieder kommt,
daß es nicht erstickt wird,
wenn die Sorgen und Ängste wieder kommen,
daß wir es nicht fahren lassen,
wenn es uns etwas kostet.
Laß uns deinem Zugriff stillehalten.
Denn ohne dein Wort verdorrt alles Leben.
Darum sprich mit uns,
wir wollen deine Knechte sein und auf dich hören.

Mein Vater,
du lädst mich ein in deine Gemeinschaft:
du willst dein Wort an mich richten,
du bittest mich zu Tisch und gibst mir dein Brot.
Ich versuche, deine Einladung ernst zu nehmen.
Nur etwas Wichtiges kann mich heute davon abhalten.
Ich danke dir für das Ausschlafen.
Ich danke dir für diese Pause beim Wochenwechsel.
Ich danke dir für meine Mitmenschen.
Nicht jeder Mensch wird mir heute sympathisch sein,
weder zu Hause noch in der Kirche,
noch dort, wo ich heute verabredet bin.
Aber weil du der Vater aller Menschen bist,
sollen sie mir wie Schwestern und Brüder sein.
Mein Vater, das ist mein Gebet am Anfang dieses Tages.

HERR, ich sehe einen Mann
Mit einer Bibel an der Straßenecke stehn.
Er schreit, so laut er kann,
Worte wie
Tod, Hölle, Gericht,
aber kein Wort wie
Leben, Friede, Liebe.
Ist das ein Mann, der die gute Nachricht bringt?
Warum verbreitet er nur Schreckensnachrichten?
Ich bin verwirrt.
Mein Wort ist immer
Gute Nachricht für die Hoffnungslosen,
Denn meine Hand ist immer eine helfende Hand.
Mein Wort ist eine Saat auf Hoffnung, ausgesät
Auf dürrem Land,
In überfüllten Straßen,
Auf Marktplätzen,
Im Maschinensaal,
Überall –
Draußen vor der Tür.
Du sollst die gute Nachricht weitertragen.
Denn die gute Nachricht hat Bestand –
Schöne Bilder vergehen.
Die gute Nachricht ist immer ein Weckruf zur Freude
Für jeden Menschen
In der ganzen Welt.

HERR Jesus Christus, du Hirt und Haupt deiner Kirche, steh unserm Bischof bei mit der Kraft deines Segens, daß er uns entflammt durch seinen Eifer, uns Vorbild ist durch seinen Wandel, uns trägt durch seine Liebe, uns stärkt durch seine Geduld, uns erhält in der Freude des Heiligen Geistes, uns segnet durch seine Gebete, uns gute Weisung gibt durch seine Lehre und uns einigt zu deinem heiligen Volk und zum lauteren Gottesdienst im Geist und in der Wahrheit.

HERR, wir glauben und bekennen voll Zuversicht, daß du deiner Kirche Dauer verheißen hast, solange die Welt besteht. Darum haben wir keine Sorge und Angst um den Bestand und die Wohlfahrt deiner Kirche. Wir wissen nicht, was ihr zum Heile ist. Wir legen die Zukunft ganz in deine Hände und fürchten nichts, so drohend bisweilen die Dinge auch scheinen mögen. Nur um das eine bitten wir dich innig: Gib deinem Diener und Stellvertreter, dem Heiligen Vater, wahre Weisheit, Mut und Kraft. Gib ihm den Trost deiner Gnade in diesem Leben und im künftigen die Krone der Unsterblichkeit.

WIR bitten dich, Herr, für die Priester: Lehre sie deine Botschaft so auszurichten, daß unser Hunger nach Wahrheit und Leben gestillt wird. Gib ihnen den Mut, niemand nach dem Mund zu reden, auch wenn viele das Evangelium vom Kreuz für Unsinn halten. Laß sie deine geheimnisvolle Nähe erfahren, damit sie den Glauben ihrer Brüder zu stärken vermögen. Mache sie fähig, jedem Antwort zu geben, der nach dem Grund unserer Hoffnung fragt.
Dulde nicht, daß sie ihr Vertrauen auf irgendeine Macht der Erde setzen statt auf die Kraft deines Geistes. Erinnere sie, daß jeder Mitarbeiter am Neuen Bund hundertfach wiederfinden wird, was er deinetwegen zurückgelassen hat.
Laß durch ihr Leben sichtbar werden, daß der Kern deiner Botschaft die Liebe ist, die uns zu freien Menschen macht.
Bestärke sie in der Dankbarkeit dafür, daß du sie mit Gott versöhnt und ihnen den Dienst der Versöhnung übergeben hast. Sei mit ihnen, damit durch ihr Wort das Geheimnis deines Todes Gegenwart wird in der Eucharistie, dem Zeichen der Einheit.
Herr Jesus Christus, wir danken dir, daß du uns berufen hast, dein Volk zu sein. Laß es deiner Kirche nicht an Menschen fehlen, die für den Aufbau und Zusammenhalt deiner Gemeinden Sorge tragen, bis du wiederkommst.

HERR, in unserm Land gibt es viele Kirchen:
evangelische, katholische, Freikirchen und andere.
Weil die Menschen unterschiedliche Vorstellungen haben,
haben sich so viele Gemeinschaften gebildet.
Wir müssen uns gegenseitig kennenlernen,
um die anderen verstehen zu können.
Wir können Erfahrungen austauschen und
voneinander lernen.
Vor allen Dingen müssen wir zusammenarbeiten,
damit die Menschen von unserer gemeinsamen Sache
überzeugt sind;
und unsere Sache, das bist du.

HERR JESU CHRISTUS, ich bete für die,
welche mit mir an dich glauben hier an diesem Ort:
Daß ein jeder dir diene, wo er auch steht
– zu Hause, in der Arbeit oder in seinem Verein;
auch wo es ganz verborgen geschieht;
daß wir uns zusammenfinden als deine Gemeinde
und beachten,
daß du da bist in deinem Wort und
unter den Zeichen von Brot und Wein;
daß wir in deinem Namen einander vertrauen und helfen;
daß die Kirche in unserem Ort
für dich und das Wohl aller Mitmenschen da sei
und arbeite.

HERR, laß uns für dies Dorf wie ein Landeplatz sein,
ständig bereit, dich zu empfangen.
Das Gelände hergerichtet, die Bahn unablässig erneuert
und geebnet, daß du uns jederzeit besuchen kannst
aus der Höhe, um uns deine Gegenwart,
deine Liebe, deine Allmacht zu bezeugen.

HERR CHRISTUS, du hast dir eine Gemeinde gesammelt in dieser Welt. Diese Welt ist meine Welt. Und deine Gemeinde ist meine Gemeinde. Du und deine Welt und deine Gemeinde und ich – wir gehören zusammen.

Herr Christus, laß mich dies bitte nicht vergessen. Ich bin so schnell dabei, nur an mich zu denken, an mein Heil und an meine Rettung. Und kann doch nur wirklich glauben und leben in deiner Gemeinde.

Herr Christus, in deiner Gemeinde soll einer den anderen tragen. Laß mich nicht faul oder feige mich drücken. Gib mir die Kraft, dem anderen unter die Arme zu greifen. Gib mir den Mut, mich zu dir zu bekennen!

Herr Christus, Glaube und Liebe werden kalt und tot, wo die Ichsucht herrscht. Wecke mich und andere auf in deiner Gemeinde, daß wir die Brüder und Schwestern sehen, die uns brauchen und die dich brauchen – sie mögen im Haus um die Ecke leben oder auf einem anderen Kontinent.

Herr Christus, deine Welt ist größer als mein Horizont. Deine Gemeinde wohnt auf dem ganzen Erdkreis, in der Ökumene. Sie hat so verschiedene Gesichter und Hautfarben, so unterschiedliche Geschichte und Traditionen. Gib, daß ich daran nicht Anstoß nehme, sondern für diese Vielfalt dankbar bin!

Herr Christus, da bin ich; da ist deine Gemeinde an meinem Wohnort; da ist deine Gemeinde in der weiten Welt. Sei du die Mitte, um die sich deine Gemeinden wie Kreise gruppieren – Kreise, die allein von der Mitte leben, die du bist!

Herr Christus, laß uns alle einsehen, daß Zank und Eifersucht, Geltungsdrang und Eigenbrötelei in deiner Gemeinde keinen Platz haben. Laß uns auch dann zusammensitzen, wenn wir uns um des Glaubens willen auseinandersetzen. Laß uns für immer beieinander bleiben als deine Gemeinde!

HERR JESUS CHRISTUS, du rufst die Verirrten und sammelst die Zerstreuten. Wir rufen zu dir in der Not unserer Verlassenheit. Wir fühlen uns so allein. Die anderen sind in ihrer Überzahl und ihrem Einfluß so mächtig, daß sie uns bedrängen. Uns fehlt die Stärkung im Gottesdienst der großen Gemeinde mit ihren schönen Kirchen.

Herr, komm zu uns mit deinem Heiligen Geist und mache uns dessen gewiß, daß du auch dort bist, wo zwei oder drei in deinem Namen versammelt sind. Laß uns immer besser lernen, daß es allein auf deine Nähe ankommt und nicht auf die große Zahl.

Wir sind arm, weil wir nur wenige sind. Hilf uns, durch die Verkündigung deines Wortes viele reich zu machen. Wir sind verzagt, weil man uns täglich nach unserem Glauben fragt, der oft schwach und von Zweifeln angefressen ist. Hilf uns, Herr, in unserem Unglauben und richte uns auf.

Wir sind oft mutlos, weil wir nichts daran ändern können, daß wir hier wie eine verlorene Schar in äußerster Schwäche sind. Doch trotz aller Armseligkeit bleiben wir zuversichtlich allein bei dir und bei dem Wort der Heiligen Schrift. Hilf uns, deines Sieges gewiß und in solcher Gewißheit fröhlich und getrost zu sein.

GEDENKE deiner Kirche. Erlöse sie von allem Übel. Mach sie vollkommen in deiner Liebe und führe sie zusammen aus allen Enden der Welt in dein Reich, das du ihr bereitet hast. Dein ist die Macht und die Ehre in Ewigkeit.

Herr Jesus Christus, du hast gebetet: Laß alle eins sein, wie du, Vater, in mir bist, und ich in dir. Wir bitten dich um die Einheit deiner Kirche. Zerbrich die Mauern, die uns trennen. Stärke, was uns eint, und überwinde, was uns trennt. Gib uns, daß wir die Wege zueinander suchen. Führe den Tag herauf, an dem wir dich loben und preisen können in der Gemeinschaft aller Gläubigen.

Barmherziger Vater, wir bitten dich in Demut für deine ganze heilige Kirche. Erfülle sie mit Wahrheit und mit Frieden. Reinige sie, wo sie verdorben ist. Bewahre sie vor Irrtum. Richte sie auf, wo Kleinglauben sie niederdrückt. Beschenke sie, wo sie Mangel leidet. Stärke aber und kräftige sie, wo sie auf deinem Weg ist. Gib ihr, was ihr fehlt, und heile den Riß, wo immer sie zerteilt und zerstreut ist, du heiliger Herr deiner Gemeinde. Um Jesu Christi, unsres Herrn und Heilands willen.

Gott, nach dem geheimnisvollen Ratschluß deiner Liebe läßt du die Kirche teilhaben am Leiden seines Sohnes. Stärke unsere Brüder und Schwestern, die wegen ihres Glaubens verfolgt werden. Gib ihnen Kraft und Geduld, damit sie in ihrer Bedrängnis auf dich vertrauen und sich als deine Zeugen bewähren. Schenke ihnen Freude darüber, daß sie sich mit Christus im Opfer vereinen, und gib ihnen die Zuversicht, daß ihre Namen im Buch des Lebens eingeschrieben sind. Gib ihnen die Kraft, in der Nachfolge Christi das Kreuz zu tragen und auch in der Drangsal ihren christlichen Glauben zu bewahren.

Lebendiger, dreieiniger Gott, Vater, Sohn und Heiliger Geist! Auf deinen Befehl und in deinem Namen haben wir unser Kind zur Taufe gebracht. Was dabei vor unseren Augen geschieht, wirkt bescheiden. Herr, laß uns in der äußeren Unscheinbarkeit der Taufe deine wunderbare Verheißung für unser Kind fassen, daß Du sein gnädiger Vater bist. Denn um Jesu willen hast du es als dein Kind angenommen.

Du hast uns beauftragt, unser Kind nicht nur leiblich zu versorgen, sondern willst, daß es durch uns zum Glauben an dich finde. Herr, stärke uns den Glauben, daß wir an dieser großen Aufgabe nicht durch Gleichgültigkeit und Trägheit scheitern. Hilf uns, Helfer und Vorbild zu sein für unser Kind in der Nachfolge Jesu, unseres Meisters.

Herr, das ganze Grundstück
Ist mit einer Mauer eingegrenzt.
Ist das richtig, daß deine Kirche
Die gesandt ist, Schranken zu zerbrechen,
Neue Mauern um sich errichtet?

Doch das Leben ist eben kein
Buch ohne festen Einband,
Kein Schauspiel ohne begrenzte Bühne,.
Leben ohne Begrenzung wäre
Wie ein Pferd ohne Zügel.

Darum füge dich, Mensch,
In den Raum, den Gottes Gesetz einfriedet.
Das gibt dir Sicherheit und Stärke,
Denn er sicher es.

GOTT,
ich träume von einer Kirche,
die immer neue Wege zu den Menschen sucht
und erprobt mit schöpferischer Phantasie,
die die Frohe Botschaft frisch und lebendig hält.

Ich träume von einer Kirche,
die offen ist für das Anliegen Christi
und sich deshalb interessiert für das Leben
der Menschen
und für die Erneuerung der Welt
im Geiste Jesu.

Ich träume von einer Kirche,
die eine Sprache spricht, die alle verstehen,
auch Kinder und Jugendliche,
in der sich auch die Jugend spontan und lebendig
ausdrücken kann,
die Raum läßt für Initiative und Mitentscheidung.

Ich träume von einer Kirche,
die prophetisch ist
und die ganze Wahrheit sagt,
die Mut hat unbequem zu sein
und die unerschrocken das Glück der Menschen
sucht.

Ich träume von einer Kirche,
die Hoffnung hat,
die an das Gute im Menschen glaubt
und die gerade in einer Welt voll Furcht und
Verzweiflung
voll Freude auf Gottes Führung baut.

Gott,
hilf mir,
daß ich an dieser Kirche mitbauen kann.

Dienst am Nächsten

Lieber Gott!
Der Telat ist klein.
Der Telat hat keinen Freund.
Der Telat ist ein Türke.
Beschütze ihn vor allen,
die ihm Böses wollen.

WARUM endet die Jagd
auf den jugendlichen Verbrecher
nicht so:
Der junge Mann tritt aus dem Wald.
Er geht auf die Polizisten zu.
Er bleibt stehen.
Er senkt den Kopf.
Er weint.
Ein Polizist gibt ihm
sein Taschentuch.

GOTT im Himmel,
ich habe heute ein Bild gesehen mit einem Kind,
das immer Hunger hat.
Es hatte ganz dünne Beine.
Ich und meine Eltern, wir wollen helfen.
Hilf du uns, daß wir etwas von dem hergeben können,
was uns gehört.

Jesus sagt: Du sollst den Nächsten lieben
wie dich selbst.
Wer ist mein Nächster?
Mein Vater.
Meine Mutter.
Mein Bruder.
Meine Schwester.
Mein Onkel.
Meine Tante.
Mein Großvater.
Meine Großmutter.
Der Lehrer.
Der Polizist.
Der Häftling.
Der Pastor.
Der Ungläubige.
Der Chinese.
Der Amerikaner.
Der Russe.
Der Ministerpräsident.
Der Briefträger.
Der Müllmann.
Der Juwelier.
Der Rennfahrer.
Der Gelähmte.
Der Blinde.
Der Taube.
Der Schöne.
Der Häßliche.
Der Ungeduldige.
Der Freche.
Der Fromme.
Der Mutige.
Der Feigling.
Jeder.
Jede.

Herr, gib mir helle Augen,
die Not der Welt zu sehn.
Herr, gib mir feine Ohren,
dein Rufen zu verstehn!
Und weiche, linde Hände
für aller Menschen Leid
und klare Gottesworte
für unsere wirre Zeit!
Herr, gib mir flinke Füße
zu meiner Arbeitsstatt
und eine stille Seele,
die deinen Frieden hat.

Herr wir sind in dieser Woche wieder
unsere Wege gegangen.
Jeder für sich
manchmal mit offenen Augen für die Wege des anderen
öfter mit geschlossenen Augen und unachtsam.
Wir sind oft in die Irre gegangen.
Wir waren niedergeschlagen und einsam in den Stunden
zwischen Tag und Nacht
zwischen Wachen und Schlafen.
Wir haben Schuld auf uns geladen die wir nicht
tilgen können
den Menschen um uns sind wir viel
dir sind wir alles schuldig geblieben.
Bringe uns Herr doch wieder auf deinen Weg
zurück aus der Irre
zurück vor dein freundliches Angesicht
wo uns unsere Schuld vergeben ist
damit sie uns nicht mehr quält.
Bringe uns zurück Herr zu dir
den Anfang all unserer Wege
damit wir wieder sicher gehen können.

HERR JESUS CHRISTUS, du sagst: Was ihr einem von diesen geringsten Brüdern tut, das tut ihr mir. Öffne meine Augen für alle Menschen, die mich brauchen. Was ich andern Gutes tue, tue ich dir. Was ich an andern versäume, versäume ich an dir. Dich kann ich finden in jedem Menschen, mit dem ich heute zu tun habe. Hilf mir, daß ich dich nicht verpasse.

IM Lichte dieses Morgens
eilen die jungen Menschen in die Schule und zur Arbeit.
Die Älteren und Alten beobachten sie auf ihrem Weg.
Ja, diese alten Augen haben einst geliebt
und sich vor Schmerz verschlossen im Kindbett
oder vor Freude über die glückliche Geburt.
Diese Augen haben Anteil genommen
am Leid und am Glück der Familie
und lange in den dunklen Schacht des Kummers geblickt.
Laß mich nicht schuldig werden an den alten Menschen!

HERR JESUS CHRISTUS, wir bitten dich um Liebe zu dir, die uns sehend macht. Hilf uns, auch im Umgang miteinander liebevoll zu sein, wo unser egoistisches Denken uns daran hindern will. Laß uns die vielen kleinen Gelegenheiten am Tage nutzen und nicht nur auf die großen Gelegenheiten warten, von denen wir meinen, sie erst lohnten den ganzen Einsatz. Das Nächstliegende laß uns nicht versäumen. Mach uns hellsichtig für die Not der anderen und erfinderisch in der Liebe. Gib uns Möglichkeiten, unsere Liebe im Umgang miteinander zu bewähren.

HERR, wir danken dir, daß wir gesunde Glieder und Sinne haben. Laß sie uns verantwortlich gebrauchen.

Herr, wir bitten dich für die vielen Jungen und Mädchen, Männer und Frauen, die krank und gelähmt sind, die schon Jahre und Jahrzehnte in Anstalten und Heilstätten liegen und die oft niemanden haben, der für sie da ist. Laß auch solche Menschen deine Güte erfahren und annehmen und darüber froh werden.

Wir bitten dich für allen Dienst, der an diesen Kranken geschieht. Laß uns an unserem Teil mithelfen und abgeben von dem Reichtum, den wir haben.

Öffne unsere Augen und Herzen für die mancherlei – oft verborgene – Not in unseren Häusern, in unserer Umgebung. Zeige uns auch dort unsere Aufgabe.

HERR, öffne meine Augen, daß ich die Not der anderen sehe; öffne meine Ohren, daß ich ihren Schrei höre; öffne mein Herz, daß sie nicht ohne Beistand bleiben. Gib, daß ich mich nicht weigere, die Schwächen und Armen zu verteidigen, weil ich den Zorn der Starken und der Reichen fürchte. Zeige mir, wo man Liebe, Glauben und Hoffnung nötig hat, und laß mich deren Überbringer sein. Öffne mir Augen und Ohren, damit ich für deinen Frieden wirken kann.

HERR, schenke uns einen weiten Blick für die Menschen, die uns begegnen, auf daß wir uns selbst vergessen und froh werden, wenn wir den anderen dienen.
Lehre uns die eigenen Schwächen erkennen und so die Schwächen anderer besser verstehen.
Gib uns eine große Liebe zu dir.

Alle: Wer Heil verkündet, muß Heil bewirken.

Sprecher: Werden wir sie sehen, die Alten, die man in ein Heim abschiebt, wo sie zwar Bett und Tisch haben, aber mitten im Sommer in der Einsamkeit erfrieren?
Werden wir sie sehen, die vielen Menschen in unserer Stadt, die daran zugrunde gehen, daß sie so viel Enge und so wenig Nähe haben?

Alle: Wer Heil verkündet, muß Heil bewirken.

Sprecher: Werden wir sie sehen, die am Leben Leidenden, die ihr Leid mit aller Kraft verdrängen, verschweigen und verbergen und sich dabei wie Lügner vorkommen?
Werden wir sie sehen, die Geistesschwachen und Geisteskranken unter uns, von denen manche ahnen, daß die Diskussion um das sogenannte lebensunwerte Leben noch nicht zu Ende ist?

Alle: Wer Heil verkündet, muß Heil bewirken.

Sprecher: Werden wir sie sehen, die Strafentlassenen, die hinter sich verschlossene Gefängnistüren, vor sich verhängte Gesichter und verschlossene Haustüren haben?

Alle: Wer Heil verkündet, muß Heil bewirken.

Sprecher: Werden wir sie sehen, die Opfer eines mörderischen Straßenverkehrs, die heute in dieser Stunde irgendwo mit Blaulicht und Martinshorn eingeliefert werden?
Werden wir sie sehen, die Menschen – und es sind mehr als wir ahnen –, denen es aufgegangen ist, daß das Wort „Sünde“ kein pfäffischer Betrug und kein Trick der Kirche, sondern eine Macht ist, unter der das Herz verödet, der Mensch vereinsamt und das Leben zugrunde geht?

Alle: Wer Heil verkündet, muß Heil bewirken.

AUF Jesus Christus hinweisen,
zu ihm hinführen,
von ihm zeugen mit Worten und Taten,
wenn es sein soll, im Leiden:
dazu sind wir berufen.
Wie oft vergessen wir unsere Berufung!
Wir bedenken es in der Stille!

Nimm von uns, Gott, unsere Trägheit,
unsere Furcht vor den Menschen,
und gib, daß wir dir dienen
mit allem, was wir tun und lassen.
Durch Jesus Christus, unseren Herrn.

LIEBER HERR, sei mit denen, die durch ihren Beruf täglich mit Behinderten und Gefährdeten in offener und geschlossener Arbeit zu tun haben. Hilf ihnen dort, wo entschlossenes Handeln nötig ist, ihr Werk mit freundlicher Festigkeit auszurichten. Gib dich in scheinbar ausweglosen Lagen zu erkennen als der lebendige Herr, der jedes Leben in seine Hand nehmen kann. Wirke immer neu Verständnis für die Nöte und ihre verborgenen Hintergründe. Bereite auch Gelegenheiten, die Hilfsbedürftigen zu dir zu weisen.
Weil viele Aufgaben nicht von Fachkräften allein bewältigt werden können, bitten wir dich um willige und fähige Helfer, damit niemand in seiner Not allein bleibt.
Laß unser diakonisches Tun aus der Liebe zu dir und aus der Freude hervorgehen.

Du darfst es wieder spüren heut:
Es gibt ein Morgenrot.
Gott sendet seine höchste Freud
in unsre tiefste Not.

Erfaß es, mein verzagtes Herz,
und lern die schwere Lehr:
So stark auf Erden ist kein Schmerz,
daß Gott nicht stärker wär.

Du dienst wohl gern, doch schau, dich reut's,
denkst doch zuletzt an dich.
Blick auf die Krippe, blick aufs Kreuz:
Gott selbst entäußert sich.

Gott, gib uns die Geduld und die Kraft,
alle diese geflohenen Menschen aufzunehmen.
Sie mußten ihre Heimat verlassen;
denn ihre Dörfer werden von Unruhen heimgesucht.
Wir bitten dich, segne und leite sie,
damit sie mit uns zusammen
in Frieden und Eintracht leben können.
Wir bitten dich, hilf uns, mit ihnen das zu teilen,
was wir an Nahrung, Kleidung und Wohnung haben.
Gib uns ein Herz, diese Menschen
als unsere Brüder und Schwestern
in Christus anzuerkennen.
Sei immer gegenwärtig in unseren Herzen,
und sei bei uns im Kampf um unser tägliches Brot.
So können wir gemeinsam
am Aufbau einer echten
christlichen Gemeinde arbeiten,
einer Gemeinde der Liebe,
der Gerechtigkeit und des Friedens.

Verantwortung für die Welt

Herr,
ich lese jetzt manchmal
schon etwas in der Zeitung
und interessiere mich dafür,
was in unserem Wohnort und der weiten Welt
geschieht.

Ich bin erschrocken,
wieviel Schlimmes und Schreckliches
täglich passiert.

Ein Mann hat einen schweren Unfall verschuldet.
Vergib ihm und behüte den Verunglückten.
Die Autofahrer müssen viel besser aufpassen.

Eine Familie in unserer Straße
hat den Vater nach einer furchtbaren Krankheit
verloren.
Herr, tröste die Frau und die Kinder.
Laß unsere Forscher und Ärzte immer besser Mittel
gegen solche Krankheiten finden.

Immer ist irgendwo Krieg.
Menschen töten, Menschen sterben.
Ich kann das nicht verstehen.
Alle Kriege sollen aufhören.

Herr, ich weiß,
wir können nur leben, wenn du uns hilfst.

LIEBER GOTT, auf der Erde gibt es viele Menschen, die unglücklich sind und denen es nicht gut geht. Bitte, bringe uns bei, daß wir nicht nur uns selbst lieben dürfen, sondern auch die Menschen, die an Hunger sterben, die in der Kälte umkommen oder die unheilbar krank sind. Erbarme dich der vielen Aussätzigen, die um Hilfe bitten! Mach du uns klar, daß wir ihnen helfen müssen! Laß uns, lieber Gott, eines immer bedenken: Wir können nicht allein glücklich sein!

WIR haben Schuld
an Krieg und Hunger,
an Zwietracht und Einsamkeit:
hier nebenan und auch in der Ferne,
unser vieles Gerede
nützt da nichts.
Lehr uns in Worten bescheiden sein
und großmütig in Taten.

WIR haben schon
zu viele Bäume abgeschlagen.
Wir haben schon
zu viele Tiere getötet.
Wir haben schon
zu viele Flüsse verschmutzt.
Gott, du hast uns
eine reine, schöne Erde gegeben.
Gib, daß wir sie rein und schön erhalten.

BAUT eine Straße
der Menschlichkeit.
Baut eine Straße zu Gott.
Berge von Gewalt und Haß
sollen abgetragen,
Abgründe von Unmenschlichkeit und Neid
sollen zugeschüttet werden.
Baut eine Straße des Friedens
und der Brüderlichkeit.
Baut eine Straße zu Gott.

HERR, du kennst meinen Appetit.
Du weißt, was ich heute schon gegessen habe
oder noch essen werde.
Das selbstverständliche Brot mit Aufschnitt,
die Kartoffeln, das Fleisch, das Gemüse.
Ich weiß, was Appetit ist,
aber den Hunger habe ich noch nie erlebt.
Ich bitte auch nicht um das Erlebnis des Hungers,
des wahnsinnigen Hungers.
Im Gegenteil: ich bitte um das tägliche Brot
für mich und alle Menschen.
Ich bin bereit, die Verantwortung mitzutragen,
mein Brot zu teilen
und eine Politik zu unterstützen, die
den Hunger in der Welt bekämpft.
Herr, das ist so leicht gesagt.
Wenn es um mein Geld, um mein Essen,
um meine Zeit und meinen Einsatz geht,
bitte ich um Kraft, ja zu sagen.
Herr, gib allen Menschen das tägliche Brot –
auch durch mich.

GLÜCKLICH seid ihr,
die ihr die Gewalt verachtet,
eure Gedanken und Argumente
sind bessere Waffen als Panzer und Bomben;
ihr werdet überleben.

Glücklich seid ihr,
die ihr Liebe verschenkt,
ohne eine Gegenrechnung aufzustellen;
eure Liebe ist echt.

Glücklich seid ihr,
die ihr halbe Entscheidungen hinter euch laßt
und ganze Schritte tut;
euch wird die Zukunft gehören.

Glücklich seid ihr,
die ihr den Mut habt, eure Meinung zu sagen;
ihr fangt an zu leben.

Glücklich seid ihr,
die ihr Minderheiten achtet
und für sie einsteht;
ihr werdet Raum zum Leben haben.

Glücklich seid ihr,
die ihr Traurige tröstet
und sie mit eurer Freude beglückt;
ihr werdet selber beglückt.

Glücklich seid ihr,
die ihr ausgelacht und verachtet werdet;
euch hilft Gott.

Glücklich seid ihr,
die ihr euch hineinziehen laßt
in das Leid des Nächsten, in die Not des Bruders;
ihr seid geliebt bei Gott.

HERR, hilf mir,
daß ich vom Frieden nicht nur rede.
Hilf mir, daß ich Frieden stifte,
wo er fehlt,
und ihn erhalte,
wo er in Gefahr ist.
Hilf mir,
meine Kraft im Entwicklungsdienst einzusetzen
zum Aufbau des Friedens in der Welt.
Laß mich Zeuge sein für dein Wort:
„Selig die Friedensstifter,
denn sie werden Kinder Gottes heißen."

HERR, du hast uns aufgetragen,
uns die Erde untertan zu machen
und deine Schöpfung zu vollenden.
Hilf mir, Herr,
mein Schaffen im Dienst der Wissenschaft
und des technischen Fortschritts
mit christlichem Geist zu durchdringen,
damit es
dem Wohl der Menschheit diene.
Gib mir ein waches Bewußtsein
von meiner Verantwortung
für den Dienst am Menschen,
für seinen Schutz
und für bessere Lebensbedingungen,
damit allen Menschen ein Leben
in Würde und Freiheit möglich wird.

ICH habe wieder gesehen, daß die Welt noch steht.
Ich habe aber auch gesehen, daß unsere Welt
immer unübersichtlicher und schwieriger wird.
Diese vielen Verhandlungen über unsere Zukunft,
die sich hinschleppen
oder plötzliche Veränderungen bringen!
Gib den Fachleuten und den Politikern
Mut und Verständigkeit,
das Richtige zu tun für uns und unsere Kinder.
Gesehen habe ich aber auch wieder einmal die Welt
der andern:
den Krieg und die Bedrückung,
die Ausbeutung und das Unrecht,
den Hunger und die Hilflosigkeit so vieler Menschen
dieser Erde.
Du willst aber, daß allen Menschen geholfen werde.
Zeige uns, wie wir mithelfen können!

HERR, du Gott des Friedens,
stärke in uns den Willen zum Frieden.
Wir bitten für die Regierungen und Politiker,
für die Mächtigen und für alle, die die öffentliche
Meinung beeinflussen,
daß sie Wege des Friedens suchen und finden.
Wir bitten für alle, die der Gewalt entsagen
und Zeichen des Friedens unter den Menschen aufrichten,
für alle, die ihr Leben einsetzen für die friedliche
Lösung von Konflikten.
Herr, laß uns nicht müde werden,
Mißtrauen und Vorurteile zwischen den Menschen
abzubauen.
Hilf uns, jeder Gleichgültigkeit und Unduldsamkeit
zu widerstehen
und für Verachtete und Ausgestoßene einzutreten.
Gib uns die Kraft, den Menschen unserer Umgebung
aufgeschlossen zu begegnen.

Herr, unser Gott, du Gott des Lebens,
wenn wir dich um Brot für unsere Welt bitten,
dann bitten wir dich um deinen Geist,
der uns befähigt, die Güter der Erde so zu nutzen,
daß alle Menschen satt werden;
dann bitten wir dich um den Geist der Gerechtigkeit,
der immer mehr Menschen, Staaten und Regierungen
erkennen läßt,
daß wir reichen Völker verantwortlich sind für die armen,
wir Satten für die Hungernden.
Herr, stärke in uns den Willen,
uns nicht abzufinden mit der Ungerechtigkeit,
die zwischen den wohlhabenden Industriestaaten
und den armen Ländern besteht.
Gib uns die Kraft,
daß wir uns für die Überwindung der Armut einsetzen
und an einer besseren Welt mitarbeiten.

Gott,
laß uns
zu einem Reich des Friedens werden,
zu einer Welt, in der sich leben läßt,
in der die Kinder fröhlich sind,
wo den Notleidenden geholfen wird,
wo die Trauernden Trost
und die Altgewordenen Ruhe finden,
zu einer Welt,
wo du, unser Gott, unter den Menschen wohnst:
als unser Gott
durch Jesus Christus,
deinen Sohn und aller Menschen Bruder.

WIR leben in einer ungerechten Welt, Herr, und wir machen uns alle schuldig, indem wir unsern eigenen Bruder allzu oft rechtfertigen.

Aber du, Herr, hast uns klar gemacht, daß in deinem Königreich nur solche Beziehungen annehmbar sind, welche auf Gerechtigkeit beruhen. Ohne solchen Ausgleich hat unser Gottesdienst keinen Sinn.

Wir danken dir, Herr, für deine Kinder in jeder Generation bis heute, die dürsten nach Recht und Gerechtigkeit. Wir danken dir für alle, die Heuchelei und Unrecht verwerfen und sich dafür einsetzen, deinen Willen in den Gesetzen deutlich werden zu lassen, die die Beziehungen zwischen Menschen und Nationen beherrschen.

Vergib uns, Herr, wenn wir uns auf Kompromisse eingelassen und uns blind gestellt haben, wenn wir zu dir riefen: „Herr, Herr" und doch unserm Bruder seinen Teil schuldig geblieben sind. Lehre uns, Herr, daß du uns in deinem Reich nur annehmen kannst, wenn wir dich anbeten im Geist und in der Wahrheit.

Hilf uns heute, daß wir auf der Seite des Rechts für andere stehen.

IN die Asche des Kriegs male ich Friedensbilder:
Kasernen sind abgerissen.
Türme werfen keine Schatten mehr.
Kein Bombenrauch würzt mehr die Luft.
Wälder werden nicht mehr zur Tarnung verwendet.
Rostend sterben die Panzer.
Drachenspielende Kinder fragen am Raps der
Bombentrichter, was Folter und Flüchtlinge waren.
In die Asche des Kriegs male ich Friedensbilder:
Hauche sie an, Gott, damit sie leben!

Gott will Frieden,
aber immer wieder ist Krieg,
im großen und kleinen,
heute wie einst,
auch durch unsere Schuld.
Wir bitten Gott um Erbarmen!

Jesus sagt: Selig die Friedensstifter,
sie werden Gottes Kinder heißen.

Dass in dieser Welt
Raum entstehe für Schwarz und Weiß
für Ost und West
für alle Farben und jede Richtung –
daß wir an der Seite dessen stehen,
der die Sonne scheinen läßt über Gute und Böse –
laßt uns beten.

Mitgefühl reicht nicht aus,
die Welt ruft nach Taten.
Kein Mitleid auf Abstand
oder unverbindliches Frommsein
kann die Wunden der Verletzten heilen.
Das Leid hat viele Gesichter
und der Schmerz trägt viele Namen,
aber jede Qual und jedes Unrecht
klingt wie ein Ruf –
weit weg und ganz nah.
Daß wir unser Herz nicht verhärten
und unsere Hand nicht verweigern –
laßt uns beten.

Allmächtiger Gott,
unsere Zukunft liegt in deiner Hand,
wir bitten dich:
Erhalte uns den Frieden,
wehre dem Haß unter den Völkern,
hilf denen, die Macht haben in der Welt,
daß sie tun, was dem Wohl der Menschen dient.
Durch Jesus Christus,
deinen Sohn.

Wir bedenken vor Gott, wie reich wir sind,
wieviel wir besitzen.
Daß andere mehr haben, soll uns jetzt nicht kümmern.
Wir sind reich, und wir sind dankbar dafür.
Wir freuen uns an der Sicherheit,
die unser Eigentum uns gibt,
an der Anerkennung, die es uns einbringt,
an der Freiheit, die es ermöglicht.
Sehen wir auch die Gefahren,
denen wir ausgesetzt sind, weil wir reich sind:
Eigensucht, Ungerechtigkeit, Geiz?
Wir lassen uns erinnern, daß wir
von anderen abhängig bleiben,
mit anderen zusammengehören,
für andere verantwortlich sind.
Wir bitten um den Geist der Gerechtigkeit,
um Bereitschaft zum Teilen und Geben.
Gott, hilf uns.

GOTT hat uns die Welt anvertraut,
weise geordnet und voll seiner Güter.
Was haben wir aus ihr gemacht?
In Sorge um unsere Zukunft,
um die Zukunft unserer Kinder
bitten wir Gott um Erbarmen!
Wir warten auf einen neuen Himmel
und eine neue Erde,
in denen Gerechtigkeit wohnt –
Gerechtigkeit, die Gott uns zumutet.
Auf ihn hoffen wir mit allen Geschöpfen.

HERR, unser Gott,
die Welt ist voll Elend und Not,
voll Unrecht und Gewalt –
in unserer Umgebung
und dort, wohin unsere Augen nicht schauen.
Wir wissen es und wollen es doch nicht wahrhaben.
Wir sind bereit zu helfen,
aber nur mit halbem Herzen.
Wir geben uns damit zufrieden,
daß wir selbst unser Auskommen haben.
Der Gedanke an die Menschen, die hungern,
die vom Unrecht bedrückt sind,
die unter Gewalt und Krieg leiden,
stört unsere Ruhe.
Wir bitten dich, Gott:
Schärfe unser Gewissen,
öffne unsere Augen, daß wir sehen,
wo unsere Hilfe gebraucht wird.
Mache uns bereit zum offenen Wort,
zur entschlossenen Tat, zum wirklichen Opfer.
Stärke uns, wenn wir müde sind und verzweifeln.
Hilf uns barmherzig sein,
weil wir aus deiner Barmherzigkeit leben.

Vor uns die Stunde der Rechenschaft,
der Tag, an dem wir unser Tun und Lassen
zu verantworten haben.
Gott, hilf uns,
daß wir die Zeit nutzen, die uns noch bleibt,
daß wir die Prüfungen bestehen, die auf uns warten.
Du hast uns Macht gegeben
über die Güter und Kräfte der Welt.
Wir bitten dich:
Schütze uns vor Hochmut und Leichtsinn,
damit wir nicht alles zerstören,
sondern erhalten und entwickeln,
was du uns anvertraut hast.
Mache uns zu guten Haushaltern in deiner Schöpfung.

Zeit und Ewigkeit

Wie ich mir den Himmel vorstelle:
große, weiße Wände zum Malen,
keine Zäune um Rasenflächen,
keine Sonntagsspaziergänge
an Mamis oder Papis Hand,
keine Uhren, viele Bäume,
viel Wasser, viel Schnee.

WENN der Polizist und der gütige Lehrer
Freunde sind
wenn der Polizist und der ehrliche Kaufmann
Freunde sind,
wenn der Polizist und der gewissenhafte Arzt
Freunde sind,
dann ist das Gottesreich nahe.

ICH lobe dich, Herr Jesus Christ,
der du erhöht im Himmel bist.
Da ist auch mir ein Platz bereit,
bei dir zu sein in Ewigkeit.

SEI gepriesen, lieber Herr Jesus Christus.
Du bist der Erlöser der Welt.
Du bist unser Herr und unser Retter.
Komm, Herr, und segne uns. Steh uns bei, daß wir mit dir leben und in das Reich des Vaters kommen.

VIELE Menschen in unserer Zeit
leben einfach in den Tag hinein.
Sie glauben nicht an Gott,
denken nicht an ihn,
sie lachen nur,
wenn über ihn gesprochen wird.
Den kann ich nicht sehen,
sagen sie.
Das macht mich ganz unsicher.
Ich brauche aber einen,
der mit mir geht,
der mich hält,
dem ich vertrauen kann.
Gott, zeige dich uns.
Sei uns immer wieder nahe.
Laß uns spüren,
daß du ein Gott der Menschen bist,
freundlich und hilfsbereit,
uns zugewandt in jeder Not
und in jeder Freude.
Laß uns dich spüren
als Gott mitten unter uns.

HERR, ich bitte dich,
schenke du mir volles Verstehen,
unermüdliche Geduld,
Demut und Milde,
die Wahrhaftigkeit der Liebe,
das Salz zu meiner Rede,
einen Glauben voller Erwartungen
und das Ausharren bis ans Ende.
Doch mehr als all dies:
Hilf mir,
daß ich so gesinnt bin,
wie Jesus Christus auch war.

Jesus Christus,
Herrscher über unserer Erde
und über den ganzen Kosmos.
Vollender der Schöpfung,
die der Mensch in seiner Hand wähnt.
Du wirst wiederkommen,
und die Erde erbebt von neuem.
Du wirst Recht sprechen,
wo das Unrecht Jahrtausende zum Himmel schrie.
Du bist die aufgehende Sonne
des letzten Schöpfungstages.
Jesus Christus,
erbarme dich unser!

Jesus Christus,
komm
und stille die Sehnsucht
der auf dich Wartenden und Hoffenden.
Jesus Christus,
erbarme dich unser.

Wir sind unterwegs
auf der Straße unseres Lebens
oft voller Mühe,
voll Angst und Sorge,
oft auch mit Freude,
Glück und Begeisterung.
Herr, gib uns Mut für unseren Lebensweg
und zeige uns,
wie wir ihn nach deinem Willen gehen können.

Herr, mein Hirt, Brunn aller Freuden,
du bist mein, ich bin dein,
niemand kann uns scheiden.
Ich bin dein, weil du dein Leben
und dein Blut mir zugut
in den Tod gegeben,
du bis mein, weil ich dich fasse,
und dich nicht, o mein Licht,
aus dem Herzen lasse.
Laß mich, laß mich hingelangen,
da du mich, und ich dich
ewig werd' umfangen!

O Herr, verleih,
daß Lieb und Treu
in dir uns all verbinden,
daß Hand und Mund
zu jeder Stund
dein' Freundlichkeit verkünden,
bis nach der Zeit
den Platz bereit
an deinem Tisch wir finden.

Herr, deine Tage alten
ja nicht wie unsre Zeit,
und deine Hände walten
in alle Ewigkeit.

Birg mich in deine Hände,
in deinen ew'gen Schoß,
und in der großen Wende
sei du allein mir groß!

Gib Liebe mir und einen frohen Mund,
Daß ich dich, Herr, der Erde tue kund;
Gesundheit gib bei sorgenfreiem Gut,
Ein frommes Herz und einen festen Mut;
Gib Kinder mir, die aller Mühe wert,
Verscheuch die Feinde von dem trauten Herd;
Gib Flügel dann und einen Hügel Sand,
Den Hügel Sand im lieben Vaterland,
Die Flügel schenk dem abschiedschweren Geist,
Daß er sich leicht der schönen Welt entreißt.

Du und ich,
wir beide gehören zusammen.
Du,
weil du mich liebst und willst
und ewig wirst erfreuen.
Und ich,
weil ich dich brauche,
weil ich ohne dich nichts kann,
weil sonst alles leer ist,
ganz umsonst.
Du und ich,
wir beide werden ewig glücklich sein:
Du,
weil du unendlich liebst,
und ich,
weil ich unendlich geliebt werde.

Der Mensch lebt und besteht
nur eine kleine Zeit;
und alle Welt vergehet
Mit ihrer Herrlichkeit.
Es ist nur Einer ewig und an allen Enden,
und wir in seinen Händen.

O GOTT, den man verkennt,
O Gott, den alles kündet,
O höre du das letzte Wort, das aus mir mündet.
Ich suchte doch den Weg zu dir, wenn ich verirrte,
Erfüllt von dir war doch das Herz, das sich verwirrte.
Ich sehe ohne Ängste schon den ewigen Schimmer,
Ich glaube nicht, daß Gott, der mich der Erde schenkte,
Daß Gott, der meinen Tag mit seiner Güte tränkte,
Mich, wenn ich ausgelöscht bin, quälen wird für immer.

MORGENGLANZ der Ewigkeit,
Licht vom unerschöpften Lichte,
schick uns diese Morgenzeit
deine Strahlen zu Gesichte,
und vertreib durch deine Macht
unsre Nacht.

Deiner Güte Morgentau
fall auf unser matt' Gewissen;
laß die dürre Lebensau
lauter süßen Trost genießen,
und erquick uns, deine Schar,
immerdar.

Gib, daß deiner Liebe Glut
unsre kalten Werke töte,
und erweck uns Herz und Mut
bei entstandner Morgenröte,
daß wir, eh wir gar vergehn,
recht aufstehn.

LASS, höchster Gott,
mich doch nicht auf dem Laufplatz gleiten,
laß mich micht Ach, nicht Pracht, nicht Lust,
nicht Angst verleiten,
dein ewig heller Glanz sei vor und neben mir.

Laß, wenn der müde Leib entschläft, die Seele wachen,
und wenn der letzte Tag wird mit mir Abend machen,
so reiß mich aus dem Tod der Finsternis zu dir.

WENN du mein Herz befreist,
wo ist die Fessel, die mich bände?
Herr, ich befehle meinen Geist
in deine Hände.

Sei gnädig! Mir ist bang.
Ich bin gebeugt in Schmach und Trauer,
und die mich sehn auf meinem Gang
befällt ein Schauer.

Wie ein vergossner Wein
bin ich, ein aufgerissener Schoten.
Nachbar und Freund vergessen mein
wie eines Toten.

Und doch ist meine Zeit
von deinen Händen zugemessen.
Ich rufe dich! Es wird kein Leid
von dir vergessen.

Wenn du mein Herz befreist,
wo ist die Fessel, die mich bände?
Herr, ich befehle meinen Geist
in deine Hände.

VIELLEICHT
daß heisenberg wirklich die weltformel fand
das wird sich noch weisen

aber wann aber wann
wird die heiligung jenes namens erscheinen
der mehr ist
als welten und formeln?

Vielleicht
daß die herren der erde
wirklich nicht nur das unrecht erstreben
das wird sich noch weisen

aber wann aber wann
wird die heiligung
jenes namens erscheinen
der die erde verwandelt
in eine sonne des rechts?

Vielleicht
daß die christen
wirklich das licht sind der welt
das wird sich noch weisen

aber wann aber wann
wird die heiligung
jenes namens erscheinen
der finsternis sprengt
mit explosionen des lichts?

Herr, dein Name sei gepriesen,
wenn du nimmst und wenn du gibst;
du hast tausendfach bewiesen,
wie du freundlich sorgst und liebst.
Ewig sei von uns gedacht
deiner Weisheit, Güt und Macht.

Herr, bewahr den Keim des Lebens
in der rauhen, harten Zeit,
daß der Glaube nicht vergebens
harr auf deine Freundlichkeit.
Unsre Hoffnung, unsre Ruh,
großer Schöpfer bleibest du.

Wenn die Augen nicht mehr sehen
und die Seele einsam wacht,
dann am Himmel lasse stehen
einen Stern in dunklar Nacht;
einen Stern der Ewigkeit
zeig uns in der Winterzeit.

Wenn die Stimmen wieder klingen
und der Schöpfung Stunde schlägt,
laß uns von der Gnade singen,
von dem Wort, das alles trägt.
Laß uns loben Jesum Christ,
der das Licht der Zeiten ist.

DU weißt, daß hinter den Wäldern blau
die großen Berge sind.
Und heute nur ist der Himmel grau
und die Erde blind.
Du weißt, daß über den Wolken schwer
die schönen Sterne stehn,
und heute nur ist aus dem goldnen Heer
kein einziger zu sehn.
Und warum glaubst du dann nicht auch,
daß uns die Wolke Welt
nur heute als ein flüchtiger Hauch
die Ewigkeit verstellt?

IM Himmel, in der Nähe des Vaters:
Das ist ein guter Ort,
im Himmel, in der Nähe des Vaters:
Das ist ein glücklicher Ort.
Nichts Schlechtes dringt dorthin,
nichts, auch gar nichts.
Kein Schmerz dringt dorthin
und keine Krankheit.
Alle, die dort bleiben,
sind heilig.
Sie übertreffen selbst noch, die hier beten.
Du bist ihr Gott.
Sie haben ihre Heimat gefunden,
sie haben ihre Heimat gefunden.
Ihre Heimat, wo sie bleiben,
ihre gute Heimat.
Sie haben immerwährendes Leben gefunden,
das niemals endet.
Ich bin ein Fremder auf dieser Erde.
Ich sehne mich nach dem Himmel.
Laß mich eintreten mit dir, Jesus.
Laß mich zum Himmel gehn.

DU starker Gott, der diese Welt
im Innersten zusammenhält,
du Angelpunkt, der unbewegt
den Wandel aller Zeiten trägt.

Geht unser Erdentag zu End',
schenk Leben, das kein Ende kennt:
führ uns, dank Jesu Todesleid,
ins Licht der ew'gen Herrlichkeit.

Vollenden wir den Lebenslauf,
nimm uns in deine Liebe auf,
daß unser Herz dich ewig preist.
Gott Vater, Sohn und Heil'ger Geist.

DU weißt um alles Elend in der Welt. Wir schicken dich, Vater, auf die andere Seite der Hügel und Berge – wie der Psalmist sagt: „Ich werde dort sein zu allen Zeiten." Denk auch an mich, Vater, wenn ich wie ein einsamer Vogel auf dem Hügel bin, wie eine Eule auf den Hügeln. Gewähre uns die Kraft, die verschiedenen Kreuze zu ertragen, die du uns gegeben hast, so daß wir die ewige Heimat verdienen – weil keine Sünde in jener Heimat Eingang findet.
Komm uns entgegen, Herr, und vergiß mich nicht.
Reiche dorthin, wo ich nicht hinreichen kann.
Durch Christus, unseren Erlöser.

WEG möchte ich gehn, weg möchte ich gehn,
ich sehne mich nach dem Himmel,
nach Gottes Land,
wo es keine Leiden gibt.
Kommt mit, ihr Beter,
es gibt ein Land –
Es braucht starke Beter,
um es zu erreichen.
Dort sind die Reichtümer,
dort gibt's keinen Armen,
keinen,
nicht einen einzigen.
Unsere Ahnen sind dort
in Gottes Land.
Dort ist kein Weinen mehr.
Dort ist kein Klagen mehr.

EINE große Stadt ersteht,
die vom Himmel niedergeht
in die Erdenzeit.
Mond und Sonne braucht sie nicht;
Jesus Christus ist ihr Licht,
ihre Herrlichkeit.
Laß uns durch dein Tor herein
und in dir geborgen sein,
daß uns Gott erkennt.
Laß herein, die draußen sind;
Gott heißt jeden Sohn und Kind,
der dich Mutter nennt.
Dank dem Vater, der uns zieht
durch den Geist, der in dir glüht;
Dank sei Jesus Christ,
der durch seines Kreuzes Kraft
uns zum Gottesvolk erschafft,
das unsterblich ist. Amen.

V. Miteinander beten!

Wer sich zurückerinnert an die Anfänge des eigenen Betens, stößt zumeist auf Szenen, die ihn als Betenden in Gemeinschaft vertrauter Menschen zeigen.

Die Mutter, die zusammen mit dem Kind die Worte des Nachtgebetes spricht; der Vater, der mit dem Tischgebet das Essen eröffnet oder der Tischkreis, an dem diese Aufgabe abwechselnd von den Kindern wahrgenommen wird; die gesamte Familie, die in der Adventszeit einen der festlichen Liedertexte spricht oder singt – all diese ursprünglichen Situationen machen rasch einer anderen Art des Betens Platz. Beten bedeutet dann allein sein, für sich sein, schweigen.

Ausnahmen von dieser Praxis bieten nur Gottesdienste und kirchliche Handlungen, bei denen der einzelne innerhalb der Gemeinde und gemeinsam mit ihr laut betet, zugleich jedoch als einer von vielen anonym bleibt.

Die Bedeutung des privaten Betens und des persönlichen Meditierens ist unbestritten. Die Praxis des gemeinsamen Betens hingegen scheint gegenwärtig zu kurz zu kommen. Die Erkenntnis, daß man „Christ" immer nur zusammen mit anderen sein kann, fordert geradezu heraus, die gemeinschaftsstiftende Kraft des Gebetes bewußt einzusetzen.

Die folgenden Anregungen zur Neubelebung des heute oft vernachläßigten öffentlichen Gebetes sollen ermutigen, den Vorschlägen oder eigenen Ideen zu folgen und stärker als bisher gemeinsames Erleben und Handeln zu sehen.

Im Familienkreis

1. Gemeinsames Tischgebet:

Einer: Wir sind eine Familie
und sitzen um einen Tisch.

Alle: Danke, großer Gott.

Einer: Der Tisch ist gedeckt
mit Essen und Trinken.

Alle: Danke, großer Gott.

Einer: Wir leben alle
von deiner Liebe.

Alle: Danke, großer Gott.

2. Gemeinsames Gebet im Familienkreis im Anschluß an ein Gespräch, das die Verantwortung des einzelnen für seine Mitmenschen betraf:

Alle: Gott, die Welt ist nicht so,
wie sie sein könnte.

Eltern: Es gibt Hunger und Elend.
Es gibt Ungerechtigkeit.
Es gibt Hilflosigkeit und Verzweiflung.
In der weiten Welt und um die nächste Ecke.

Kinder: Gott, erbarme dich über alle, die leiden
und deine Hilfe brauchen.

Eltern: Wir denken an die Kranken,
die Angst vor morgen haben.
Wir denken an die Sterbenden,
denen kein Mensch helfen kann.

Kinder: Gott, erbarme dich über alle, die leiden
und deine Hilfe brauchen.

Eltern: Wir denken an die Strafentlassenen,
die immer wieder ins Gefängnis kommen,
weil ihnen keiner hilft,
ein neues Leben anzufangen.

Kinder: Gott, erbarme dich über alle, die leiden
und deine Hilfe brauchen.

Eltern: Wir denken an die Behinderten,
die ihren Platz im Beruf finden müssen.
Wir denken an die Ausländer,
die manchmal verachtet und ausgenutzt werden.

Kinder: Gott, erbarme dich über alle, die leiden
und deine Hilfe brauchen.

Alle: Laß die Welt jeden Tag
ein Stück mehr so sein,
wie sie sein könnte,
und zeig uns, was wir dazu tun können.

3. Gemeinsames Gebet im Familienkreis als Antwort auf Situationen, in denen Kindern das Trennende der Konfessionen zum Problem wird (Eheschließung verschiedengläubiger Partner, Bedeutung kirchlicher Feste in verschiedenen Konfessionen):

Kinder: Lieber Herr,
wir verstehen nicht,
warum es verschiedene Kirchen gibt.

Die evangelische und die katholische
und noch andere.

Wir glauben nicht,
daß dir das besonders gefällt.

Du bist unser Herr,
und die Menschen gehören alle zusammen.

Eltern: Darum bitten wir dich,
laß alle Kirchen zusammenkommen.

Laß das, was sie verbindet,
stärker sein als das, was sie trennt.

Laß nicht das, was Menschen sich ausdenken,
sondern dein Wort die Hauptsache sein.

Hilf den Christen in aller Welt,
daß sie sich einig werden.

4. Gemeinsames Gebet in der Familie zum Tagesausklang.

Die Eltern sprechen mit ihren Kindern über den vergangenen Tag und nehmen einzelne Probleme in das Gebet auf. Die vorliegende Textfassung kann an beliebigen Punkten unterbrochen und für persönliche Beiträge geöffnet werden. Die Zwischenzeilen „Herr, du hast uns lieb, erhöre uns!“ werden gemeinsam gesprochen, die einzelnen Gebetsstrophen von einem allein:

LIEBER Vater im Himmel,
nun kommen wir zu dir.
Wir wollen dir sagen,
worüber wir uns an diesem Tag gefreut haben,
aber auch, was uns traurig gemacht hat.
Vergib uns, wenn wir Angst haben
und so tun, als wärest du nicht da.
Du kennt uns so, wie wir sind.
Darum wollen wir dir alles sagen.

Herr, du hast uns lieb, erhöre uns!

Du weißt, wo wir heute lieblos waren –
zu Hause und in der Schule.
Du hast auch gesehen, wie wir miteinander zankten.
Hilf uns, auch die Schulkameraden lieb zu haben,
die immer am Rande stehen.
Wir wollen helfen und Freude bereiten,
aber es fällt uns manchmal so schwer.
Wir wollen die Wahrheit sagen,
und doch gelingt es nicht immer.
Wir sehen bei andern vieles, was wir nicht haben;
laß uns nicht neidisch sein.

Herr, du hast uns lieb, hilf uns!

LASS uns dankbar werden:
Du gibst uns täglich viele kleine und große Dinge;
gib uns Augen, sie recht zu erkennen.
Du hast uns gute Eltern gegeben.
Du gibst uns immer wieder genug zu essen.
Du behütest uns auf dem Schulweg.
Du hast uns vor Krankheit verschont.

Herr, du hast uns lieb, wir danken dir!

Hilf auch all den Menschen,
die dich noch nicht kennen.
Laß die hungernden Kinder
in der ganzen Welt satt werden.
Wir bitten dich auch für die Menschen,
die kein Zuhause haben.

Herr, du hast auch sie lieb, hilf ihnen!

Vater im Himmel,
mit dir haben wir den Tag begonnen,
laß ihn uns auch mit dir beschließen.
Behüte uns in dieser Nacht,
damit wir morgen wieder gesund aufstehen können.
Wir loben und preisen dich.

5. Gebet im Familienkreis in der Passionswoche

Kinder: Lieber Herr Jesus Christus,
wir finden es furchtbar,
daß die Menschen, die damals lebten,
dich ans Kreuz geschlagen haben.

Eltern: Manchmal denken wir:
Heute ist es noch so ähnlich.
Du leidest,
weil wir dich nicht annehmen.
Wir verdrängen dich aus unserem Leben.
Vielleicht ist das
auch so etwas wie eine Kreuzigung.

Alle: Dein Kreuz ist ein Zeichen dafür,
wie wir mit Gott umgehen.

Kinder: Aber wir danken dir,
daß dein Kreuz noch etwas anderes bedeutet.
In der größten Not
hast du an Gott festgehalten
und die Menschen geliebt.

Eltern: Weil du mitten in der Angst
nicht verzweifelt bist,
hast du uns von der Angst erlöst.
Weil du inmitten von Schuld
für die Schuldigen gebetet hast,
hast du uns von der Schuld erlöst.

Alle: Dein Kreuz ist ein Zeichen dafür,
wie Gott mit uns umgeht.

Möglichkeiten innerhalb des Gottesdienstes

Christ-Sein ist nicht nur Sache der persönlichen Lebensführung, es bedeutet auch Teilnahme am Leben der Gemeinde. Dem entspricht, daß die Gestaltung des kirchlichen Lebens auch Auftrag an die einzelnen Gemeindeglieder ist.

Dies gilt natürlich in besonderer Weise für Gemeinden, in denen ein Geistlicher nicht oder nur teilweise zur Verfügung steht, doch auch unter normalen Verhältnissen können der Zusammenarbeit zwischen Geistlichem und Gemeindegliedern Anregungen entspringen, die Gottesdienste lebendiger und vielleicht auch einladender für Außenstehende machen.

Dieser Auftrag kann auch als Gebet formuliert werden:

HERR,
wir dienen deiner Sache schlecht.
Jeder Geschäftsmann, der seine Ware
geschickt anpreist, beschämt uns.
Wir lassen uns zu wenig einfallen,
um den Reichtum deines Evangeliums unter die Leute
zu bringen.
Wir flehen dich an:
schenke uns mehr Phantasie,
damit wir nicht hinter der Zeit herhinken.
Schicke uns Helfer mit guten Einfällen
und neuen Ideen für die Gemeindearbeit.
Laß uns merken,
daß Phantasie ein Stück der Liebe zum
Nächsten ist.

Dem einzelnen, der zögert, sich im kirchlichen Leben zu engagieren, kann folgendes Gebet Mut machen, den Schritt in die Gemeinschaft zu tun:

GOTT,
ich lebe nicht allein auf dieser Welt,
ich lebe nicht allein in der Kirche.
Ich bin auf andere angewiesen,
und andere sind auf mich angewiesen.
So zeige mir,
daß ich Christ nur in Gemeinschaft
mit anderern Christen sein kann.
Zeige mir,
wie ich mich für die Gemeinschaft
einsetzen muß.
Laß mich die Kraft der Gemeinschaft spüren,
wenn wir uns treffen,
wenn wir miteinander feiern,
wenn wir miteinander beten,
wenn wir Gottesdienst halten.

Die folgenden Anregungen beziehen sich auf die Gestaltung einer Messe.

Hier können in Absprache mit dem Geistlichen einzelne Elemente durch Initiativen der Gemeindeglieder gestaltet werden. Die folgenden Texte sind als Alternativen zu den traditionellen Gebetstexten gedacht und können von einzelnen oder gruppenweise vorgetragen werden.

Um die Übertragbarkeit auf Gottesdienste anderer Konfessionen zu verdeutlichen, wird im folgenden eine Übersicht über den Aufbau einer Messe gegeben.

Aufbau einer katholischen Messe:

Wortgottesdienst

Lied zu Beginn
Begrüßung und Einführung durch den Priester
Schuldbekenntnis und Vergebungsbitte
Herr, erbarme dich
Gloria (Ehre sei Gott)
Tagesgebet
  Lesung
  Zwischengesang
  Evangelium
  Predigt / Ansprache
  Glaubensbekenntnis
  Fürbitten

Eucharistiefeier

Gabenbereitung
Hochgebet mit Präfation (Dankgebet)
  Sanctus (Heilig)
  Kanon (Wandlung von Brot und Wein)
Vaterunser
Friedensgruß
Lamm Gottes
Kommunion
  Schlußgebet
  Segen und Entlassung
  Schlußlied

Möglichkeiten gemeinsamen oder öffentlichen Betens einzelner Gemeindeglieder im Gottesdienst

Vortrag des Schuldenbekenntnisses durch ein Gemeindeglied:

HERR, wenn wir auf Jesus schauen,
erkennen wir unser Versagen.
Wenn wir sein Leben mit unserem vergleichen, spüren wir,
wir hart und lieblos wir oft miteinander sind,
wie sehr wir gegen das Gebot der Liebe verstoßen.
Herr, wir bekennen unsere Schuld,
wir haben Böses getan
und Gutes unterlassen.
Vergib uns, wo wir gefehlt haben
und schenke uns die Kraft,
neu anzufangen im Tun des Guten.

(Diese Formulierung kann ergänzend oder alternativ zu der traditionellen Form des Schuldbekenntnisses gesprochen werden.)

Auch die Vergebungsbitten lassen sich auf diese Weise beten:

HERR Jesus Christus, du bist unser Freund und Bruder.
Du kennst uns und nimmst uns an.
Deshalb bitten wir voll Vertrauen:
Herr, erbarme dich.
Du hast die Menschen nicht nach Erfolg, Macht oder
Leistung beurteilt, sondern warst besonders
für die Armen und Ausgestoßenen da.
Christus, erbarme dich.
Du bist der Weg, auf dem wir Menschen zu Gott
kommen können. Du willst uns zum vater führen.
Herr, erbarme dich.

oder

HERR Jesus Christus,
du rufst uns Menschen in deine Nachfolge.
Herr, erbarme dich.
Herr Jesus Christus, oft versagen wir gegenüber deinem Anspruch.
Christus, erbarme dich.
Herr Jesus Christus, unsere Kraft alleine reicht nicht aus.
Herr, erbarme dich.

oder

JESUS, du hast damals die Jünger zu deinen Freunden gemacht. Sei auch unser Freund.
Herr, erbarme dich.
Jesus, du bist gut zu allen Menschen gewesen.
Hilf auch uns in unserem Leben.
Christus, erbarme dich.
Jesus, du hast den Menschen von Gott erzählt.
Zeige auch uns den Weg zum Vater.
Herr, erbarme dich.

oder

HERR Jesus Christus, du lädst alle Menschen zu dir ein, auch die mit Not und Schuld.
Herr, erbarme dich.
Herr Jesus Christus, du stößt keinen zurück, auch nicht die Sünder.
Christus, erbarme dich.
Herr Jesus Christus, auch wir dürfen voll Freude zu dir kommen.
Herr, erbarme dich.

oder

JESUS Christus, unser Freund und Bruder.
Immer wieder lädst du uns zu dir ein.
Deshalb rufen wir zu dir:
Öffne unsere Ohren, daß wir dich hören.
Herr, erbarme dich.
Öffne unsere Augen, daß wir dich sehen.
Christus, erbarme dich.
Öffne unsere Hände, daß wir dir helfen.
Herr, erbarme dich.

oder

HERR Jesus Christus, oft sind wir wie Ichmenschen
und tun Böses.
Herr, erbarme dich.
Herr Jesus Christus, oft vergessen wir das Gute
oder haben keine Lust dazu.
Christus, erbarme dich.
Herr Jesus Christus, um Dumenschen zu werden,
brauchen wir deine Hilfe.
Herr, erbarme dich.

Im folgenden werden die traditionelle und eine neue Fassung des Gloria in Anlehnung an Psalm 135 einander gegenübergestellt.

2 weitere Texte eigenen sich besonders für den Vortrag durch eine Gruppe junger Gemeindeglieder:

EHRE sei Gott in der Höhe
und Friede auf Erden den Menschen seiner Gnade.
Wir loben dich,
wir preisen dich,
wir beten dich an,
wir rühmen dich und danken dir,
denn groß ist deine Herrlichkeit:
Herr und Gott, König des Himmels,
Gott und Vater, eingeborener Sohn,
Jesus Christus.

HERR und Gott, Lamm Gottes, Sohn des Vaters,
du nimmst hinweg die Sünde der Welt:
erbarme dich unser;
du nimmst hinweg die Sünde der Welt:
nimm an unser Gebet;
du sitzest zur Rechten des Vaters:
erbarme dich unser.
Denn du allein bist der Heilige,
du allein der Herr, du allein der Höchste:
Jesus Christus, mit dem Heiligen Geist
Zur Ehre Gottes des Vaters. Amen.

LOBT Gott, den Herrn,
lobt ihn, ihr Menschen alle,
die ihr steht im Hause des Herrn,
in einer Gemeinschaft vor ihm.
Lobt den Herrn, denn er ist gütig,
singt und spielt, denn er ist freundlich.
Der Herr hat uns erwählt,
wir alle sind sein Eigentum.
Ja, das weiß ich: Groß ist der Herr,
unser Gott ist größer als alles auf der Welt.
Alles, was dem Herrn gefällt, vollbringt er
im Himmel und auf der Erde.
Er führt sein Volk durch alle Not hindurch
und verschafft ihm Recht unter den Menschen.
Gepriesen sei der Herr, unser Gott,
singt und spielt ihm in Ewigkeit.

HERR, unser Gott, wir loben dich und danken dir.
Denn du bist König über Himmel und Erde,
Herrscher über das ganze Weltall.

Herr Jesus Christus, wir loben dich und danken dir.
Denn du nimmst unsere Schuld weg und verzeihst uns.
Herr, unser Gott, wir loben dich und danken dir.

Denn du bist der Heilige, der Herr, der Höchste:
Jesus Christus, mit dem Heiligen Geist,
zu Ehre Gottes des Vaters.

oder

GUTER GOTT, wir loben und preisen dich.
Denn alles hast du gut geschaffen.
Wir loben dich für unsere schöne Welt,
für die Blumen und die Tiere,
für alle schönen Dinge.
Guter Gott, wir loben und preisen dich.
Denn du gibst uns Menschen das Leben.
Wir loben dich, weil du durch Menschen für uns sorgst,
weil du uns Freunde gibst, auf die wir uns
verlassen können.
Guter Gott, wir loben und preisen dich.
Denn du hast uns deinen Sohn Jesus gesandt.
Wir loben dich, denn in Jesus schenkst du uns
Freude und Glück.
So sei dir Ehre und Herrlichkeit bis in Ewigkeit.
Amen.

Die Zusammenfassung wichtiger Gebetsanliegen der Gemeinde im Tagesgebet kann durch gemeinsames und abwechselndes Sprechen mit einem Gemeindeglied die Verbundenheit zwischen Geistlichem und Gemeinde dokumentieren.

Anstelle des Apostolischen Glaubensbekenntnisses können eigene Formulierungen, die das Ergebnis einer Arbeitsgruppe der Gemeinde bilden, in den Gottesdienst eingebracht werden.

Im folgenden werden zwei Glaubensbekenntnisse unserer Zeit vorgestellt:

ICH glaube an den lebendigen Gott.
Er ist der Vater Jesu Christi,
er ist auch unser Vater.
Alle Dinge hat er geschaffen
im Himmel und auf der Erde.

Ich glaube an Jesus Christus.
Für uns ist er Mensch geworden
und hat wie wir als Mensch gelebt
bis zum Tod am Kreuz.
Doch er wurde auferweckt von den Toten
und so Herr der Welt.

Ich glaube an den Heiligen Geist,
an die Liebe zwischen Vater und Sohn.
In ihm führt Gott uns zu einer Gemeinschaft zusammen,
zur Gemeinschaft der Kirche.
Gottes guter Geist vergibt uns unsere Schuld
und führt uns zur Auferstehung und zum ewigen Leben.

Ich glaube, daß das Geheimnis meines Lebens Gott heißt
und sich in Christus geoffenbart hat.
Ich glaube, daß Jesus als der Herr lebt und das
Ziel meines Lebens ist.

Ich glaube, daß die frohe Botschaft mir Antwort
auf meine Fragen gibt.
Ich glaube, daß die Kirche die neue Gemeinschaft des
Heiles ist.
Ich glaube, daß ich auch heute noch Christus im
notleidenden Menschen begegne.
Ich glaube, daß Christus mir Kraft gibt, mein Leben
als Christ zu meistern.
Ich glaube, daß der auferstandene Christus mich
aus dem Tod in sein Leben ruft.

Besonders vielfältig sind die Möglichkeiten, neue Gebetstexte in wechselseitigem oder chorischem Vortrag einzubringen bei den Fürbitten.

Nachfolgende Vorschläge wollen zu eigenen Formulierungen anregen:

GUTER Gott, voll Vertrauen kommen wir zu dir,
denn du hörst auf unsere Bitten:
– für unsere Kirche:
Mach uns zu einer Gemeinschaft der Liebe und des Friedens.
– für alle, die Verantwortung für andere tragen:
Schenke ihnen Gerechtigkeit und Weisheit.
– für alle Notleidenden:
Laß sie bald Hilfe erfahren
und schenke ihnen Mut und Ausdauer.
– für uns selbst:
Laß uns erkennen, was recht ist,
und es mit deiner Hilfe auch tun.
So beten wir durch Christus, unseren Herrn.

GOTT, um vieles haben wir zu bitten:
– um Frieden für die Völker der Erde
und für uns selbst,
– um ausreichend Nahrung
für alle Hungernden auf der Erde
– um Gesundheit für uns selbst
und Gesundung für alle Kranken,
– um Hoffnung und Freude
für Einsame und Betrübte,
Arme und Unterdrückte.
Schenke uns deine Nähe in Christus,
unserem Herrn.

WIR wollen Fürbitte halten
für unsere Gemeinschaft:
– Herr Jesus Christus, führe uns immer mehr zu einer wirklichen Gemeinschaft in deinem Geist.
– Laß uns einander annehmen, wie wir sind,
und hilf uns, Streit und Unfrieden zu überwinden.
– Laß uns erkennen, wo einer aus unserer Mitte Hilfe braucht, und ihm tatkräftig beistehen.
– Gib uns die Kraft, die Last des anderen zu tragen.
– Laß uns alle immer mehr dir nachfolgen.
So beten wir durch dich,
Christus,
unseren Herrn.

Gut für den Vortrag durch Kinder geeignet, sind folgende Fürbitten. Sie könnten in einem Familiengottesdienst oder in einem Gottesdienst für Senioren ihren Platz finden:

GOTT, du hast versprochen, uns immer zu helfen.
Deshalb sagen wir dir jetzt unsere Bitten:
Laß alle Menschen friedlich miteinander auskommen
und gut zusammen leben.
Beschütze uns, damit uns kein Unglück passiert
und wir nicht krank werden.
Laß Eltern und Lehrer für uns Kinder
Verständnis und Zeit haben.
Gib uns die Kraft, daß wir anderen Menschen helfen.
Schenke den Kranken Besserung in ihrem Leiden
und Gesundheit.
Hilf, daß immer mehr Menschen zu dir finden,
und laß in unseren Familien den Glauben an dich wachsen.
Laß uns eine fröhliche Gemeinde sein,
die für andere Menschen da ist.

Guter Vater im Himmel, erhöre unsere Bitten
durch Christus, unseren Herrn.

LASS das Böse geringer werden
und Gutes um so kräftiger sein.
Laß Traurigkeit schwinden
und Freude um sich greifen.
Laß Mißverständnisse aufhören
und Enttäuschte Mut gewinnen.
Laß Kranke Trost finden
und Sterbende dein Erbarmen.
Laß Frieden unter den Menschen sein,
in Herzen und rund um die Welt.

WIR wollen zu Gott, unserem Vater beten.
Er hat seinen Sohn Jesus gesandt, um uns glücklich zu machen:
für die hungernden Menschen in aller Welt –
Herr, erbarme dich.
(Alle: Herr, erbarme dich.)
für die Kranken und Notleidenden,
für die Alten und Einsamen,
für diejenigen, die unter Krieg und Streit leiden,
für uns selbst und für alle Christen.
Denn du Gott hilfst uns in deinem Sohn Jesus Christus.

WIR wollen beten für unsere Kirche:
Mach sie zu einer Gemeinschaft der Liebe und des Friedens. Christus, höre uns.
(Alle: Christus, erhöre uns.)
Wir wollen beten für die Staatsmänner und Politiker:
Schenke ihnen Gerechtigkeit und Weisheit.
Wir wollen beten für alle Notleidenden:
Schenke ihnen Erleichterung in ihrem Leiden und deine Liebe.
So beten wir durch dich Christus, unseren Herrn.

Die Einleitung der Eucharistiefeier durch die Gabenbereitung kann, ergänzend zu den Worten des Geistlichen, durch Gebete gestaltet werden, die durch junge Gemeindeglieder vorgetragen werden:

GEPRIESEN bist du, Herr, unser Gott, Schöpfer der Welt. Du schenkst uns das Brot, die Frucht der Erde und der menschlichen Arbeit. Wir bringen dieses Brot vor dein Angesicht, damit es uns das Brot des Lebens werde.

Gepriesen bist du, Herr, unser Gott, Schöpfer der Welt. Du schenkst uns den Wein, die Frucht des Weinstocks und der menschlichen Arbeit. Wir bringen diesen Kelch vor dein Angesicht, damit er uns der Kelch des Heiles werden.

WIE viele Körner zu einem Brote geworden sind, so sollen wir durch dieses Mahl zu einer Gemeinschaft werden.
Wie viele Trauben zu einem Wein geworden sind, so sollen wir durch dieses Mahl zu einer Gemeinschaft werden.

GOTT, wir bringen dir das Brot. Schenke es uns verwandelt wieder als den Leib Jesu, deines Sohnes. Gott, wir bringen dir den Wein. Schenke ihn uns verwandelt wieder als das Blut Jesu, deines Sohnes. Gott, mit diesen Gaben bringen wir uns selbst. Verwandle auch uns durch den Geist deines Sohnes, daß wir ganz zu dir gehören.

GOTT, wir sind um den Altartisch versammelt wie eine Familie zu Hause beim Mittagstisch. Laß uns in dieser Gemeinschaft erfahren, daß wir zusammen gehören und füreinander da sind, so wie Christus für uns da ist, unser Herr in Ewigkeit.
Amen.

Für die Präfation (Dankgebet) können Texte gewählt werden, die als Bekenntnis eines einzelnen oder im Wechsel zwischen einzelnen und einer Gruppe gebetet werden. Einige Anregungen hierzu:

HERR, unser Gott,
jeden Tag erfahre ich,
wie gut du mir bist,
wie sehr du mich liebst.
Deshalb danke ich dir für meine Eltern,
die mir das Leben gaben
und die für mich sorgen.
Ich danke dir für mein Zuhause
und für meine Geschwister und Verwandten.
Ich danke dir für meine Freunde und Freundinnen,
mit denen ich glücklich bin
und die mich begleiten auf dem Weg meines Lebens.
Ich danke dir für alle Menschen,
die mir begegnen,
in denen ich deine Nähe spüren kann.
Gott, ich danke dir für alles Gute.

JA es ist richtig, Gott,
dich immer wieder zu loben
und dir aus ganzem Herzen zu danken:
für unseren Körper und unseren Verstand,
für unsere Sprache und unser Fühlen,
für Freude und Leid, die unser Leben ausmachen,
für die Liebe, die wir immer wieder erfahren können,
Gott, für alles danken wir dir durch Christus,
unseren Herrn.

oder:

Ja, es ist richtig, dich, Gott, immer wieder zu loben und dir aus ganzem Herzen zu danken:
– für den Verstand, mit dem wir denken können,
  (Alle: Gott, wir danken dir)
– für die Augen, mit denen wir unsere Welt sehen können,
– für die Sprache, durch die wir andere verstehen können,
– für die Hände, mit denen wir anderen helfen können,
– für das Herz, mit dem wir die anderen lieben können,
Gott, besonders danken wir dir für deinen Sohn Jesus.
Durch ihn loben und preisen wir dich.

HERR, unser Gott,
wir danken dir für unsere Welt,
für die Natur und alles Schöne darin,
für die Technik, mit der wir die Welt gestalten,
für die Menschen, denen wir begegnen.
Vor allem danken wir dir für Jesus, deinen Sohn.
Er hat uns deine Liebe gebracht.
In ihm bist du uns nahe
heute und alle Tage unseres Lebens
bis in Ewigkeit.

GOTT, wir wollen dir aus ganzem Herzen für alles Gute danken:
– Gott, wir danken dir für unsere Eltern, die für uns sorgen. Wir danken dir für unser Zuhause und für unsere Geschwister und Verwandten.
– Gott, wir danken dir für unsere Freunde und Freundinnen, mit denen wir spielen können. Wir danken dir, daß wir fröhlich sind und lachen können.
– Gott, wir danken dir, daß du unsere Welt erschaffen hast. Wir danken dir für die Erde, für die Tiere, die Bäume und Blumen, für alles Schöne in unserer Welt.

– Gott, wir danken dir, daß wir in unserem Land genug zu essen haben. Wir danken dir, daß wir gesund sind.

Ja, Gott, so danken wir dir für alles Gute. Wir loben und preisen dich und singen dir voll Freude unser Loblied.

Gerade für den Friedensgruß, der nachfolgend zuerst in der traditionellen Form abgedruckt ist, haben sich neue Formulierungen ergeben, die dem Friedensbedürfnis unserer Zeit entsprechen. Hier sind zahlreiche Texte möglich, die auch auf aktuelle Ereignisse Bezug nehmen können.

DER HERR hat zu seinen Aposteln
gesagt: Frieden hinterlasse ich euch,
meinen Frieden gebe ich euch.
Deshalb bitten wir: Herr Jesus Christus,
schau nicht auf unsere Sünden,
sondern auf den Glauben deiner Kirche
und schenke ihr nach deinem Willen
Einheit und Frieden.
Der Friede des Herrn sei allezeit mit euch.
Und mit deinem Geiste.

HERR, mach mich zum Werkzeug deines Friedens.
Daß ich lieben kann, wo man sich haßt.
Daß ich verzeihe, wo man sich beleidigt.
Daß ich Freude bringe, wo man weint.
Daß ich Frieden bringe, wo man streitet.
Daß ich die Wahrheit sage, wo man sich irrt.
Daß ich den Glauben bringe, wo man zweifelt.
Daß ich die Hoffnung wecke, wo Verzweiflung droht.
Daß ich dein Licht anzünde, wo es dunkel ist.
Herr, mach mich zum Werkzeug deines Friedens.

FRIEDE auf Erden
den Menschen guten Willens
Friede auf Erden
den Völkern und Staaten
Friede auf Erden
unseren Familien
Männern und Frauen
Schwestern und Brüdern
Eltern und Kindern
Friede auf Erden
allen Menschen
Nachbarn und Fremden
Freunden und Feinden
Frieden auf Erden wünschen wir uns
– den Frieden Christi.

Auch das „Gebet der Vereinten Nationen" kann die Stelle des Friedensgrußes einnehmen:

UNSERE Erde ist ein kleines Gestirn im großen Weltall.
Uns ist es aufgetragen, daraus einen Planeten zu machen,
dessen Bewohner nicht von Kriegen gepeinigt,
nicht von Hunger und Furcht gequält,
nicht zerrissen werden in sinnloser Trennung
nach Rassen, Hautfarbe oder Weltanschauung.
Gib uns den Mut und die Vorausschau,
schon heute mit diesem Werk zu beginnen,
damit unsere Kinder und Kindeskinder einst
mit Stolz den Namen Mensch tragen.

Abschließend sollen noch einige Gebetstexte, die vor oder nach der Kommunion ihren Platz finden können, auf die Möglichkeit der Beteiligung älterer und jüngerer Gemeindeglieder als Betende aufmerksam machen.

Diese, wie auch die vorhergehenden Anregungen sollen nicht als neuformulierte, aber dennoch starre Texte verstanden werden, sondern sollen Mut machen, Gebetsformen auszuprobieren und dadurch einen Beitrag zu einer offenen und lebendigen Gemeinde zu leisten.

Gebete vor der Kommunion:

Herr, Jesus Christus!
Du selber willst zu mir kommen. Mein Herz ist bereit.
Du bist unter der Brotgestalt verborgen als
Gott und Heiland.
Der große Gott, der einst kommen wird,
zu richten die Lebenden und die Toten,
um jedem nach seinen Werken zu vergelten.
Derselbe aber auch, der für uns Menschen und
um unseres Heiles willen vom Himmel gestiegen ist,
um sich unser zu erbarmen und uns zu erlösen.
Amen.

Jesus, du willst mit allen Freund sein,
alle lädst du zu dir ein.
Auch die Kleinen, die Kranken und die Sünder
dürfen zu dir kommen.
So sind wir eine große Gemeinschaft.
Das finde ich toll
und möchte dir dafür danken.
Amen.

JESUS, du bist mein Freund.
Als Brot des Lebens kommst du zu mir.
Darüber freue ich mich und danke dir.
Bleib immer bei mir bis an das Ende meines Lebens.
Amen.

JESUS, du lebst und bist nicht tot.
Das spüre ich, wenn ich dein Evangelium höre
und wenn du im Brot zu mir kommst.
Laß mich immer zu dir gehören.
Amen.

HERR Jesus Christus,
du lädst uns nun an deinen Tisch.
Du gibst uns deinen Leib als Speise.
So werden wir ganz eins mit dir.
Wir werden auch untereinander zu
einer großen Gemeinschaft.
Laß uns das immer wieder neu spüren.
Amen.

Danksagungen nach der Kommunion:

GOTT, wir haben das Brot miteinander geteilt und den Leib Jesu, deines Sohnes empfangen. Wir bitten dich, laß uns aus seiner Kraft in Liebe und Frieden leben. Dann wird er selbst unter uns sein. Dann werden wir zu seinem Leib in dieser Welt bis in Ewigkeit.
Amen.

JESUS, du bist bei uns. Mit dir können wir den Weg gehen, den du uns zeigst.
Jesus, du bist bei uns. Mit dir können wir immer wieder zu Gott finden.
Jesus, du bist bei uns. Mit dir können wir immer wieder das Böse überwinden.
Jesus, du bist bei uns. Mit dir können wir immer wieder gut zu anderen sein.
Jesus, du bist bei uns. Mit dir können wir frohe Menschen werden.
Jesus, du bist bei uns. Mit dir können wir unsere Welt schöner und besser machen.

GOTT, unser Vater, dieses Mahl, das wir mit dir und mit Jesus feiern durften, zeigt uns, wie gern du uns hast. Hilf uns, daß wir unsere Freude darüber weiterschenken an alle Menschen, denen wir begegnen.
Darum bitten wir durch Christus, unseren Herrn.

HERR, unser Gott, dieses Mahl zeigt uns deine Liebe und Güte. In Jesus, deinem Sohn, bist du mit uns verbunden. Hilf uns, daß wir deine Liebe weiterschenken an alle Menschen, denen wir begegnen.
Darum bitten wir durch Christus, unseren Herrn.

CHRISTUS,
im Brot bei mir,
du erfüllst mich ganz,
du bist mir Nahrung,
lebensnotwendige Speise,
Kraft und Stärke,
Leben für mich,

Christus,
im Brot bei mir,
Geschenk Gottes,
Licht der Welt,
Quelle des Lebens,
Weg zum Vater,
Leben für mich.

Christus,
im Brot bei mir,
Gemeinschaft und Freude,
Hoffnung und Zuversicht,
Verbindung mit Gott,
Verbindung mit den Menschen,
Leben für mich.

Gott, immer wieder feiern wir Messe,
überall auf der Welt in allen Völkern.
Dein Tisch ist für alle Menschen gedeckt,
für jung und alt,
für reich und arm,
für Menschen aller Rassen und Völker.
Gott, ich danke dir,
daß du uns begegnest
in Christus, unserem Herrn.

VI. Gebete großer Persönlichkeiten

Die Vielfalt der hier dokumentierten Gebetszeugnisse großer Persönlichkeiten reicht alphabetisch von Augustinus bis Zwingli, chronologisch von der Zeit des Urchristentums bis in unser Jahrhundert, thematisch von der Bitte um Humor bis zum Gebet vor gewaltsamem Tod.

In vielen Fällen sehen wir den Betenden in einer entscheidenden Situation: Pascal in lebensgefährdender Erkrankung, Columbus vor dem Aufbruch in eine ungewisse Zukunft, Hammerskjöld im Bemühen um die Rettung des Friedens, Leo Statz unmittelbar vor der Ermordung durch die Machthaber des 3. Reiches.

Gerade an diesen Beispielen wird dem Leser deutlich, daß auch sein Lebensschicksal in den Händen dessen liegt, dessen Wille oft „über Bitten und Versteh'n" (Paul Gerhardt) geht.

Doch auch die Gebete, die nicht aus dramatischem Zusammenhang entstanden, vermögen dem Leser eine wichtige Einsicht zu vermitteln: Er ist Glied in der Kette der Betenden, die von Jesu Jüngern bis in die Gegenwart reicht und deren Verantwortung in den Worten Reinhold Schneiders zum Ausdruck kommt:

> *„Allein den Betern kann es noch gelingen,*
> *Das Schwert ob unsern Häuptern aufzuhalten*
> *Und diese Welt den richtenden Gewalten*
> *Durch ein geheiligt Leben abzuringen."*

„Gebete großer Persönlichkeiten" sind keine Dokumentation der Privilegien „Großer" der Geschichte, sondern Aufruf an den Leser, für sich selbst sein „Recht auf Beten" zu entdecken – auch in Situationen, die nicht mit den geschilderten vergleichbar sind.

ANSELM VON CANTERBURY

Wir lieben dich, o unser Gott, und wir begehren dich zu lieben mehr und mehr. Gewähre uns, daß wir dich also lieben, als wir es begehren und als wir sollen. O liebster Freund, der du uns so sehr geliebt und gerettet hast, du, an den zu denken süß ist und immer süßer wird, komm und nimm Wohnung in unserm Herzen. Dann wirst du Wache halten über unsere Lippen, unsere Tritte und unsere Taten, und wir brauchen fürder nicht zu bangen für unsere Seelen und unsere Leiber. Ja, gib uns Liebe, aller Gaben köstlichste, die keine Feinde kennt. Gib uns ins Herz die reine Liebe, geboren aus deiner Liebe zu uns, auf daß wir andere lieben wie du uns. O liebevollster Vater Jesu Christi, aus dem alle Liebe fließt, laß unsere Herzen, die gefroren in der Sünde, kalt für dich und kalt für andere geworden, erwärmen an deiner göttlichen Glut. So hilf uns, segne uns in deinem Sohne.

AUGUSTINUS

Ich liebe dich Herr; ich zweifle nicht daran, ich liebe dich mit vollem, hellem Wissen. Mit deinem Wort hast du mein Herz getroffen, und ich liebte dich. Und auch Himmel und Erde und alles, was sich fühlt, das alles sagt mir, daß ich dich lieben soll, und hört nicht auf, es allen zu sagen, so daß sie unentschuldbar sind. Lauter aber klingt dein Erbarmen dem, dessen du dich erbarmen willst, und Erbarmen wirst du schenken, dem du gnädig bist. Denn sonst würden Himmel und Erde dein Lob nur tauben Ohren predigen. Was aber liebe ich, da ich dich liebe? Nicht Körperschönheit und nicht Glanz der Welt, nicht strahlend helles Licht des Tages, was dem Auge so lieb ist; nicht süße Melodien formenreicher Lieder, nicht Wohlgeruch der Blumen, Salben und Spezereien; nicht Manna und nicht Honig; nicht Leibesanmut, die zu umarmen unser Fleisch sich sehnt. Das alles ist nicht, was ich liebe, wenn ich dich liebe, meinen Gott. Und doch lieb ich dich, als wärest du Licht und Wohlgeruch und Melodie und Speise und Umarmung meines inneren Menschen! Dort drinnen in meiner Seele strahlt ein Licht, das keine Welt faßt, dort klingen Melodien, die keine Zeit verschlingt, dort duften Wohlgerüche, die kein Wind verweht, dort schmecken Speisen, deren keine Sattheit satt wird, dort lacht ein Glück vereinter Liebe, dem ein Überdruß nicht folgt. Das ist es, was ich liebe, lieb ich meinen Gott.

Bernhard von Clairvaux

Komm, Erwartung der Völker,
Herr Jesu, und erfreue uns durch deine göttliche Gegenwart!
Wir bedürfen des Rates, der Hilfe, des Schutzes.
Meinen wir auch aus uns selbst das Gute und Böse zu unterscheiden,
fallen wir allzu leicht in Täuschung,
lassen uns unvermerkt beschmeicheln.
Wollen wir Gutes tun, fehlt uns die Kraft und Zuversicht.
Mühen wir uns, dem Bösen zu widerstehen,
machen wir allzuoft die traurige Erfahrung,
daß wir schwach sind,
und zuletzt unterliegen wir.
So komm denn und heile unsere Blindheit,
komm zu Hilfe unserem schwachen,
unzulänglichen Menschenwesen.
Komm, du Glanz der göttlichen Herrlichkeit!
Komm, Gottes Kraft und Gottes Weisheit;
wandle unsere Nacht zum Tag,
schütze uns vor Gefahr,
erleuchte die Blindheit,
stärke den Mut in uns,
führe uns treu an deiner Hand und
leite uns deinem Willen gemäß auf dieser irdischen Pilgerschaft,
bis du zuletzt uns aufnimmst in die ewige Stadt,
die du selbst gegründet und aufgebaut hast.

JAKOB BÖHME

Das walte Gott Vater, Sohn, heiliger Geist, du einziger wahrer Gott! Ich danke dir durch Jesum Christum, deinen lieben Sohn, unsern Herrn und Heiland für deinen Schutz und Schirm, und für alle Wohltat, und befehle mich jetzt mit Leib und Seele und allem dem, darein du mich gesetzest hast, zu wirken in meinem Berufe, in deinen Schutz und Schirm. Sei du der Anfang meines Sinnes, Suchens, Trachtens und alles Tuns. Wirke du in mir, daß ich alles deinem Namen zu Lobe anfange und dem Nächsten zu dienen in deiner Liebe vollbringe. Sende deinen guten Engel mit mir, daß er die giftigen Strahlen des Teufels und der verderbten Natur von mir abwende! Behüte mich vor aller bösen Menschen Begierde! Gütige alle meine Feinde vor meinem Angesichte und führe mein Gemüt in deinen Weinberg, daß ich in meinem Amte und Berufe darin arbeite und wirke als dein gehorsamer Knecht und segne mich und alles, damit ich wirke und umgehe, mit dem Segen deiner Liebe und Barmherzigkeit! Halte deine Gnade und Liebe in Jesu Christo über mir, und gib mir ein fröhlich Gemüt, deine Wunder zu treiben. Dein heiliger Geist regiere mich in meinem Anfang bis an mein letztes Ende, und sei in mir das Wollen, Wirken und Vollbringen!

BONAVENTURA

Lasset uns beten um Weisheit, daß wir die Frucht des wahren Lebensbaumes, Christus, genießen, und seine belebende Kraft verkosten.
Lasset uns beten um die Gabe des Verstandes, daß unser Geistesauge erleuchtet werde.
Lasset uns beten um die Gabe des Rates, daß wir in Gottes Führung die rechten Pfade gehen.
Lasset uns beten um die Gabe der Stärke, daß wir den Ansturm des Bösen entkräften.
Lasset uns beten um die Gabe der Wissenschaft, daß wir vom Licht deiner heiligen Lehre durchdrungen, Gutes und Böses unterscheiden.
Lasset uns beten um die Gaben der Liebe, daß wir ein herzliches Erbarmen in uns hegen.
Lasset uns beten um die Gabe der Furcht, daß wir Ruhe finden in heiliger Ehrerbietung vor deiner göttlichen Hoheit.

Dietrich Bonhoeffer

Gott, zu dir rufe ich in der Frühe des Tages, hilf mir beten und meine Gedanken sammeln zu dir; ich kann es nicht allein. In mir ist es finster, aber bei dir ist das Licht; ich bin einsam, aber du verläßt mich nicht; ich bin kleinmütig,aber bei dir ist die Geduld; ich verstehe deine Wege nicht, aber du weißt den Weg für mich.

Vater im Himmel, Lob und Dank sei dir für die Ruhe der Nacht, Lob und Dank sei dir für den neuen Tag. Lob und Dank sei dir für alle deine Güte und Treue in meinem vergangenen Leben. Du hast mir viel Gutes erwiesen, laß mich nun auch das Schwere aus deiner Hand hinnehmen. Du wirst mir nicht mehr auflegen als ich tragen kann. Du läßt deinen Kindern alle Dinge zum Besten dienen.

Herr Jesus Christus, du warst arm und elend, gefangen und verlassen wie ich. Du kennst alle Not der Menschen, du bleibst bei mir, wenn kein Mensch mir beisteht. Du vergißt mich nicht und suchst mich. Du willst, daß ich dich erkenne und mich zu dir kehre. Herr, ich höre deinen Ruf und folge, hilf mir! Heiliger Gott, gib mir den Glauben, der mich vor Verzweiflung, Süchten und Laster rettet, gib mir die Liebe zu Gott und den Menschen, die allein Haß und Bitterkeit vertilgt, gib mir die Hoffnung, die mich befreit von Furcht und Verzagtheit. Heiliger, barmherziger Gott, mein Schöpfer und mein Heiland, mein Richter und mein Erretter, du kennst mich und all mein Tun. Du haßt und strafst das Böse in dieser und jener Welt ohne Ansehen der Person, du vergibst Sünden dem, der dich aufrichtig darum bittet, du liebst das Gute und lohnst es auf dieser Erde mit einem getrosten Gewissen und in der künftigen Welt mit der Krone der Gerechtigkeit.

Vor dir denke ich an all die Meinen, an die Mitgefangenen und alle, die in diesem Hause ihren schweren Dienst tun. Herr erbarme dich! Schenke mir die Freiheit wieder und laß mich derzeit so leben, wie ich es vor dir und vor den Menschen verantworten kann. Herr, was dieser Tag auch bringt, – dein Name sei gelobt! Amen.

CLEMENS BRENTANO

Herr! Ich steh in deinem Frieden,
Ob ich lebe, ob ich sterbe;
Starb mein Heiland doch hienieden,
Daß ich sein Verdienst erwerbe.

Will der Schmetterling zum Lichte,
Muß die Larve er zerbrechen
So hast du dies Haus vernichtet,
Meine Freiheit auszusprechen . . .

Solchen Tod laß mich gewinnen!
Herr, nach einem solchen Leben
Laß mich mit so klaren Sinnen
Dir die Seele wiedergeben!

Denn in deinen Händen liegen
Alle demutvollen Herzen,
Wie die Kindlein in den Wiegen,
Still entschlummert, ohne Schmerzen!

CHRISTOPH COLUMBUS

Unser Herr ist es, der mir den rechten Gedanken eingegeben, der auch seinen Beistand mir gewährt, das Werk zu gutem Ende zu vollbringen. Denn ich weiß es wohl, ich bin fest überzeugt, und auch nicht der Hauch eines Zweifels mischt sich in diese Überzeugung, daß die Hohe Majestät alles wirkt, was gut ist, daß außer der Sünde alles gut und kein Gedanke und kein Urteil über irgendwelche Sache verstattet ist ohne die Zustimmung von oben. Als Petrus ins Meer gesprungen war, ging er auf den Wassern, solange als sein Glaube fest blieb; die Berge werden dem gehorchen, der Glauben hat, und wäre er nicht größer als ein Hirsekorn; wer da glaubt, möge bitten und alles wird ihm gegeben werden; klopfet an, und es wird auch aufgetan. Auch heute braucht niemand sich zu fürchten, mit reiner Hand im Namen unseres Erlösers ein Unternehmen zu beginnen, das gerecht ist und mit edler Absicht in seinem Dienst vollbracht wird. Nach seinem Gefallen ist von unserm Herrn jedem Ding sein Zweck gesetzt, der Schutzherr ist er jedem Vermögen der menschlichen Natur. O wie über alles gut ist der Herr, der da will, daß die Menschen tätig seien, und sich aufmacht, ihnen auch die Mittel in die Hand zu geben! Tag und Nacht und jeden Augenblick sollen wir ihm danken in Demut.

Franz Eugen, Prinz von Savoyen

Ich glaube an dich, o mein Gott. Festige du meinen Glauben! Ich liebe dich. Entzünde du meine Liebe mehr und mehr! Ich bereue meine Sünden; aber vermehre du meine Reue!
Ich opfere dir sowohl meine Gedanken, Worte und Werke als auch mein Kreuz, meine Arbeit, mein Leiden. Mein Wunsch ist, dich allzeit im Herzen zu haben, damit ich meine Werke in deinem Namen tun und alles Unglück mit Geduld ertragen möge. Ich will nichts als was du willst, o Gott, und darum will ich es, weil es dein heiliger Wille ist. Gib mir die Gnade, daß ich aufmerksam in meinem Gebet, mäßig im Leben, wachsam und behutsam in meinem Tun und Lassen und in allem guten Vernehmen unerschütterlich bleibe.
Verleihe mir, o Gott, daß ich wahrhaft sei gegen diejenigen, so mir ihre Geheimnisse anvertrauen, daß ich bescheiden und wohltätig gegen alle Menschen, ihnen in Taten und Werken ein gutes Beispiel gebe.
Lenke mein Herz, deine Gnade zu bewundern und zu preisen, Irrtümer und Laster zu hassen, meinen Nächsten zu lieben und die Welt zu verachten. Stehe mir bei, gnädiger Gott, daß ich meine Begierde durch Kreuzigung des Fleisches, meinen Geiz durch Freigebigkeit, meinen Zorn durch Liebe und meine Kälte durch heißen Eifer überwinde. Mache mich geschickt, daß ich mich in allen Gelegenheiten klug, in Gefahr tapfer und unerschrocken, im Unglück geduldig und im Glück demütig bezeigen möge. Laß deine Gnade meinen Verstand erleuchten, meinen Willen lenken, meinen Leib heiligen, meine Seele segnen.
Mache mich fleißig in der Bezähmung meiner Leidenschaften, eifrig im Anrufen deiner Gnade, beständig im Streben nach meiner Seligkeit. Und endlich, o mein Gott, gib mir zu erkennen, wie gering die Welt, wie groß dein Himmel, wie kurz die Zeit und wie lang die Ewigkeit. Laß mich stets vor deinem Gerichte erschrecken! Laß mich der zeitlichen und ewigen Qual entfliehen und von dir, o Gott, das ewige Leben erhalten, durch das Verdienst Jesu Christi, unseres Herrn!

Franz von Assisi

Du höchster, mächtiger, guter Herr, dein ist der Lobpreis, Ruhm und Ehre und jeglicher Dank zumal: Erhabener, dir nur gebührt es, und kein Mensch ist würdig, dich nur zu nennen.
Gelobt seiest du, Herr, mit allen deinen Kreaturen, der edlen Herrin vor allem, Schwester Sonne, die uns den Tag macht und uns freundlich Licht durch ihn spendet. Schön ist sie in den Höhen und prächtig in mächtigem Glanze: Dein Gleichnis birgt sie, Erhabener.
Gelobet seist du, Herr, durch Bruder Mond und die Sterne. Du schufest sie, daß sie funkeln am Himmel köstlich und schön.
Gelobet seist du, Herr, durch Bruder Wind und Luft und Wolke und jegliches Wetter, mildes und anderes auch, wodurch du belebst, was du erschufest.
Gelobet seist du, Herr, durch Bruder Feuer: durch den du uns leuchtest in der Nacht. Es glühet mild und sprühet gewaltig und kühn.
Gelobet seist du, Herr, durch unsere Schwester, die Mutter Erde, die stark und gütig uns trägt und zeitigt mancherlei Frucht mit farbigen Blumen und Gras.
Gelobet seist du, Herr, durch die, so vergeben um deiner Liebe willen und Pein und Betrübnis geduldig tragen: Selig, die's überwinden in seinem Frieden! Sie werden gekrönt von dir, dem Höchsten.
Gelobet seist du, Herr, durch unsern Bruder, den leiblichen Tod, dem kein lebendiger Mensch entrinnt. Ach wehe, die sterben in ihren Sünden. Und selig, die er findet in deinem heiligsten Willen, denn sie berührt nicht der zweite Tod.
Lobet und preiset den Herrn und danket und dienet ihm in großer Demut.

Paul Gerhardt

Befiehl du deine Wege
Und was dein Herze kränkt,
Der allertreusten Pflege
Des, der den Himmel lenkt.

Der Wolken, Luft und Winden
Gibt Wege, Lauf und Bahn,
Der wird auch Wege finden,
Da dein Fuß gehen kann.

Dem Herrn mußt du vertrauen,
Wenn dir's soll wohlergeh'n,
Auf sein Werk mußt du bauen,
Wenn dein Werk soll besteh'n.

Mit Sorgen und mit Grämen
Und mit selbsteig'ner Pein.
Läßt Gott sich gar nichts nehmen,
Es muß erbeten sein.

Johann Wolfgang von Goethe

Der du von dem Himmel bist,
Alles Leid und Schmerzen stillest,
Den, der doppelt elend ist,
Doppelt mit Erquickung füllest,
Ach, ich bin des Treibens müde!
Was soll all der Schmerz und Lust?
Süßer Friede, Komm, ach komm in meine Brust!

JEREMIAS GOTTHELF

Vater, nimm unsern Geist jetzt schon in deine Gewalt, während wir deines Dienstes noch warten auf Erden. Zerstreue die düsteren Nebel, welche aus der Erde stammen und aus dem eigenen geängstigten Gemüt.

Erleuchte uns mit deiner Weisheit, daß in deiner Wahrheit wir alle Dinge sehen, und für alles das rechte Wort finden für uns und andere und zu jeder Zeit. Erfülle uns mit deiner Kraft, die nie müde, nie matt den Glauben an die Untrüglichkeit deiner Verheißungen festhält in jeder Prüfung. Laß uns nie untergehen die Hoffnung, daß nie nutzlos sei, was in deinem Namen getan wird, daß nie täusche das Vertrauen, das auf dich gesetzt wird.

Brenne an in unsern Herzen als heiliges Feuer die Liebe, die langmütig ist und freundlich, nicht mißgünstig ist, nicht Mutwillen treibt, sich nicht aufbläht. Die Liebe, die sich nicht ungebärdig stellt, nicht das Ihre sucht, sich nicht verbittern läßt, nicht nach Schaden trachtet. Die Liebe, die sich nicht freut an der Ungerechtigkeit, sondern an der Wahrheit. Die Liebe, die Alles verträgt, Alles glaubet, Alles hoffet, Alles duldet.

Diese Liebe gib uns, o Vater, als Begleiterin auf unserer Lebensbahn sie verkläre unser Herz und unser Leben, von hier aus flamme ihre Verklärung über unser Haus und unsere Gemeinde. Sie heilige all unser Tun, mildere unseren Eifer, sei unsere Trösterin bei den Urteilen der Welt und unseres Gewissens Gericht. Sie sei unsere Sonne, wenn es dunkel wird für uns auf Erden, und wenn der Leib zerfällt, so sei sie unsere Brücke, auf welcher der entbundene Geist in deine Arme eilt, o Vater, der du die Liebe bleibst von Ewigkeit zu Ewigkeit.

Andreas Gryphius

Der schnelle Tag ist hin, die Nacht schwingt ihre Fahn
Und führt die Sterne auf. Der Menschen müde Scharen
Verlassen Feld und Werk; wo Tier und Vögel waren,
Traurt itzt die Einsamkeit. Wie ist die Zeit vertan!

Der Port naht mehr und mehr sich zu der Glieder Kahn.
Gleichwie dies Lied verfiel, so wird in wenig Jahren
Ich, du, und was man hat, und was man sieht, hinfahren.
Dies Leben kommt mir vor als eine Rennebahn.

Laß, höchster Gott, mich doch nicht auf dem Laufplatz gleiten,
Laß mich nicht Ach, nicht Pracht, nicht Lust, nicht Angst verleiten.
Dein ewig heller Glanz sei vor und neben mir.

Laß, wenn der müde Leib entschläft, die Seele wachen,
Und wenn der letzte Tag wird mit mir Abend machen,
so reiß mich aus dem Tal der Finsternis zu dir!

Gustaf Adolf, König von Schweden

Ewiger, barmherziger Gott, Du hast aller Herzen in Deiner Hand. Mache sie frei von Feindseligkeit und Haß und allem Mißverstand und allen Irrungen. Bereite bald den Weg zum Frieden und Versöhnung. Wir haben es verdient, die Strafe für unsere Sünden zu empfangen. Herr, kehre zurück! Wie lange verweilst Du? Erbarme Dich über Deine Diener. Hilf uns, Gott, Du Gott unserer Erlösung, um Deines Namens, um Deiner Ehre willen! Rette uns und vergib uns unsere Sünden. Du, o Herr!, bist der Höchste in der ganzen Welt. Darum steht auch die Erde fest und schwankt nicht. Du bist langmütig und Deine Milde ist groß. Darum warten wir auf Dich. Wir wollen Dir danken, ewiglich, und Dein Lob verkünden von Geschlecht zu Geschlecht. Amen.

Dag Hammarskjöld

Geheiligt werde dein Name –
nicht der meine,
dein Reich komme –
nicht das meine,
dein Wille geschehe –
nicht der meine.

Gib uns Frieden mit dir,
Frieden mit den Menschen,
Frieden mit uns selbst
und befreie uns von Angst.

HILDEGARD VON BINGEN

O feuriger Gott Geist! Sei gepriesen! Du dröhnest mit Pauken und tönest mit Harfen.

Die Geister der Menschen lodern von dir, und ihre Kräfte hausen im Gezelt der Seele.

Von dann steigt der Wille auf und macht der Seele Lust, und Leuchte ist ihm seine Sehnsucht. Da ruft dich der Verstand mit zartem Klagen und errichtet dir Bauten mit seinem Sinnen, das in schimmernden Werken sich bemüht.

Aber du, immer hältst du bereit das Schwert, abzuhauen den dunkel mörderischen Wuchs aus jenem Apfel des Verderbens – wann Nebel liegt über dem Willen und den Sehnsüchten, in denen die Seele flattert und allenthalben in der Irre schweift.

Dann ist's am Geiste, in Bande zu schlagen den Willen und das Gesehene. Aber wenn sich reckt das Innerste, lüstern, dem Bösen in den Augenstern zu sehen, hart am Kinn der Niedertracht: dann brauchst du nur zu wollen, und du verbrennst es jäh im Feuer.

Und läßt sich, immer böse, unser Sinnen abwärts auf schüssiger Bahn, so bringst du's in Gezwäng und Gedräng und holst es in Erfahrungen, die du verhängst, zurück.

Aber zieht das Böse gegen dich sein Schwert, dann wendest du's zum Stoße in sein eigenes Herz, wie du es dem Ersten der Engel, dem verlorenen, getan, als du den Turm seines Hochmuts in die Hölle warfst. Einen andern Turm hast du dafür aufgerichtet, den aus Zöllnern und Sündern, welche Fehl und Untat ihres Wandels vor dir bekennen.

Darum loben dich alle Kreaturen, die da leben von dir: denn du bist köstliche Salbung, wo Zerbrochenes klafft und Wunden schwären – bis deine Hand sie wandelt in köstliches Juwel. Nun gib es, daß wir uns alle scharen zu dir, und weise uns die rechte Fahrt.

Amen in Ewigkeit.

RICARDA HUCH

Herrgott, ich bin allein zu schwach,
Hilf mir in diesem Streite,
Sei du durch dieses Ungemach
Des schwanken Schritts Geleite.
Die Hände dein sind voller Glut,
Voll eitel Kraft und Leben.
Mein Herz erstirbt; gib neuen Mut,
Der Hölle zu entschweben.

Herrgott, es steigt der trübe Schwall
Zum Halse mir zum Ersticken,
Laß deiner Stimme Frühlingsschall
Mich hören und erquicken.
Mach, daß die Flut mich nicht verschlingt,
Daß unter deinem Schirme
Ich auf den Wellen starkbeschwingt
Wie eine Schwalbe stürme.

Hier lacht kein Freundesangesicht,
Der Sterblichen Gebete
Vergingen wie ein qualmend Licht,
Wenn nicht dein Hauch hier wehte.
Herrgott, mein töricht Wunsch und Wahn
Weiß nicht, was Nutz und Schade;
Was mir von dir wird angetan,
Sieg oder Tod, das nehm ich an,
Das fließt vom Quell der Gnade.

Johann Hus

O du allergnädigster Herr Jesus Christus! Ziehe uns Schwache zu dir; denn wo du uns nicht ziehen wirst, so können wir nicht folgen. Gib uns einen starken Geist, der da willig sei, obgleich das Fleisch schwach ist, daß es doch durch deine Hilfe folge. Denn ohne dich vermögen wir nichts zu tun, am allerwenigsten um deinetwillen in den Tod zu gehen. Gib uns einen willigen Geist, ein unerschrokkenes Herz im rechten Glauben, eine feste Hoffnung, daß wir um deinetwillen auf das geduldigste und mit Freuden von uns legen unser Leben! Amen.

Johann Kepler

Erhaben sind die Werke Gottes, mit Lust beschaut von allen, die sie lieben. Ich danke dir, mein Schöpfer und Herr, für die Freude, die du mir an deiner Schöpfung geschenkt hast, – für diese Verzückung über die Werke deiner Hände. Wenn ich irgend etwas gesagt habe, das deiner ganz unwürdig wäre, oder wenn ich je meinen eigenen Ruhm gesucht habe, dann vergib mir gnädiglich.

SÖREN KIERKEGAARD

Vater im Himmel! Was ist doch ein Mensch ohne dich! Wie ist alles, was er weiß, nur ein Bruchstück, wenn er dich nicht kennt; wie ist all sein Streben, wäre es auch weltumspannend, nur eine halbfertige Arbeit, wenn er dich nicht kennt, dich, den Einen, der Eines ist und Alles! So gib du dem Verstande Weisheit, das Eine zu fassen, dem Herzen Aufrichtigkeit, das Verstandene anzunehmen, dem Willen Reinheit, nur Eines zu wollen: gib du in guten Tagen Beharrlichkeit, nur Eines zu wollen, in Leiden Geduld, nur Eines zu wollen. O du, der du beides gibst, das Anfangen und das Vollenden, gib es zeitig, wenn der Tag graut, dem Jüngling zum Entschluß, daß das Letzte wie das Erste und das Erste wie das Letzte sein möge, das Leben dessen, der nur Eines wollte. Ach, aber es ist ja nicht so; es kam ja etwas dazwischen, die Sünde hat sich trennend dazwischen gelegt, tagtäglich kommt etwas dazwischen: die Verzögerung, der Stillstand, die Unterbrechung, die Verirrung, das Verderben. So gib du in der Reue Freimütigkeit, wieder Eines zu wollen. Wohl ist es eine Unterbrechung des Tagwerkes, wohl ist es ein Stillstand der Arbeit, als wäre es ein Ruhetag, wenn der Reuige und nur in der Reue mühselig Arbeitende in der Erkenntnis der Sünde zur Ruhe kommt, in der Selbstanklage vor dir allein ist; ach, es ist ja aber eine Unterbrechung, die zu ihrem Anfang zurücksucht, daß sie wieder das Getrennte zusammenbinden möge, daß sie in ihrer Sorge das Versäumte nachholen möge, daß sie in ihrer Bekümmernis das Voranliegende vollbringen möge. O, du, der du sowohl das Anfangen wie das Vollenden gibst, gib du den Sieg am Tage der Not, damit, was dem brennenden Wunsche, dem entschlossenen Vorsatz nicht gelang, dem in der Reue Betrübten doch gelingen möge: nur Eines zu wollen.

JOHANN CASPAR LAVATER

Herr Gott, ich bin vor deinen Augen; laß mich daran gedenken, wo ich stehe und gehe!
Herr, mein Gott! Die Sünde ist ein ewiges Gift; bewahre mich vor allen Versuchungen zur Sünde!

Du bist heilig, o mein Gott; hilf mir durch deinen Geist dir ähnlich werden. Laß mich hassen, was du hassest und lieben, was du liebest!

Laß es mich nie vergessen, o Jesu Christe, was ich dir zu danken habe. Wer kann deine Liebe aussprechen? Du bist für uns Menschen gestorben; als ein Missetäter angeheftet an einem Kreuze, du Heiliger und Unschuldiger, gestorben! Du bist gehorsam gewesen bis zum Tod, auf daß du allen denen, die dir gehorsam sind bis in den Tod, eine Ursache der ewigen Seligkeit werdest. Ich danke dir; ich bete dich an; ich wünsche dir hier in der Gottseligkeit, dort in der Herrlichkeit ähnlich zu werden.
Hilf mir dazu, und schenke mir deinen Geist, ohne den ich nichts Christliches, und durch den ich alles vermag.

Laß mich die Kürze meiner Lebenszeit, die Ungewißheit des Todes und das unausbleibliche Gericht wohl erwägen, wo alle meine Taten und Gedanken offenbar werden, wo mir ewig nach meinen Werken vergolten werden soll.

O mein Gott, erbarme dich meiner und aller Menschen. Laß uns täglich besser, heiliger und glückseliger werden durch Jesum Christum!
Amen.

MARTIN LUTHER

Allmächtiger, ewiger Gott! Wie ist es nur ein Ding um die Welt! Wie sperrt sie den Leuten die Mäuler auf! Wie klein und gering ist das Vertrauen der Menschen auf Gott! Wie ist das Fleisch so zart und schwach, und der Teufel so gewaltig und geschäftig durch seine Apostel und Weltweisen! Wie zieht sie so bald die Hand ab, und schnurrt dahin, lauft die gemeine Bahn und den weiten Weg zur Hölle zu, da die Gottlosen hingehören; und siehet nur allein bloß an, was prächtig und gewaltig, groß und mächtig ist und ein Ansehen hat. Wenn ich auch meine Augen dahin wenden soll, so ist's mit mir aus, die Glocke ist schon gegossen, und das Urteil gefällt.

Ach Gott! Ach Gott! O du mein Gott! Du, mein Gott, stehe du mir bei, wider aller Welt Vernunft und Weisheit. Tue du es; du mußt es tun, du allein. Ist es doch nicht mein, sondern deine Sache. Hab ich doch für meine Person allhie nichts zu schaffen und mit diesem großen Herrn der Welt zu tun. Wollt ich doch auch wohl gute geruhige Tage haben und unverworren sein. Aber dein ist die Sach, Herr, die gerecht und ewig ist. Stehe mir bei, du treuer, ewiger Gott! Ich verlasse mich auf keinen Menschen. Es ist umsonst und vergebens, es hinket alles, was fleischlich ist und nach Fleisch schmeckt.

Gott, o Gott! Hörest du nicht, mein Gott? Bist du tot? Nein, du kannst nicht sterben, du verbirgst dich allein. Hast du mich dazu erwählet? Ich frage dich; wie ich es denn gewiß weiß; ei so walt es Gott! denn ich mein Lebenlang nie wider solche große Herrn gedacht zu sein, habe mir es auch nie vorgenommen. Ei, Gott, so stehe mir bei in dem Namen deines lieben Sohns Jesu Christi, der mein Schutz und Schirm sein soll, ja meine feste Burg, durch Kraft und Stärkung deines Heiligen Geistes.

Herr, wo bleibest du? Du, mein Gott, wo bist du? Komm, komm, ich bin bereit, auch mein Leben darum zu lassen, geduldig, wie ein Lämmlein. Denn gerecht ist die Sache und dein; so will ich mich von dir nicht absondern ewiglich. Das sei beschlossen in deinem Namen. Die Welt muß mich über mein Gewissen wohl ungezwungen lassen, und wenn sie noch voller Teufel wäre, und sollte mein Leib, der doch zuvor deiner Hände Werk und Geschöpf ist, darüber zu Grund und Boden, ja zu Trümmern gehen; dafür mir aber dein Wort und Geist gut ist. Und ist auch nur um den Leib zu tun; die Seele ist dein, und gehört dir zu, und bleibet auch bei dir ewig, Amen. Gott helfe mir, Amen.

JAMES CLERK MAXWELL

Allmächtiger Gott, der du den Menschen nach deinem Ebenbilde geschaffen und ihm eine lebende Seele gegeben hast, daß er dich suchen und über deine Geschöpfe herrschen soll, lehre uns die Werke deiner Hände so erforschen, daß wir die Erde zu unserem Gebrauch unterwerfen und unsere Vernunft für deinen Dienst kräftigen, und laß uns dein heiliges Wort also aufnehmen, daß wir an jenen glauben, den du gesandt hast, uns die Wissenschaft des Heiles und die Vergebung unserer Sünden zu geben. Worum alles wir bitten in dem Namen desselben Jesus Christus, unseres Herrn.

JOHN MILTON

Wie groß sind Deine Werke, Jehovah!
Endlos ist Deine Kraft! Welch' ein Gedanke
Kann fassen Dich und welches Wort Dich schildern!
Wer Dich vermindern will, hilft wider Willen
Nur mehr noch Deine Wunder offenbaren,
Denn aus dem Bösen schaffst Du Gutes nur –
Wie diese Welt – sie dehnt sich unermeßlich
Mit unzähligen Sternen, deren jeder
Dann wieder wie ein Lebenszentrum ist;
Du nur hast jedem seine Zeit bestimmt:
Darunter ist der Menschen Sitz, die Erde,
Die als holdsel'ge Wohnung Meer umfließt.
Dreimal beglückte Menschen, samt den Kindern,
Die Gott erwählt, nach seinem Bilde schuf,
Um dort zu wohnen und ihn anzubeten;
Zum Lohn dafür dort über seine Werke
Weit über Erde, Luft und Meer zu herrschen –
Ja, dreimal selig, dreimal selig sie,
Wenn sie, ihr Glück erkennend, Tugend lieben!

THOMAS MORUS

Verleih mir, o Gott, das lebhafte Verlangen bei dir zu sein, nicht um von den Mißgeschicken dieser Welt befreit zu werden, nicht, um den Flammen des Fegefeuers oder der Hölle zu entgehen, ja nicht einmal um die Freuden des Himmels zu erlangen und zu genießen, endlich nicht wegen meines eigenen Vorteils, sondern einzig und allein aus Liebe zu dir.

FRIEDRICH NIETZSCHE

Noch einmal, eh' ich weiterziehe
und meine Blicke vorwärts sende,
heb' ich vereinsamt meine Hände
zu dir empor, zu dem ich fliehe,
dem ich in tiefster Herzenstiefe
Altäre feierlich geweiht,
daß allezeit
mich deine Stimme wieder riefe.

Darauf erglüht tief eingeschrieben
das Wort: Dem unbekannten Gotte.
Sein bin ich, ob ich in der Frevler Rotte
auch bis zur Stunde hin geblieben;
sein bin ich – und ich fühl' die Schlingen,
die mich im Kampf darniederziehn
und, mag ich fliehn,
mich doch zu seinem Dienste zwingen.

Ich will dich kennen, Unbekannter,
du tief in meine Seele Greifender,
mein Leben wie ein Sturm Durchschweifender,
du Unfaßbarer, mir Verwandter!
Ich will dich kennen, selbst dir dienen!

Nikolaus von Flüe

Vater unser, ewiger Vater der Barmherzigkeit, du bleibst immer ein lieber, getreuer Vater deinen gläubigen und gehorsamen Kindern und hast dich selbst zum Diener und Helfer der armen Menschen auf dieser Erde gemacht: laß uns von unseren Sünden bekehrt, deine gehorsamen Kinder sein!

Wir bitten dich, himmlischer Vater, für alle Gläubigen; laß sie durch deine Erkenntnis und die Heiligung ihres Lebens einen dir wohlgefälligen Wandel führen, daß wir nimmer geschieden werden von deinem Reiche, sondern dein göttlicher Name von uns und in uns geheiligt werde zu Lob und Ehren deiner Majestät.

Herr Jesu Christe, wir bitten dich nicht um das Reich der Welt, das vergänglich ist, sondern wir bitten dich um das Reich, das immerfort währet, darin kein Mangel und kein Gebrechen sein kann und wo die lieben Engel dich schauen und loben von Angesicht zu Angesicht.

Dein göttlicher Wille, der allzeit heilig und heilsam ist, werde vollkommen an uns vollbracht, in Reichtum wie auch in Armut, in Trübsal wie in Wohlfahrt, im Leben wie auch im Sterben.

Getreuer Herr Jesu Christe, wie bitten dich auch, daß du uns gnädig erhaltest und uns dich selbst zur geistlichen Speise gebest, daß wir mit dir vereinigt bleiben.

Vergib uns unsere Schuld! Nachdem wir allen vergeben, die uns auf Erden Leid und Unrecht getan, wollest auch du uns alles vergeben, was wir gesündigt haben wider deinen göttlichen Willen und unsere Nächsten.

Und weil wir Menschen hienieden schwach sind, so behüte uns, Herr, vor allen schädlichen Anfechtungen, vor Teufels Arglist, Fleisches Begierden und der Welt Falschheit und Trug. Und erlöse, Herr Gott, mich selbst und alle Christen von dem Übel des Leibes und der Seele. Amen.

NOVALIS

Wenn alle untreu werden,
So bleib ich dir doch treu,
Daß Dankbarkeit auf Erden
Nicht ausgestorben sei.
Für mich umfing dich Leiden,
Vergingst für mich in Schmerz;
Drum geb ich dir mit Freuden
Auf ewig dieses Herz.

Oft muß ich bitter weinen,
Daß du gestorben bist
Und mancher von den Deinen
Dich lebenslang vergißt.
Von Liebe nur durchdrungen
Hast du so viel getan,
Und doch bist du verklungen,
Und keiner denkt daran.

Du stehst voll treuer Liebe
Noch immer jedem bei;
Und wenn dir keiner bliebe,
So bleibst du dennoch treu;
Die treuste Liebe sieget,
Am Ende fühlt man sie,
Weint bitterlich und schmieget
Sind kindlich an dein Knie.

Ich habe dich empfunden,
O lasse nicht von mir;
Laß innig mich verbunden
Auf ewig sein mit dir.
Einst schauen meine Brüder
Auch wieder himmelwärts
Und sinken liebend nieder
Und fallen dir ans Herz.

Blaise Pascal

Herr, dein Geist ist so gut und lieblich in allen Dingen, du bist so barmherzig, daß nicht nur das Heil, sondern sogar das Unheil, das über deine Auserwählten kommt, eine Wirkung deiner Barmherzigkeit ist: Erweise mir die Gnade, daß ich nicht wie ein Heide handle in dem Zustand, in den deine Gerechtigkeit mich versetzt hat; daß ich wie ein wahrer Christ dich als meinen Vater und meinen Gott erkenne, in welcher Lage ich auch sein mag, denn die Veränderung meines Zustandes verändert den deinen nicht: du bist immer der gleiche, ob auch ich ein Opfer der Veränderung bin; du bist nicht weniger Gott, wenn du heimsuchst und strafst, als wenn du tröstest und Nachsicht übst.

Philippus Paracelsus

Du hast uns die Liebe als Arznei gegeben, o Gott und willst, daß der Arzt in dieser Liebe eingeschlossen sei, um den Kranken zu heilen. So wie Deine Liebe kein Ende hat, soll auch unser Forschen und Dienen kein Ende haben. Ohne Deine Hilfe ist der Arzt machtlos, aber mit Dir vermag er das Höchste. Du bedienst Dich unser, weil Du selber gern im Verborgenen bleibst. Dein Wille ist, daß Du durch uns die Kranken heilst. Du gießest in das Herz ein Freude am ewigen Leben und jeder, der an Dich glaubt, wird lebendig auferstehen und den Tod nicht schmecken. Du hast im Menschen die Kräfte aller Elemente geheimnisvoll zusammengefaßt, so wie ein Arzt, der aus den Säften der Kräuter die Kraft zum Heilen zieht. Laß mich alles zum Nutzen der Kranken nach bestem Vermögen und Urteil anordnen, alles Schädliche von ihnen fernhalten. Laß mich heilig und rein meine Kunst und mein Leben bewahren. Amen.

Francesco Petrarca

Erbarme dich, o Herr, meiner Schmerzen, genug und übergenug habe ich mich abgehärmt und welk bin ich geworden, ich Armer, am Mahle meiner Sünden.

Und was bleibt dem Betrübten? Nutzlos verstrich meine Zeit und mein Leben habe ich ausgegeben in eitlen Sorgen und Raten.

Der Tod steht vor meinen Augen und mein letztes Haus, das Grab, der Hölle Zähneknirschen und Heulen. Wie lange hat mich der heutige Tag geäfft mit der Hoffnung auf den morgenden? Wann will ich anfangen, zu dir zurückzukehren?

Bring zur Ruh die Stürme und Fluten meiner Seele! Senk hellen Rat in mein Herz und setze ein Ende meinen Mühen!

Führe mich zurück auf deinen Wegen noch vor Sonnenuntergang, denn es ist Abend geworden und die Nacht ist der Diebe Freundin.

Zwinge mich zu gehen, wenn es zu wenig ist, mich zu rufen! Doch wie es dir gefällt. Laß mich nur nicht zugrunde gehen!

Denke daran, Herr, dich meiner zu erbarmen! Komm mir zuhilfe, denn du allein kennst unser Elend.

Girolamo Savonarola

Du allgewaltiger Gott, du weißt,
was meinem Tun allein gebricht,
was meines Sehnens Not.
Nicht Gold erbitt ich und kein Zepter,
wie der vor Habgier Blinde,
noch Stadt, noch Burg, noch schimmerndes Gestade,
nur dies: wo ich dich finde, schlag in mein Herz
die Wunde deiner Gnade.

Reinhold Schneider

Allein den Betern kann es noch gelingen,
Das Schwert ob unsern Häuptern aufzuhalten
Und diese Welt den richtenden Gewalten
Durch ein geheiligt Leben abzuringen.

Denn Täter werden nie den Himmel zwingen;
Was sie vereinen, wird sich wieder spalten,
Was sie erneuern, über Nacht veralten,
Und was sie stiften, Not und Unheil bringen.

Jetzt ist die Zeit, da sich das Heil verbirgt,
Und Menschenhochmut auf dem Markte feiert,
Indes im Dom die Beter sich verhüllen,

Bis Gott aus unsern Opfern Segen wirkt.
Und in den Tiefen, die kein Auf entschleiert,
Die trocknen Brunnen sich mit Leben füllen.

KARL ROMAN SCHOLZ

Du bist die Kraft, durch die ich alles trage –
Du bist die Wahrheit, die ich mutig sage.
Du bist das Leben, das ich sühnend gebe.
Du bist der Tod, aus dem ich ewig lebe.

LEO STATZ

Schaffe mir Recht, Herr, hör, wie ich flehe,
Trenne nicht meine glückliche Ehe.
Weißt, wie ich liebe, hänge am Leben,
Hast mir selber die Liebe gegeben.
Reiß' nicht gewaltsam den Vater vom Sohne,
Einmal die Liebe durch Gnade belohne,
Einmal nur Gnade und Wahrheit bescheide –
Herrgott, du siehst, wie ich kämpfe und leide.
Einmal laß' jetzt deine Allmacht walten,
Dankbar will ich die Hände falten,
Dich noch inniger lieben und ehren.
Kannst du mir dieses Flehen verwehren?
Aber ich weiß, wie deine Gerichte
Unbegreiflich oft führen zum Lichte,
Wie du leitest auf göttlichen Wegen
Alles unfaßbar zum menschlichen Segen.
Göttliche Weisheit, wie ich auch flehe,
Fordere und bitte – „Dein Wille geschehe".

AUGUST STRINDBERG

O Ewiger! Nicht laß ich deine Hand,
die harte, los, bis du mich segnest!
O segne deine Menschheit, Herr!
die leidet, leidet durch des Lebens Gabe!
Vor allem mich, der ich am meisten litt am Schmerze,
nicht der zu sein, der ich zu sein gewünscht.

THOMAS VON AQUIN

Gewähr mir, ich bitte dich, Allmächtiger und Allerbarmer Gott, die Gnade, glühend zu ersehnen, weise zu erforschen und vollkommen zu erfüllen, was immer wohlgefällig ist vor dir.

Lenke meinen Weg in der Weise zum Ruhme deines Namens. Und gewähre mir für alles, was du von mir verlangst, die rechte Einsicht, Willen und Vermögen, daß ich es so vollbringe, wie ich soll, und laß meinen Weg zu dir, ich bitte dich, sicher, gerade und vollkommen sein bis zum Ende. Gib mir, o Herr, ein festes Herz, das keine unwürdige Leidenschaft niederzieht; gib mir ein unüberwindliches Herz, das keine Trübsal niederbeugt; gib mir ein aufrechtes Herz, das kein niedriges Streben auf Abwege bringen kann. Erfülle mich auch, o Herr, mein Gott, mit Verstand, dich zu erkennen, mit Eifer, dich zu suchen, mit Weisheit, dich zu finden, mit einer Treue, daß ich am Ende dich umarmen darf.

Thomas a Kempis

O guter Jesus, wann werde ich vor dir stehen, dich zu schauen? Wann werde ich anstaunen die Herrlichkeit deines Reiches? Wann wirst du mir alles in allem sein? O, wann werde ich bei dir sein in dem Reiche, das du deinen Geliebten von Ewigkeit her bereitet hast?

Ich bin verlassen, arm und verbannt hier in feindlichem Lande, wo es tägliche Kriege gibt und Mißgeschicke. Gib Trost in meiner Verbannung, lindere meinen Schmerz; denn nach dir seufzt all mein Sehnen. O, was leide ich in meinem Innern, wenn ich im Geiste mit Himmlischem mich beschäftige und alsbald ein Schwarm fleischlicher Gedanken mir während des Gebetes entgegentritt? Mein Gott, entferne dich nicht von mir und wende in deinem Zorne dich nicht von deinem Knechte ab. Laß deine Blitze leuchten und zerstreue sie. Drücke deine Pfeile los und verjage alle Eingebungen des Feindes! Sammle meine Sinne in dir; laß mich alles Weltliche vergessen und gib, daß ich alle Trugbilder der Sünde schnell entferne und verachte. Eile mir zu Hilfe, ewige Wahrheit, daß keine Eitelkeit auf mich Eindruck mache.

Komm, himmlische Wonne, und entfernen soll sich vor deinem Angesicht jede Unreinigkeit. Verzeih mir auch und vergib barmherziglich, so oft ich im Gebete an anderes als an dich denke. Denn ich bekenne in Wahrheit, daß ich sehr zerstreut zu sein pflege. Oft nämlich bin ich nicht da, wo ich körperlich stehe oder sitze, sondern dort, wohin meine Gedanken mich tragen.

FRANÇOIS-MARIE DE VOLTAIRE

O Gott, den man verkennt, o Gott, den alles kündet,
O höre Du das letzte Wort, das aus mir mündet.
Ich suchte doch den Weg zu Dir, wenn ich verirrte,
Erfüllt von Dir war doch das Herz, das sich verwirrte.
Ich sehe ohne Ängste schon den ewigen Schimmer,
Ich glaube nicht, daß Gott, der mich der Erde schenkte,
Daß Gott, der meinen Tag mit seiner Güte tränkte,
Mich, wenn ich ausgelöscht bin, quälen will für immer.

WALTER VON DER VOGELWEIDE

Mit Segen laß mich heut aufstehn, / Herr Gott in deinem Schutze gehn / Und reiten, wohinaus mein Weg sich kehre. / Herr Christ, durch mich gib an den Tag, / Was deiner Güte Kraft vermag, / Und steh mir bei zu deiner Mutter Ehre.

Wie ihr der Engel half, der gute, / Und dir, der in der Krippe ruhte, / Jung als Mensch, als Gott so alt, Demütig vor dem Esel und dem Rinde; / Und doch mit himmlisch treuem Sorgen / Hielt dich Gabriel geborgen, / Ganz in Treue ohne Spott. / So schütz auch mich, daß man nicht falsch mich finde / Noch lässig gegen Dein Gebot.

WALT WHITMAN

Zu Deinem Geist erhebt sich meiner, geliebter Bruder.
Gib nicht acht darauf, daß so viele Deinen Namen aussprechen, ohne Dich zu verstehen.
Ich spreche Deinen Namen nicht aus,
doch im Herzen fühle ich mit Dir.
Mit Freude will ich, mein Gefährte!
Dich begrüßen und die Deinen vor und nach Deiner Zeit,
wie auch in der Zukunft;
wir wirken alle miteinander und überliefern
den gleichen Beruf
– immer wieder erneut.
Wir wenigen Ähnlichen aus allen Ländern und
allen Zeiten;
wir, die wir alle Kontinente umfassen,
alle Kasten und Theologien gestalten;
wir, Erbarmenden, Erkennenden,
wir Einiger der Menschheit;
schweigend schreiten wir durch Auseinandersetzungen
und Dispute,
verurteilen keinen Streitenden, noch irgendeine Ansicht;
wir hören Geschrei und Tumult;
Spaltungen suchen uns heim,
Eifersucht und Anklage von allen Seiten;
drohend umkreisen sie uns, uns einzuschüchtern,
mein Gefährte;
trotzdem wandern wir unaufhaltsam,
frei über die ganze Erde,
ziehen hin und her, bis wir unsere unlöschbare Spur
auf alle Zeiten und Äonen geprägt haben;
bis wir Zeiten und Äonen durchglüht haben,
bis Männer und Frauen aller Rassen,
in kommenden Jahrhunderten, gleich uns
vereint sind als Brüder und Liebende.

WOLFRAM VON ESCHENBACH

Makelloser, Reiner,
du Drei und doch Einer,
aller Wesen Schöpferwille,
ohn Ursprung deine ewige Fülle
auch ohne Ende bleibet.
Wenn die von mir vertreibet
Gedanken, die verderblich sind,
so bist du Vater und bin ich Kind,
hoch edel ob aller Edelkeit.
Es tue deiner Allmacht leid,
das decke mit Erbarmen zu,
was Unrecht, Herr, ich vor dir tu.
Laß, Herre, mich nicht übersehen,
was mir an Heil und Huld geschehen,
an Seligkeit, die endelos.
Dein Kind und dein Sippengenoß
bin ich, dir ganz ungleicher:
ich armer und du reicher.
Versippt in deiner Menschlichkeit,
doch teilhaft deiner Göttlichkeit
das Vaterunser mich nennet,
als Kind mich anerkennet.
So gib die Taufe mir den Trost,
der aus Verzweiflung mich erlost:
ich habe felsenfesten Sinn,
daß ich deines Wesens bin:
das der Weisheit Weisheit ist:
Du bist der Christ, ich bin ein Christ!

HULDRICH ZWINGLI

Hilf, Herr Gott, hilf in dieser Not!
An meine Tür klopft an der Tod.
Steh' du mir bei zu dieser Frist,
Herr Jesu Christ,
der du des Todes Sieger bist!

Ist es dein Will', zieh aus den Pfeil,
der mich verwundet; hilf und heil'.
Rufst du zum frühen Tode mich,
der Ton bin ich;
Mach' ganz ihn oder ihn zerbrich.

Nimmst du den Geist von dieser Erd',
Tust du's, daß er nicht böser werd',
und daß er frommen Herzen nicht
mit falschem Licht
entwende Trost und Zuversicht.

VII. Gebete verschiedener Völker und Nationen

Texte nichtchristlicher Religionen in einem Buch für die christliche Familie, die kirchliche Gemeinde, den einzelnen innerhalb der Gemeinschaft christlicher Konfessionen? Christlicher Glaube hat zu allen Zeiten das Problem gehabt, sich von anderen Religionen zu unterscheiden, ohne diese zu verachten oder zu vernichten.

Das Gebot der Mission wurde in vergangenen Jahrhunderten häufig über das Gebot der Nächstenliebe gestellt, formale Kriterien wurden höher bewertet als menschliche, Rigidität war stärker als Toleranz.

Die zuweilen verwirrende Ähnlichkeit der Gottesvorstellungen, der Anredeformen und der Gebetsinhalte in Gebeten von „Heiden" und Christen soll nicht dazu verleiten, hinter allen Bekenntnissen ein Gemeinsames, die Suche nach einem höheren Wesen, zu sehen und damit den christlichen Glauben zu relativieren. Doch dieser Glaube kann in einer Welt pluralistischer Denkweisen und Weltanschauungen nicht einen Alleinvertretungsanspruch erheben, der andere Bekenntnisse ignoriert.

Die Auseinandersetzung mit Religionen anderer Völker und Nationen ist für den Christen Anlaß, sich seiner Verantwortung für die Welt bewußt zu werden – einer Welt, die in ihrer Vielfalt Schöpfung Gottes ist – und sich zugleich des spezifisch Christlichen seines Glaubens zu versichern.

O GROSSER GEIST,
dessen Stimme ich in den Winden vernehme
und dessen Atem der ganzen Welt Leben spendet,
höre mich.

Ich trete vor dich hin
als eines deiner vielen Kinder.
Ich bin klein und schwach.
Ich bedarf deiner Kraft und Weisheit.

Laß mich in Schönheit wandeln
und laß meine Augen immer den roten
und purpurnen Sonnenuntergang schauen.
Laß meine Hände die Dinge verehren,
die du gemacht hast,
und meine Ohren deine Stimme hören.

Schenke mir Weisheit,
damit ich die Dinge, die du mein Volk gelehrt hast,
und die Lehre, die du in jedem Blatt und jedem Felsen
verborgen hast, erkennen kann.

Nicht um meinen Brüdern überlegen zu sein,
suche ich Kraft,
sondern um meinen größten Feind
bekämpfen zu können – mich selbst.
Mache mich immer bereit,
mit reinen Händen und geradem Blick zu dir zu kommen,
damit mein Geist,
wenn einst mein Leben verblaßt
wie die untergehende Sonne,
zu dir kommen kann.

Nordamerika, Abendgebet der Sioux-Indianer.

Möge ich im Tempel, im Palast des Feuers
meinen Ahnen keine Schande machen!
Hinuntersteigend dort möge ich meinen Ahnen
keine Schande machen!
Ich befestige ein Tau am heiligen Baum, ich schlinge es
in acht Schlingen, damit ich, der Zauberer,
darauf in das Haus meines Zaubers niedersteigen kann.
Beginnt euren Gesang im Hause des Feuers,
stimmt den Gesang im Hause des Feuers an und ruft:
„Warum erscheint der göttliche Zauberer nicht?“
„Warum erhebt sich der göttliche Zauberer nicht?“
Sein Volk soll ihm beistehen im Haus des Feuers.
Er erscheint! Er erscheint!
Sein Volk soll ihm beistehen.
Daß seine Diener im Hause des Feuers den Gesang
nie verstummen lassen!
Daß sie mit Macht jubeln! Daß sie köstlich tanzen!
Rufet die Herrin mit den üppigen Haaren an,
durch deren Macht Nebel und Regen sisnd;
rufet die Herrin an.

Mexiko, Hymne auf Ixcozauhqui, den Gott des Jahres und des Feuers

Morgen ist wieder der Tag,
morgen ist wieder das Sonnenlicht.
Ich weiß nicht mehr, wo ich dann sein werde.
Wer ist meine Mutter, wer ist mein Vater?
Nur Du, o Gott, Du siehst mich,
Du beschützest mich auf jedem Wege,
in jeder Dunkelheit,
vor jedem Hindernis, das Du verstecken,
das Du beseitigen mögest.
Du o Gott, Du mein Herr, Du Herr der Berge und Täler!

Mittelamerika, Abendgebet der Kekchi-Indianer

O SCHÖPFER, der du die Nacht werden läßt,
die Morgenröte, den Tag und den Sonnenuntergang,
gewähre deinem Sohne, dem Sonnengott,
daß er beim Aufgehen alles in Frieden erblickt.
Behüte ihn, daß er den Menschen, die du erschaffen hast,
Licht spenden kann.
O Schöpfer, o Gott der Sonne, der du
in Heil und Frieden weilst,
erleuchte dieses Volk und erhalte es immer gesund
und glücklich.

Südamerika, An den Schöpfer als Vater der Sonne

GOTT hilf uns; wir wissen nicht,
ob wir morgen noch leben, wir sind in Deiner Hand.

Karibik, Morgengebet der Tambus

URANOS, Allerzeuger, des Alls
Ewig unzerstörbarer Teil
Erstgeborener, Anfang und Ende
Aller Dinge, Beherrscher der Welt,
Der in Kugelgestalt
Um die Erde sich rundet!
Haus der seligen Götter,
Wandernd in kreisender Drehung,
Allumschlingendes Band,
Wächter von Äther und Erde –
Du bewahrst in der Brust der Natur
Zwingende, grause Notwendigkeit.
Schimmernd in bläulich-dunkler Haut,
Unbezwingliche Luftgestalt,
Kronos' allsehender Vater,
Höre uns, höchster, seliger Daimon!
Strömen laß ich lebendige Weihe
Auf die Neugeweihten herab!

Griechenland, Gebet an Uranos, der Herr des Himmels

O VIRACOCHA, Herr des Universums,
magst du männlich sein,
magst du weiblich sein,
Herr der Wiedererzeugung,
was immer du sein magst,
Herr der Voraussage,
wo bist du?
Du kannst oben sein,
du kannst unten sein,
oder vielleicht um deinen glänzenden Thron
oder dein Zepter schwebend!
O höre mich!
Von deinem Himmel da droben,
in dem du vielleicht weilst,
Schöpfer der Welt;
der du alle Menschen erschaffen hast;
Herr aller Herren,
meine Augen verlassen mich
in meiner Sehnsucht, dich zu sehen;
und schon durch mein Verlangen, dich zu erkennen.
Könnte ich dich betrachten,
könnte ich dich erkennen!
O sende deinen Blick auf mich herab,
denn du kennst mich.
Die Sonne, der Mond,
der Tag, die Nacht,
der Frühling, der Winter
an ihrem bestimmten Ziele an:
wo immer es dir gefällt.
Dein königliches Zepter
hältst du.
Höre, erwähle mich!
Laß nicht zu,
daß ich müde werde,
daß ich sterbe . . .

Peru, Große Hymne auf Viracocha

LASSET mit Gott, mich beginnen.
Seines Namens, ihr Freunde,
dürfen wir nimmer vergessen.
Gottes voll sind die Wege,
voll die Märkte der Menschen,
Häfen und Meere.
Gottes bedürfen wir alle,
immer und überall.
Sind wir doch seines Geschlechtes.
Freundlich gibt er uns Weisung,
rufet das Volk an die Arbeit,
mahnend zum Werk, das uns nähret,
wann die Erde gepflügt und gegraben,
wann die Reben behäufelt werden,
jeder Same gesät sein will.
Dafür hat er am Himmel Sterne befestigt,
Bilder gesondert,
und im Verlaufe des Jahres
kommen sie alle und mahnen,
daß die Gaben der Horen
alle gedeihen zu ihrer Zeit.
Und so huldigt ihm immer
Eingang und Ausgang.
Vater, sei mir gegrüßt,
wunderbarstes der Wunder,
höchstes Heil für die Menschen.
Dir mein Gruß,
Dir und den Göttern,
unseren älteren Brüdern.

Griechenland, Gebet des Aratos von Soli (320–240 v. Chr.)

HÖRT mich, ihr Götter,
ihr führt ja das Steuer der heiligen Weisheit,
Ihr entzündet in Seelen der Menschen ein Feuer,
das aufwärts strebt, und zieht sie empor
zu den Himmlischen,
wenn sie die dunkle Höhle verlassen,
in euren geheimen Weih'n sich gereinigt.
Hört mich, ihr Retter, ihr großen!
O laßt aus den göttlichen Schriften
Leuchten mir das heilige Licht und zerstreuet den Nebel,
daß den unsterblichen Gott und den Menschen
ich richtig erkenne.
Daß nicht ein Dämon, mir schadend,
hier unten im Strom des Vergessens
immer mich halte entfernt von den Seligen,
daß meine Seele, die in die Fluten des grausigen
Werdens herniedergestürzt ist
und die immer begehrt, noch lange hier unten
zu schweifen,
nicht eine quälende Pein in die Fesseln des Lebens
verstricke.
Höret mich denn, ihr Götter,
ihr Führer erleuchteter Weisheit,
und, wenn ich mühsam den Pfad, der aufwärts führet,
erklimme, offenbart mir der heil'gen Geschichte
verborgene Wahrheit!

Griechenland, Gebet des Neuplatonikers Proklos an die Götter

O MUTTER der Götter und der Menschen,
die du den Sitz und den Thron mit dem großen Zeus teilst,
o Quelle aller Gaben des Verstandes;
du, die du zusammen mit den unbefleckten Substanzen
der vernunftbegabten Götter schreitest,
wie du ihrer aller erste und gemeinsame Ursache
zuerst empfangen und sie den verstandesbegabten
Göttern übertragen hast, o lebenspendende Göttin;
du, die du der Rat und die Vorsehung bist,
o Schöpferin unserer Seelen;
du, die du den großen Dionysos liebgewonnen und
Attis gerettet hast, als er ausgesetzt wurde,
und ihn wieder aufgerichtet hast,
als er in die Erdhöhle stürzte;
du, die du den verstandesbegabten Göttern
Hinlenkerin zu allen Wohltaten bist und mit allem
die sichtbare Welt überhäufst und allen
wohltätige Gnaden erweist:
verleihe allen Menschen das Glück, dessen höchster Sinn
in der Kenntnis der Götter besteht,
und gewähre dem römischen Volke insgesamt,
die Pest der Gottlosigkeit von sich fernzuhalten.
Das glückliche Schicksal, das aus sich selber
die Geschicke des Imperiums lenkt, möge das Reich
durch viele Tausende von Jahren begleiten!
Mir verleihe als Frucht meiner Frömmigkeit,
durch dich die Wahrheit in der Lehre von den Göttern
zu erwerben und die Vervollkommnung in ihrer
tatkräftigen Anrufung.
Bei allen Werken, denen ich mich auf politischem
oder militärischem Werk unterziehe,
gewähre mir Tüchtigkeit und gutes Glück,
und möge das Ende meines Lebens schmerzlos und
ehrenhaft sein, in der getrosten Hoffnung,
ihr Götter, hinauf zu euch zu gelangen.

Rom, Gebet des Julian Apostata zur Mutter der Götter

DER HERRist mein Hirte,
mir wird nicht mangeln.
Er weidet mich auf einer grünen Aue, und führt mich
zum frischen Wasser.
Er erquickt meine Seele, er führt mich auf
rechter Straße um seines Namens willen.
Und ob ich schon wanderte im finsteren Tal,
fürchte ich kein Unglück, denn du bis bei mir,
dein Stecken und Stab trösten mich.
Du bereitest vor mir einen Tisch gegen meine Feinde.
Du salbst mein Haupt mit Öl, und schenkst mir voll ein.
Gutes und Barmherzigkeit werden mir folgen
mein Lebenlang, und ich werde bleiben im Hause
des Herrn immerdar.

Israel, Altes Testament, 23. Psalm

MEINE Seele sehnt sich nach dem Ewigen mehr
denn der Wächter nach dem Morgen.
So zieht ein traulich Lied voll Lieb und Glauben
mit heiligen Weisen durch unser Gemüt und
singt von deiner Treue.
Deine Treue, wir künden sie, wenn dunkle Nacht
uns umstarrt, wenn güldner Morgen uns erglänzt.
Deine Treue, wir preisen sie, wenn frische Gräber
sich öffnen, wenn junges Leben froh uns begrüßt.
Auf deine Treue bauen wir im Wechsel der Zeiten
und Jahre und verherrlichen dich,
unser Hort und Hirt, mit dem alten seelenvollen Sang:
Der Herr Zebaoth ist mit uns, eine Burg
ist uns Jakobs Gott, Sela!

Israel, Gebet an Gott Zebaoth

HERR und Vater!
Verherrlicht und geheiligt werde dein Name in der Welt,
die du geschaffen nach deinem Willen.
Dein Reich komme, bald, in unsern Tagen, daß wir
alle seine Vollendung schauen!
Amen.

Die ganze Menschheit verkünde mit uns
dein Lob durch Zeit und Ewigkeit,
daß es in allen Zungen ertöne, jede Freude veredle
und jede Trauer lindre!
Amen.

Vater im Himmel!
Vor dich komme unser Flehen, o erhöre unser Gebet!
Amen.

Herr, sende uns deinen Himmelsfrieden
und gib uns wahres Leben!
Amen.

Friede ist in deinen Höhen, Friede sei bei uns
auf Erden, überall laß Frieden werden!
Amen.

Gebet um Frieden, Deutsche Israelitische Gemeinden

GOTT! Es gibt keinen anderen Gott außer ihm,
dem Lebendigen, dem, der in Ewigkeit lebt.
Weder Schlummer noch Schlaf ergreift ihn.
Ihm gehört, was auch immer im Himmel und
was auch immer auf der Erde ist.
Wer ist der, der vor ihm Fürsprache einlegen kann
außer mit seiner eigenen Erlaubnis?
Er weiß, was vor ihnen gewesen ist und
nach ihnen sein wird; und doch begreifen sie nichts
von seiner Kenntnis, außer das, was er will.
Sein Thron reicht über die Himmel und die Erde,
und sie beide zu halten ist für ihn keine Belastung;
und er weilt in der Höhe, der Gewaltige.

Vorderer Orient, An den lebendigen Gott

PREIS sei Allah, dem die Welt untertan!
Dem König des Gerichts, dem barmherzigen Rachman!
Dich beten wir an, dich rufen wir an:
Leite du uns auf die gerade Bahn
zu wandeln als solche, denen du wohlgetan,
die dein Zorn verschont und die frei sind von Wahn.

Ich nehme meine Zuflucht zu dem Herrn des
Morgengrauens,
vor dem Übel dessen, was er erschaffen hat,
und vor dem Übel der Nacht, wenn sie naht,
und vor dem Übel der Zauberinnen,
und vor dem Übel des Neiders, wenn er neidet.

Ich nehme meine Zuflucht zu dem Herrn der Menschen
dem König der Menschen,
dem Gott der Menschen, –
Vor dem Übel des Einflüsterers,
des Fliehenden (Teufels),
der da einflüstert in die Brüste der Menschen,
vor den Geistern und den Menschen.

Arabien, Aus dem Koran, Suren 1, 113, 114

Die Nacht die Göttin, zieht herauf,
aus vielen Augen blickt sie her,
mit vollem Schmucke angetan.

Die Göttin füllt, die ewige,
die Höhn und Tiefen weit und breit,
vertreibt mit Glanz die Finsternis.

Du kamst zu uns, nun suchen wir
des Lagers Ruhestätte auf,
wie Vögel zu dem Neste ziehn.

Zur Ruhe geht das ganze Dorf,
zur Ruh, was läuft, zur Ruh, was fliegt,
zur Ruhe selbst der gierige Aar.

Den Wolf, die Wölfin halte fern,
halt, ab den Dieb, o düstre Nacht,
Und bring uns heil zum Morgen hin.

Die Herden trieb ich für Dich ein,
wie Beute um den Sieger her:
So nimm sie hin, Du Himmelskind!

Indien, An die Göttin der Nacht, Rigveda, 2000 v. Chr.

Ehre sei dem Durch-sich-selbst-Seienden!
Wunderbar sind seine vielen Werke,
mächtig und reichlich seine Tugenden,
die sich nicht umgrenzen lassen.
Ihre Anzahl hat kein Ende.
Worte fassen nicht ihr Wesen,
doch Verdienst bringt, sie zu künden,
und so wolln wir vieles sagen.

Tibet, Lobpreisung

O, wo bist Du, Allmächtiger,
der das wirkliche Prinzip des Lebens ist?
Die ganze Welt ist eine Illusion,
die Dich verhüllt, o Allmächtiger!

Wie Du mir geheimnisreich das körperliche Leben
gegeben hast, so wirst Du es mir auch nehmen.
Gib mir Erkenntnis, daß das wahre, höhere Sein
nicht an meinem Körper gebunden ist, o Allmächtiger!

In der Wahrheit bin ich in Dir und Du in mir,
darum laß mich jede Trennung von Dir überwinden;
nur wenn Du willst, kann Dein Licht in mir
die Dunkelheit dieser Erde erhellen, o Allmächtiger!

Ohne Dich bin ich ein gehenkter Mann in der Schlinge;
darum bitte ich Dich, verhülle nicht Dein erhabenes
Antlitz;
denn Du bist die Sonne, die das Feld meines Schicksals
allein blühen lassen kann, für jetzt und immer, o Gott!

Nepal, Gebet an den Allmächtigen

WIR schauen nach ihm und sehen ihn nicht:
Er ist der Unkennbare.
Wir horchen nach ihm und hören ihn nicht:
Er ist der Unvernehmbare.
Wir greifen nach ihm und fassen ihn nicht:
Er ist der Unfaßbare.
Seines Wesens Dreiheit ist nicht zu trennen;
Sie ist nur ineinander verschlungen als Einheit zu erkennen.
Seine Oberfläche ist nicht klar,
Seine Tiefe nicht undurchdringbar.
Ewig wirkend, kann man ihn doch nicht benennen.
Er reicht bis ins Wesenlose zurück.
Er heißt: des Gestaltlosen Gestalt,
Des Bildlosen Bild.
Er heißt: das Unfaßbar-Geheimnisvolle.
Man geht ihm entgegen und findet seinen Anfang nicht.
Man folgt ihm und findet sein Ende nicht.
Wer den Geist der alten Meister versteht,
Beherrscht seine Zeit
Und durch ihn aller Zeiten Uranfänglichkeit.
Das heißt des Geistes unendliche Kette.

China, Gebet an den Großen Geist von Laotse, 4. Jhdt. v. Chr.

GIB uns Regen für die Reisfelder,
damit unser Reis wachse.

Vietnam, Gebet für den Gott des Regens

SCHÜTZE uns, daß wir und unsere Kinder
bis in das hohe Alter mit irdischen Gaben gesegnet seien.

Vietnam, Gebet für den Gott des Reichtums, der Fruchtbarkeit und des Alters

DONNERWERFER, Blitzeträger,
Feuerschläger, Feuersenger!
Er zerstört die dunklen Wälder,
er zerstückelt sie zu Löfflein.
Er läßt das Holz erknarren,
er zerbröckelt die festen Steine,
er macht den Feuerstahl dem Feuerstein gleich.
Wenn er Lärm macht,
wird die Welt erschüttert.
Wenn er stampft,
stürzen unsere dunklen Wälder zusammen.
Den fremden Leuten
erbeben ihre fremden Herzen.
Den eigenen Leuten
erzittern ihre fleischernen Herzen.
Der achtkörnige Steinhagel schlägt den Altai-Kansi.
Sei nicht grausam gegen uns!

Wir bitten um deine Gnade,
mit deinem Steinhagel erschlage nicht das Volk.
Himmel mit Mond und Sonne,
die Wolken wälzend,
Sonne und Mond bewegend!
Die Herzen der Fremden erschreckend,
unsere fleischernen Herzen zermalmend!

Sibirien, Gebet an Ulgan, den Donnergott

Wir beten, daß wir von Dir einen Segen erhalten ...
Schwebe über unseren Stirnen,
schwebe über unseren Häuptern.
Schau auf uns ohne Zorn!

Hilf denjenigen von uns,
die vergessen, was wir wissen!
Erwecke diejenigen von uns,
die da schlafen!

In einem rauhen Jahr sei Du Mitleid!
In einem bedrängten Jahr sei Du Güte!

Schwarze Geister lenke fern von uns,
helle Geister führe näher zu uns!

Graue Geister lenke fern von uns,
Gottheiten führe näher zu uns!

Wenn ich furchtsam bin, sei Du mein Mut!
Wenn ich beschämt bin, sei Du mein wahres Antlitz!

Über mir sei mir wie eine Decke,
unter mir sei mir wie ein Pelzbett!

Sibirien, Segensbitte

DICH rufe ich an, mein Vater!
Ich bin mitten im Schwarm unbekannter Völker,
und ich bin allein vor Dir.
Keiner ist mit mir.
Meine Bogenschützen und Reiter haben mich verlassen,
als ich nach ihnen rief.
Keiner von ihnen horchte auf mich,
da ich sie zur Hilfe forderte.
Aber ich ziehe Ammon Milliarden von Bogenschützen vor
Millionen von Reitern, Myriaden junger Helden,
und wären sie auch alle vereint.
Die List der Menschen vermag nichts;
Ammon wird sie überwinden.

Ägypten, Ramseslied, 1300 v.Chr.

DU bist der Einzige, der das Seiende schuf,
der Einzige, der allein war, als er alles Wesen schuf,
aus dessen Augen die Menschen herauskamen,
auf dessen Mund die Götter entstanden,
der das Kraut für die Herden schuf
und den Lebensbaum für die Menschen;
der hervorbringt, wovon die Fische im Strom leben
und die Vögel, die am Himmel dahinfliegen;
der dem Küken im Ei Luft gibt,
und der das Junge der Schlange ernährt;
der schafft, wovon die Mücken leben,
und ebenso die Würmer und Flöhe;
der schafft, wessen die Mäuse in ihren Löchern bedürfen,
und der die Vögel in jedem Baum ernährt.
Heil Dir, der dies alles schuf, einzig und allein,
Vielarmiger,
der die Nacht durchwacht, während alle Welt schläft,
indem er das Vortrefflichste für sein Getier sucht.
Amun, dauernd in allen Dingen. Atum, Harachti!

Ägypten, Hymne an Amun-Atum

Herr, hier bringe ich Dir mein Kind, segne es!
Du weißt, ob seine Wege gerade sein werden
oder ob ihm Unglück bevorsteht.
Wenn Du nur willst, so wird mein Kind glückselig sein.
Ich opfere auch ein Schäflein;
sein Blut wird durch die Erde zu Dir dringen
und für mich und mein Kind sprechen.

Nordafrika, Gebet eines Schilluk am Grab der Ahnen

Du, o Tsuigoa,
du Vater der Väter,
du bist unser Vater.
Laß die Donnerwolke strömen,
laß unsere Herden leben,
laß uns leben!
Fürwahr, ich bin gar schwach
vor Durst, vor Hunger.
O daß ich doch die Früchte des Feldes essen möchte!
Bist du nicht unser Vater,
der Vater der Väter,
du Tsuigoa?
O daß wir dich preisen könnten!
O daß wir dir wieder zurückgeben könnten!
Du Vater der Väter,
du, o Herr,
du Tsuigoa.

Südafrika, Gebet der Hottentotten an Tsuigoa, den Ahnherrn

WANN haben wir es unterlassen, zu opfern und deine Ehrennamen zu wiederholen? Warum bist du denn so knauserig? Besserst du dich nicht, dann werden wir alle deine Ehrennamen in Vergessenheit geraten lassen. Was ist dann dein Los? Dann kannst du gehen und Grashüpfer essen! Bessere dich, sonst vergessen wir dich! Was nützt denn das, wenn wir schlachten und dich mit deinem Ehrennamen preisen? Du verschaffst uns ja weder Saat noch Viehreichtum! Du erweisest uns keinen Dank für all unsere Mühe. Ganz und gar wollen wir dich verstoßen und zu anderen Menschen sagen, daß wir überhaupt keine Ahnengeister haben. Das ist dann dein Schaden. Wir sind über dich ärgerlich.

Südafrika, Beschwerdegebet der Zulus an den Stammesgott

O GOTT, nimm dieses Opfer an, denn der weiße Mann ist zu meiner Heimstätte gekommen. Wenn der weiße Mann krank wird, so laß weder ihn noch seine Frau sehr krank werden. Der weiße Mann ist aus seiner Heimat über das Wasser zu uns gekommen; er ist ein guter Mann; er behandelt die Leute gut, die für ihn arbeiten; laß sie nicht mit ihm streiten. Wenn der weiße Mann und seine Frau krank werden, so laß sie nicht sehr krank werden, denn ich und der weiße Mann haben uns vereinigt, dir zu opfern. Laß sie nicht sterben, denn wir opfern dir einen sehr fetten Bock. Der weiße Mann ist aus der Ferne zu uns gekommen, und nun hat er ein Übereinkommen mit mir getroffen, dir zu opfern. Wohin er auch immer geht, laß ihn nicht sehr krank werden, denn er ist gut und ist auch außerordentlich wohlhabend, und ich bin auch gut und reich und ich und der weiße Mann, wir stehen uns so nahe, als wären wir von einer Mutter. Gott, wir haben ein großes Schaf für dich bestimmt; der weiße Mann und seine Frau und ich und mein Volk, wir werden dir an dem Stamm eines Baumes ein Schaf opfern – ein sehr wertvolles Schaf. Laß mich nicht sehr krank werden, denn ich habe ihn gelehrt, dir zu opfern, als wenn er ein richtiger Kikuyu wäre.

Ostafrika, Gebet für den weißen Mann

WENN ich auch einen Menschen mich hassen sähe,
ich würde ihn lieben.
O Gott Vater, hilf mir, Vater!
O Gott Schöpfer, hilf mir, Vater!
Wenn ich auch einen Menschen mich hassen sähe,
ich würde ihn lieben.

Ostafrika, Gebet eines Sterbenden (Hochnil und Sudan)

ZU der Zeit, da Gott alle Dinge schuf,
erschuf er die Sonne,
und die Sonne wird erschaffen, geht unter
und kehrt wieder.
Er erschuf den Mond.
Und der Mond wird erschaffen, geht unter
und kehrt wieder.
Er erschuf die Sterne.
Und die Sterne werden erschaffen, gehen unter
und kehren wieder.
Er erschuf den Menschen.
Und der Mensch wird erschaffen, stirbt
und kehrt nicht mehr wieder.

Ostafrika, Schöpfungsgesang der Dinka (Oberes Niltal)

Der Du uns aufgerichtet,
wirf uns nicht nieder, o Gott:
Der Du uns bedeckt mit Gras,
vertilge uns nicht, o Gott!
Vom Weinen der Augen befrei uns, o Gott!
Vom Kummer des Herzens befrei uns, o Gott!
Von der Trennung von einander befrei uns, o Gott!
Pflanz uns, o Höchster,
wie einen Baum, o Höchster!

O alter Gott, höre,
o altehrwürdiger Gott, höre,
Du, der Du Ohren hast!
O alter Gott, schau,
o altehrwürdiger Gott, schau,
Du, der Du Augen hast!

O alter Gott, nimm,
o altehrwürdiger Gott, nimm,
Du, der Du Hände hast!
Schöne Pferde, die Du liebst, nimm,
schöne Frauen, die Du liebst, nimm!
Höre, o Gott!
O Gott, höre!

Ostafrika, Gebet der Galla an den Alten Gott

O ZANAR, nicht an dich richten wir unsre Gebete.
Denn warum sollte man zu dem guten Gotte beten?
Dagegen müssen wir den Zorn des Niang besänftigen.
Niang, böser und mächtiger Gott,
laß nicht den Donner über unsere Häupter rollen;
befiehl nicht dem Meer, das Festland zu überfluten;
verschone die heranreifenden Früchte;
dörre nicht die Reisfrucht aus;
laß nicht zu, daß sich der Schoß unserer Frauen
an den unheilvollen Tagen öffnet;
und zwinge keine Mutter, die Hoffnung auf ihren
Lebensabend im Meere zu begraben.
O Niang, zerstöre nicht alle Wohltaten des Zanar.
Du herrschst über die Bösen; ihre Zahl ist groß genug.
Quäle nicht die Guten.

Afrika, Madagassisches Gebet an Zanar und Niang, die Schöpfer der Welt

HAB Erbarmen mit mir, o Erde!
Du bist es, auf der ich wohne,
du bist es, die mir Speise gibt,
du, die mir Wasser gibt zum Trinken,
du, die mir gibt, womit ich mich kleiden kann.

Sei barmherzig gegen mich, o Erde!
Du nimmst von mir weg meine Gattin, ohne die ich
mich nicht behelfen kann;
du nimmst mir weg meine Kinder, die
meine Freude sind;
du nimmst meine Freunde, die mir teuer sind;
auch meine Eltern nimmst du weg.

Westafrika, Gebet an die Erde

O MAWU SODZA,
Mutter der Menschen,
Mutter der Tiere!
Gibst Du den Menschen;
verweigerst Du den Menschen, so verweigerst
Du den Menschen.
In Deiner Größe bin ich groß, mit dem,
was Du willst, stimme ich überein.

Afrika, Gebet eines Ewestammes in Süd-Togo, 19.–20. Jahrhundert

KHMVOUM, o Khmvoum, du bist der Herr,
o Schöpfer, Herr über alles,
Herr des Waldes, Herr der Dinge,
Herr der Menschen, o Khmvoum, –
und wir, wir Kleinen, wir sind deine Untergebenen.
Herr der Menschen, o Khmvoum,
befiehl, o Herr, über Leben und Tod, –
und wir werden gehorchen.

Zentralafrika, Gebet der Pygmaen an Khmvoum zur Weihe der Waffen

Solo: Jedes Lebewesen wird geboren, macht seinen
Weg und stirbt.
Und es herrscht große Kälte.
Chor: Es herrscht die große Kälte der Nacht,
es herrscht das Dunkel.
Solo: Der Vogel macht seinen Weg,
fliegt und stirbt.
Und es herrscht große Kälte.
Chor: Es herrscht die große Kälte der Nacht,
es herrscht das Dunkel.
Solo: Der Fisch schnellt vorbei, macht seinen
Weg und stirbt.
Und es herrscht große Kälte.
Chor: Es herrscht die große Kälte der Nacht,
es herrscht das Dunkel.
Solo: Der Mensch wird geboren, ißt und schläft.
Er macht seinen Weg.
Und es herrscht große Kälte.
Chor: Es herrscht die große Kälte der Nacht,
es herrscht das Dunkel.
Solo: Der Himmel hat sich erleuchtet, die Augen
sind erloschen.
Der Stern funkelt.
Chor: In der Tiefe die Kälte, in der Höhe das Licht.
Solo: Der Mensch ist dahin, der Gefangene ist frei.
Der Schatten geschwunden.
Chor: Der Schatten ist geschwunden.
Solo: Khmvoum, Khmvoum, nach dir ergeht unser Ruf.
Chor: Khmvoum, Khmvoum, nach dir ergeht unser Ruf.

Zentralafrika, Trauerlied der Pygmäen

Quellennachweis

Ein Großteil der hier vorgelegten Gebete ist in verschiedenen Fassungen innerhalb mehrerer Textsammlungen vertreten. Ein kleinerer Teil ist in Form mündlicher Überlieferung Allgemeingut der Christenheit geworden und schriftlich nicht eindeutig zu belegen.
Es wird daher auf den gesonderten Nachweis der Herkunft einzelner Texte verzichtet und stattdessen auf Quellen verwiesen, die zur Erstellung dieser Sammlung herangezogen wurden.

ABELN, REINHARD *Bitten – danken – loben*. Kevelaer 1983.

AMSTUTZ, WALTER / HERDEG, WALTER *Kindergebetsfibel*. München 1979.

ANDREAE, FRITZ / QUADFLIEG, JOSEF *Kindergebetbuch*. Düsseldorf 1965.

BANNACH, KLAUS / RAFF, GERHARD *Gemeinsam vor Gott*. Gütersloh 1974.

BARTH, KARL Gebete. München 1974.

BECK, ELEONORE / HOPPLER, DORIS *Danke, daß du bei mir bist*. Wuppertal 1982.

BECK, ELEONORE / MILLER, GABRIELE *Christus ist unser Lehrer*. Würzburg 1964.

BISCHOFBERGER, OTTO / KOLLBRUNNER, FRITZ Mit afrikanischen Christen beten. Luzern/München 1978.

BISWAS, SUBIR *Herr, lehre mich teilen*. Erlangen 1981.

BLOCK, DETLEV *Gut, daß du da bist*. Lahr 1974.

BONHOEFFER, DIETRICH *Von guten Mächten*. München 1976.

BOSSE, RENATE *Das Gebet in der Schule*. Stuttgart 1966.

CORNEHL, PETER *Gebete unserer Zeit*. Gütersloh 1978.

DELP, ALFRED *Worte der Hoffnung*. Freiburg 1974.

FRANKEMÖLLER-STIELER, RENATE u.a. *Gebete für heute*. Kevelaer 1971.
FRÈRE ROGER, PRIOR VON TAIZÉ *Worte der Versöhnung*. Freiburg 1976.
FRISCH, HERMANN-JOSEF *Gebetbuch für Kinder*. Düsseldorf 1982.
FRISCH, HERMANN-JOSEF *Mitten unter uns*. Düsseldorf 1982.
GOESSMANN, WILHELM *Protestieren – Nachdenken – Meditieren – Beten*. München 1970.
GRIOLET, PIERRE *Zu jeder Zeit*. Düsseldorf 1974.
JOSEPH, M.J. *Geben und empfangen*. Erlangen 1978.
JUNGCLAUSSEN, EMMANUEL *Beten mit Franz von Assisi*. Freiburg 1976.
HASCHEK, PAUL *Abend mit Gott*. Kevelaer 1982.
HOFFMANN-HERREROS, JOHANN *Deine Hand, Gott*. Düsseldorf 1974.
HOCK, KURT *Telat sucht den Regenbogen*. Freiburg 1978.
HULTSCH, ERIC *Beten für Nicht-Beter*. Zürich 1973.
KLINK, JOHANN *Nicht im Sturm, nicht im Feuer*. Düsseldorf 1974.
KOLBE, MAXIMILIAN *Jedem ist der Weg gewiesen*. Ostfildern 1977.
KORCZAK, JANNSZ *Allein mit Gott*. Gütersloh 1980.
KRAMER, PAUL *Vom Aufgang der Sonne*. Kassel 1981.
LARSSON, FLORA *Ich möchte wachsen, Herr*. Stuttgart 1981.
MADEY, JOHANNES *Er ist wahrhaft auferstanden*. Salzburg 1961.
MERKEL, R.F. *Gebete der Völker*. München 1954.
MERTENS, HERMAN *Und Liebe ist ein anderes Wort für Gott*. Mainz 1973.
MÖNNINGHOFF, JÖRG *Gebete im Zeitalter industrieller Organisation*. Hamburg 1971.
MOSER, GEORG *Ich bin geborgen*. Freiburg 1975.
MÜLLER-FELSENBURG, ALFRED / HALLER, EDUARD *Du hast mich lieb*. Köln 1967.
NIGG, WALTER *Gebete der Christenheit*. Hamburg 1950.
NIGG, WALTER *Mit Leidenden beten*. München/Luzern 1977.

NIGG, WALTER *Mit Mönchen beten*. Luzern/München 1976.

NOLA DI, ALFONSO M. *Gebete der Menschenheit*. Düsseldorf 1963.

OSER, FRITZ *Kreatives Sprach- und Gebetsverhalten in Schule und Religionsunterricht*. Freiburg 1972.

QUADFLIEG, JOSEF *Hundert Gebete für Kinder*. Donauwörth 1982.

RAHNER, KARL / RAHNER, HUGO *Worte ins Schweigen*. Freiburg 1973.

RIETHMÜLLER, OTTO *Mit Gott wirken*. Gelnhausen 1980.

RINSER, LUISE Leiden – sterben – auferstehen. Würzburg 1975.

ROSER, HANS Politische Gebete. München 1977.

SCHAUBE, WERNER Jugendgebet heute. München 1977.

SCHIEWEK, INGEBORG u.a. Herr, höre meine Stimme. Hamburg 1963.

SEITZ, MANFRED / THIELE, FRIEDRICH Wir beten. Gladbeck 1975.

SEGNER, BASILIUS Bildergebetbuch. Essen 1976.

TIMMER, GERHARD Du bist unsere Zuflucht. Gütersloh 1982.

TOPPING, FRANK Herr des Lebens. Gütersloh 1979.

VONHOFF, HEINZ Herr, höre mich. Konstanz 1961.

WALTER, ILSE Die schönsten Kindergebete. Wien/Heidelberg 1981.

WEICHSELGARTNER, ALOIS J. / ZÖPFL, HELMUT *Bayerischer Psalter*. Rosenheim 1975.

WOJTYA, KAROL *Der Gedanke ist eine seltsame Weite*. Herder 1979.

WULF, HANS *Gib Liebe!* Neukirchen 1974.

WULF, HANS *Neues Evangelisches Gesangbuch*. Neukirchen 1979.

WULF, HANS *Gib Leben*. Neukirchen 1973.

ZIPPERT, CHRISTIAN *Neue Gottesdienstgebete*. Gütersloh 1981.

Magnifikat. Gebet- und Gesangbuch für die Erzdiozöse Freiburg. Freiburg 1960.

Gotteslob. Katholisches Gebet- und Gesangbuch. Ostfilden 1975.

Verzeichnis der in Kapitel II zitierten Gedichtanfänge

»Unsere Welt ...« aus: FRISCH, *Mitten unter uns*, S. 2.
»Ich bin ein schlechter Beter ...« aus: PEITZ/THIELE, *Wir beten*, S. 49.
»Jesus Christus, einst ...« (ROMANO GUARDINI) aus: *Gotteslob*, S. 19.
»Heute war ich in der Kirche ...« »Beten ist manchmal wirklich schwer ...« »Gott, ich möchte beten können ...« alle aus: FRISCH, *Mitten unter uns*, S. 5.
»Lieber Vater im Himmel ...« aus: SEITZ/THIELE, *Wir beten*, S. 41.
»Von meinen Gebeten will ich zu dir reden ...« aus: RAHNER/RAHNER, *Worte ins Schweigen*, S. 26f.
»Herr Jesus, der du die Jünger beten lehrtest ...« aus: SEITZ/THIELE, *Wir beten*, S. 40.
»Es gibt heute viele Menschen ...« aus: *Gotteslob*, S. 17f.
»Hilf du mir beten ...« aus: TIMMER, *Du bist unsere Zuflucht*, S. 59.
»Wenn ich fühle ...« (Martin Luther) aus: SEITZ/THIELE, *Wir beten*, S. 39.
»Ich glaube, Herr ...« aus: SEITZ/THIELE, *Wir beten*, S. 40.
»Herr, der du immer Vater bist ...« aus: SEITZ/THIELE, *Wir beten*, S. 42.
»Lieber Gott, heute fällt mir das Beten schwer ...« aus: ABELN, *bitten – danken – loben*, S. 48.